Der Mensch — das sprechende Wesen

Tübinger Beiträge zur Linguistik

herausgegeben von Gunter Narr

146

Jean Aitchison

Der Mensch –
das sprechende Wesen

Eine Einführung in die Psycholinguistik

gnv Gunter Narr Verlag Tübingen

Aus dem Englischen von Elke Limberger

Englisches Original: Jean Aitchison, *The Articulate Mammal*, London (Hutchinson & Co., Ltd.) 1976.

CIP-Kurztitelaufnahme der Deutschen Bibliothek

Aitchison, Jean:
Der Mensch — das sprechende Wesen: e. Einf. in d. Psycholinguistik / Jean Aitchison. [Aus d. Engl. von Elke Limberger]. — Tübingen: Narr, 1982.
 (Tübinger Beiträge zur Linguistik; 146)
 Einheitssacht.: The articulate mammal < dt. >
 ISBN 3 - 87808 - 146 - 4
NE: GT

© 1982 · Gunter Narr Verlag Tübingen
Alle Rechte vorbehalten. Nachdruck oder Vervielfältigung, auch auszugsweise, in allen Formen wie Mikrofilm, Xerographie, Mikrofiche, Mikrocard, Offset verboten.

Druck: Müller+Bass, Tübingen
Printed in Germany

ISBN 3 - 87808 - 146 - 4

Inhalt

	Anmerkung der Übersetzerin	7
	Vorwort	9
	Einleitung	11
1	Der große automatische Grammatisator Muß irgendetwas angeboren sein?	17
2	Tiere, die versuchen zu sprechen Hat nur der Mensch Sprache?	33
3	Großmutters Zähne Gibt es biologische Beweise für eine angeborene Sprachfähigkeit?	52
4	Vorgeschriebene Gleise Gibt es ein vorherbestimmtes 'Sprachprogramm'?	71
5	Der Entwurf im Gehirn Welche grammatischen Informationen können angeboren sein?	95
6	Plappernde Kinder Beachten Kinder 'Regeln', während sie sprechen lernen?	110
7	Die Sache austüfteln Wie genau erlernen Kinder Sprache?	131
8	Himmlisch entrückte Unverständlichkeit Warum der Vorschlag einer Transformationsgrammatik?	151
9	Das Problem mit dem Klotz am Bein Brauchen wir eine Transformationsgrammatik, um zu sprechen?	165
10	Der Fall vom fehlenden Fingerabdruck Wie verstehen wir Sprache?	185
11	Das Grinsen der Cheshire Katze Wie planen und produzieren wir Sprache?	216
12	Kassierer oder Hippopotamus? Die Zukunft der Psycholinguistik	242
	Anmerkungen und Hinweise auf weitere Literatur	252
	Literaturverzeichnis	258

Anmerkung der Übersetzerin

Dieses Buch wurde von der Autorin mit der Absicht geschrieben, den behandelten Problemkreis einer großen Leserschaft zugänglich zu machen, ohne daß der Interessierte Vorkenntnisse auf den jeweiligen Fachgebieten mitbringen muß. Diese Forderung sollte auch in der Übersetzung gewahrt bleiben und wurde noch dahingehend erweitert, daß das Buch auch für einen Nichtenglischsprecher lesbar sein sollte. Deshalb wurden soweit wie möglich alle Beispiele direkt anhand der deutschen Sprache belegt. Dies fand seine Grenzen dort, wo das zu erklärende Phänomen im Deutschen entweder anders oder gar nicht auftrat oder Forschungsarbeiten zitiert wurden, die in englisch durchgeführt wurden.

Allgemeinverständlichkeit und Originaltreue einerseits oder wissenschaftliche Exaktheit andererseits sind leider Forderungen, die sich oft widersprechen. Ich habe versucht hier den Weg der goldenen Mitte zu wählen aber auch dies verlangte einige Konzessionen an die eine oder andere dieser Forderungen. Trotzdem hoffe ich, daß es mir gelungen ist, eine deutsche Version dieses Buches zu erstellen, die sowohl dem interessierten Fachmann wie auch dem Laien eine informative und auch amüsante Lektüre ist.

Nürnberg im Januar 1981   Die Übersetzerin

Vorwort

Als ich vor einigen Jahren einen Abendkurs mit dem Titel 'Psycholinguistik' gab, war ich von dem Echo der Kursbesucher sehr überrascht. Es nahm eine große Gruppe von eifrigen und intelligenten Leuten teil, von denen viele einen ernsthaften Grund hatten, mehr über dieses Thema zu erfahren. Unter ihnen waren Sprachtherapeuten, Vorschullehrer, ein Werbefachmann, ein Bibliothekar, ein Erziehungspsychologe — um nur einige zu nennen, deren Berufe mir aufgefallen waren. Zu ihnen zählten aber auch Eltern, die sich für den Spracherwerb bei Kindern interessierten und eine Kursteilnehmerin wollte wissen, wie sie einer Verwandten helfen könnte, die ihre Sprache durch einen Schlaganfall verloren hatte. Weiterhin nahm noch eine Reihe von Männern und Frauen teil, die angaben, daß sie 'einfach mehr über die Sprache wissen wollen'.

'Der Mensch — das sprechende Wesen' wurde für die Teilnehmer dieses Kurses und solche wie sie geschrieben: Für Menschen wie ich, die wissen möchten, warum wir sprechen, wie wir Sprache erwerben und was vorgeht, wenn wir Sätze produzieren oder verstehen. Dieses Buch soll auch eine Einführung in das Gebiet für Studenten an Universitäten, Fachschulen und Pädagogischen Hochschulen sein. Natürlich kann es nicht alle Fragen beantworten. Trotzdem habe ich versucht, so klar und knapp wie möglich darzulegen, was meiner Meinung nach in den letzten Jahren die bedeutendsten Themen in der Psycholinguistik waren und abzuschätzen, was im Augenblick der 'Stand der Dinge' auf diesem Forschungsgebiet ist. Ich hoffe, daß dies nützlich sein wird.

Einigen Forschern, die hilfreiche Anregungen zum Manuskript gegeben haben, bin ich äußerst dankbar. Besonders, und in alphabetischer Reihenfolge, gilt dies für: Michael Banks, London School of Economics; David Bennett, School of Oriental and African Studies; Paul Fletcher, Reading University; Jerry Fodor, Massachusetts Institute of Technology; Phil Johnson-Laird, University of Sussex; Geoffrey Sampson, Lancaster University; Deirdre Wilson, University College, London.

Wahrscheinlich wäre das Buch viel besser geworden, wenn ich ihren Anregungen mehr Beachtung geschenkt hätte — aber die vorgeschlagenen Verbesserungen waren oft widersprüchlicher Art und es fiel schwer zu entscheiden, wessen Meinung man akzeptieren solle. Im Zweifelsfalle gab ich meiner eigenen Meinung den Vorzug und bin somit allein für jegliche Irrtümer oder übermäßigen Vereinfachungen verantwortlich, die immer noch im Text enthalten sein mögen.

Mein Dank geht auch an Irene Fekete, die Abendkursteilnehmerin (und Verlagsangestellte bei Hutchinson), die mich überredete, dieses Buch zu schreiben.

Ich möchte noch eine kurze Anmerkung über den Stil anfügen. Im Deutschen (wie im Englischen) ist in anonymen Fällen 'der Sprecher', 'der Hörer', etc. immer männlich und daher steht als unmarkiertes Pronomen stets 'er'. Wenn ich dieses 'er' in diesem Buch durchweg benutzt hätte, so hätte der irreführende Eindruck entstehen können, daß nur männliche Wesen sprechen können. Deshalb habe ich mich bemüht, gleich häufig 'er' und 'sie' an denjenigen Stellen zu verwenden, an denen ein 'anonymes' Pronomen verlangt wird. Da das Buch zum Lesen und nicht zum gelegentlichen Nachschlagen gedacht ist, enthält es keinen Index.

Jean Aitchison

Einleitung

Psycholinguistik wird manchmal als das Studium der Sprache und des Geistes definiert. Wie die Bezeichnung schon andeutet, ist es ein Gebiet, das Psychologie und Sprachwissenschaft verbindet. Es ist das gemeinsame Ziel all derer, die sich Psycholinguisten nennen, Erkenntnisse über die Strukturen und Prozesse zu gewinnen, die der menschlichen Fähigkeit, Sprache zu verstehen und zu produzieren, zugrundeliegen. Psycholinguisten interessieren sich nicht in erster Linie für den sprachlichen Kontakt zwischen Menschen. Sie versuchen vor allem zu erkennen, was im einzelnen Individuum vorgeht.

An der Erforschung der Psycholinguistik beteiligen sich sowohl Psychologen als auch Sprachwissenschaftler. Man kann diese beiden Gruppen von Wissenschaftlern als Geisteswissenschaftler einstufen, deshalb ist ihre Art, die Probleme anzugehen, in gewisser Weise ähnlich. Geisteswissenschaftler stellen Hypothesen auf und überprüfen diese dann. So mag zum Beispiel ein Psycholinguist die Hypothese aufstellen, daß jemand, der an einer fortschreitenden Krankheit des Nervensystems leidet, seine Sprache nach einem bestimmten Muster verliert, was darauf hindeutet, daß er die Konstruktionen, die zuletzt erlernt wurden, zuerst verliert. Dann wird er seine Hypothese anhand von Daten überprüfen, die über die Sprache eines Gehirnverletzten gesammelt wurden. Hier unterscheiden sich nun Psychologen und Sprachwissenschaftler: Psychologen überprüfen ihre Hypothesen hauptsächlich durch sorgfältig kontrollierte Experimente, Sprachwissenschaftler aber vergleichen sie mit spontanen Äußerungen. Sie sind der Meinung, daß die Strenge der Experimentiersituation manchmal die Ergebnisse verfälscht. Keine dieser Arbeitsweisen ist vollkommen falsch oder richtig. Vorausgesetzt, daß jede der beiden Parteien für die Arbeit der anderen Interesse und Verständnis zeigt, kann es sehr vorteilhaft sein, zwei verschiedene Forschungsansätze auf diesem Gebiet zu vereinen. Sollten überdies dann noch die Ergebnisse von Sprachwissenschaftlern und Psychologen übereinstimmen, so ist dies ein sicheres Zeichen des Fortschritts.

Bis jetzt sind die meisten einführenden Bücher zu diesem Fachgebiet von Psychologen geschrieben worden. Dieses Buch ist der Versuch, eine Einführung vom Standpunkt des Sprachwissenschaftlers aus zu geben, obwohl hier notwendigerweise und ganz zurecht auch Arbeiten von Psychologen berücksichtigt werden. Dieses Buch setzt keine Kenntnisse in der Sprachwissenschaft voraus — für diejenigen, die an diesem Thema Interesse gewinnen, werden auf Seite 252 einige grundlegende Bücher vorgeschlagen.

In vieler Hinsicht ist die Psycholinguistik wie die sprichwörtliche Hydra — ein Ungeheuer mit einer unendlichen Anzahl von Köpfen. Die Anzahl der Aspekte, unter denen man das Gebiet erforschen könnte, scheint unbegrenzt. Dies ist eine äußerst unbefriedigende Sachlage. Ein Forscher drückte das so aus: "Wenn man der unvermeidlichen Frage gegenübersteht 'Was machen Psycholinguisten eigentlich?', so ist es einigermaßen unbefriedigend, wenn man antworten muß 'Alles'." (Maclay, 1973:574). In dieser Situation muß man sich notwendigerweise ziemlich eng spezialisieren. Von den vielen möglichen Themen scheinen drei im Augenblick von besonderem Interesse zu sein:

1. *Die Frage des Angeborenseins.* Wird die Sprache vollkommen erlernt oder haben die Menschen ein Vorprogramm an sprachlichem Wissen? Wenn ja, welche Art von Wissen ist das?

2. *Die Verbindung zwischen dem Wissen über die Sprache und dem Sprachgebrauch.* Sprachwissenschaftler wollen eher beschreiben, welche Form die Sprache im Innern eines Menschen annimmt (sein *Wissen* über die Sprache), und nicht wie er die Sprache tatsächlich *benutzt*. In welcher Verbindung stehen dann Gebrauch und Wissen? Anders ausgedrückt können wir sagen, daß jeder, der eine Sprache erlernt hat, drei Dinge tun kann:

1. Sätze verstehen oder 'dekodieren' 2. Sätze hervorbringen oder 'kodieren'	SPRACHGEBRAUCH
3. Sprachliches Wissen speichern	WISSEN ÜBER DIE SPRACHE

Sogenannte 'reine' Linguisten interessieren sich mehr für (3) als für (1) oder (2). Was Psycholinguisten herausfinden müssen ist folgendes: ist es richtig anzunehmen, daß die Art von Grammatik, die von Sprachwissenschaftlern vorgeschlagen wird, tatsächlich das 'innere Sprachwissen' einer Person widerspiegelt? Und wie wird dieses Wissen konkret *benutzt*, wenn eine Person kodiert oder dekodiert?

3. *Sprache produzieren und verstehen.* Nimmt man an, daß der Sprachgebrauch sich vom Wissen über die Sprache unterscheidet, was passiert dann, wenn eine Person kodiert oder dekodiert?

Mit diesen drei Fragen befaßt sich dieses Buch, indem es vier Arten von Beweismaterial untersucht:

a) die Kommunikation unter Tieren
b) die Kindersprache
c) die Sprache normaler Erwachsener
d) die Sprache Sprachgestörter (Dysphatiker)

Wie die untenstehende Zeichnung zeigt, sind dies keine in sich geschlossenen Abteilungen. Jeder Untersuchungsbereich ist mit dem nächsten durch eine Zwischenstufe verbunden. Die Kommunikation unter Tieren ist mit der Kindersprache durch die 'sprechenden Schimpansen' verbunden — Affen, die man ein Sprachsystem lehrt. Als Verbindung zwischen Kinder- und Erwachsenensprache sieht man die Sprache der Acht- bis Vierzehnjährigen an. Die Sprache normaler Erwachsener grenzt an die Sprache der Sprachgestörten durch die 'Versprecher' an, die in der Sprache aller normalen Menschen vorkommen, aber trotzdem gewisse Ähnlichkeiten mit der Sprache Sprachgestörter aufweisen.

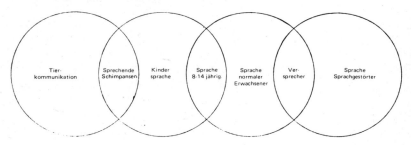

Bevor wir uns mit dem ersten Thema, der Frage des Angeborenseins befassen, sind einige Bemerkungen über den Gebrauch des Wortes 'Grammatik' notwendig.

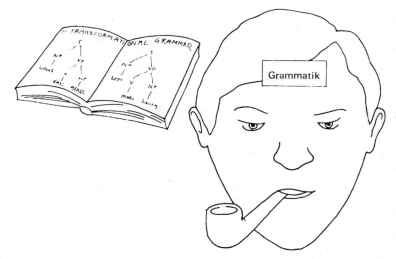

Wir nehmen an, daß, um zu sprechen, jede Person, die eine Sprache beherrscht, die Grammatik ihrer Sprache im Kopf hat. Ein Sprachwissenschaftler, der eine Grammatik schreibt, stellt eine Hypothese über dieses innere System auf. Was er sagt, ist also, "Meine Annahmen über das Wissen, das im Kopf von jemandem, der eine Sprache beherrscht, gespeichert ist, sind die folgenden . . . ." Deshalb wird der Ausdruck 'Grammatik' benutzt, um einerseits die innere Wiedergabe der Sprache im Kopf eines Menschen und andererseits das Modell eines Linguisten, seine Vermutungen über dieses Abbild, zu bezeichnen.

Wenn wir über die innere Grammatik eines Menschen sprechen, so wird das Wort 'Grammatik' in einem viel weiteren Sinne benutzt, als man es in einigen alten Handbüchern finden kann. Gemeint ist das gesamte Wissen einer Person von ihrer Sprache. Das heißt, es schließt nicht nur die Kenntnis der *Syntax* (Wortmuster, Satzbau) ein, sondern auch der *Phonologie* (Lautmuster) und der *Semantik* (Bedeutungsmuster).

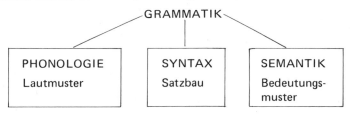

Da aber die Syntax in gewissem Sinne der 'Schlüssel' zur Sprache ist — denn die syntaktischen Muster verbinden Laute und Bedeutung miteinander — werden die syntaktischen 'Regeln' der Sprache das Hauptanliegen dieses Buches sein. Phonologie und Semantik bleiben, soweit möglich, unberücksichtigt und werden nur erwähnt, um syntaktische Probleme zu verdeutlichen.

An dieser Stelle sollte man vielleicht auch das große und schwer zu fassende Thema nennen, das *nicht* das Anliegen dieses Buches ist — nämlich die Beziehung von Sprache und Denken. Obwohl es wohl klar ist, daß Denken ohne Sprache *möglich* ist, scheinen die Menschen doch normalerweise in den Einheiten ihrer Sprache zu denken. Das bedeutet, daß die Gedanken einer Person schon vorher in bestimmte Worte und grammatische Kategorien 'eingeteilt' sind. Wenn wir also von kodieren und dekodieren sprechen, werden wir uns nicht mit einer abstrakten Sphäre von 'Konzepten' befassen, die nach Meinung mancher Leute noch auf einer Stufe 'über' der Sprache existiert. Wenn wir zum Beispiel das Kodieren behandeln, nehmen wir als gegeben an, daß jemand als erstes zu sich sagt 'Wähle die entsprechenden Wörter und die entsprechende Syntax' und nicht 'Bündle Konzepte und versuche sie in Sprache zu übersetzen'. Anders gesagt, sollte es notwendig sein in der Debatte darüber, ob es zuerst Sprache oder zuerst Denken gab, Partei zu ergreifen, so stehen wir eher auf der Seite von Shelley, dem Dichter aus dem 19. Jahrhundert, der sagte, "Er gab dem Menschen die Sprache und die Sprache schuf das Denken", als auf der Seite von Samuel Johnson, dem Lexikographen aus dem 18. Jahrhundert, der behauptete, "Die Sprache ist das Kleid des Gedanken".

1. Kapitel

Der große automatische Grammatisator

Muß irgendetwas angeboren sein?

> Er langte hoch und betätigte einen Schalter am Brett. Sofort war der Raum von einem lauten summenden Geräusch erfüllt, elektrische Funken knisterten, viele kleine, schnell arbeitende Hebel rasselten, und schon glitten aus einem Schlitz rechts vom Schaltbrett Papierblätter im Quartformat. In rascher Folge, jede Sekunde ein Blatt, fielen sie in den bereitstehenden Korb und nach einer halben Minute war alles vorbei. Es kamen keine Blätter mehr.
> "Das wär's!" rief Adolph Knipe. "Hier ist Ihre Kurzgeschichte!" Sie griffen nach dem ersten Blatt und lasen: "Aifkjmbsaoegwcztpplnvoqudsikgt &, fuhpekanvbertyuiolkjhgfdsazxcvbnm, perutiredhdjkgmbmv, wmsuy . . ." In dieser Art ging es bis zur letzten Seite weiter. Mr. Bohlen stieß laute Flüche aus. Adolph Knipe aber sagte beruhigend: "Es ist in Ordnung, Sir. Wirklich. Sie muß nur etwas nachgestellt werden. Wir haben da irgendwo einen falschen Schaltweg, das ist alles. Bedenken Sie doch, Mr. Bohlen, wie viele Drähte sich in diesem Raum befinden. Insgesamt fast eine Million Meter. Sie können nicht erwarten, daß es gleich beim ersten Mal klappt." "Das Ding wird nie funktionieren", knurrte Mr. Bohlen.
>
> *Roald Dahl*
> *Der große automatische*
> *Grammatisator*

Jeder normale Mensch kann sprechen. Deshalb denkt der Durchschnittsmensch meistens, daß es wenig oder gar nichts Geheimnisvolles an der Sprache gibt. Wie Chomsky sagte, "Wenig beachtet wird der Umstand, daß wir auch die Notwendigkeit einer Erklärung aus den Augen verlieren, wenn uns Phänomene zu vertraut und 'augenfällig' sind. Wir sind zu schnell geneigt anzunehmen, daß Erklärungen transparent sein müssen und sich nicht zu weit von der Oberfläche entfernen dürfen. . . . . . Als Sprecher einer Sprache haben wir einen breiten Bestand an Daten zur Verfügung. Aus eben diesem Grund ist es leicht, dem Irrtum zu verfallen, daß es nichts zu erklären gibt, . . . Nichts könnte weiter von der Wahrheit entfernt sein" (Chomsky, 1970:46, 47, 48)

Das Geheimnisvolle der menschlichen Sprache wird aber deutlich, wenn man sich darüber klar wird, daß es bis jetzt niemandem gelungen ist, die Sprachfähigkeit des Menschen nachzuvollziehen. Computer können Schach spielen, Bankauszüge sortieren und sogar über begrenzte Themen wie Würfel, Quadrate und Kegel sprechen. Aber wir sind noch weit davon entfernt einen 'großen automatischen Grammatisator' zu produzieren, der ohne Hilfe Gespräche über jedes Thema führen könnte. Warum ist das so? Vielleicht sollten wir über die Sprache etwas sorgfältiger nachdenken.

Anlage oder Umwelt

Beginnt man über die Sprache nachzudenken, so taucht oft als erstes die Frage auf: ist die Sprache für den Menschen das *natürlich* Gegebene? Genauso, wie Grunzen das natürlich Gegebene für Schweine und Bellen für Hunde ist? Oder handelt es sich um etwas, das wir zufällig *gelernt* haben? Genauso, wie Hunde lernen können zu betteln, oder Elefanten lernen können, Walzer zu tanzen, oder Menschen lernen können Gitarre zu spielen?

Sicherlich 'lernt' ein Kind in gewissem Sinne jeweils die Sprache, die es erlebt, sei es Chinesisch, Nootka, Englisch oder Deutsch. Deshalb würde niemand abstreiten, daß 'lernen' sehr wichtig ist. Die Kernfrage hier ist aber, ob Kinder, was die Sprache angeht, mit einem 'total unbeschriebenen Blatt' im Kopf geboren werden oder ob Menschen mit einem skizzenhaften Wissen von der Struktur der Sprache im allgemeinen, 'vorprogrammiert' sind.

Diese Frage, ob Sprache teilweise natürlich ist oder ganz auf Erlernen beruht, wird oft als *Anlage-Umwelt-bedingt* Kontroverse bezeichnet und schon seit Jahrhunderten diskutiert. Sie war beispielsweise das Thema von Platos Dialog Kratylos. Solche Kontroversen, die im wahrsten Sinne des Wortes schon seit einer Ewigkeit geführt werden, verlaufen meist in derselben Art. Sie ruhen eine zeitlang, um dann heftig wieder auszubrechen. Diese spezielle Frage tauchte 1959 in der Linguistik wieder auf, als Noam Chomsky eine vernichtende und geistreiche Rezension des Buches 'Verbal Behavior' des Harvarder Psychologen B.F. Skinner, schrieb. (Chomsky, 1959/deutsch: 1976; Skinner, 1957). Dieses Buch versuchte Sprache als eine Reihe von Gewohnheiten zu 'erklären', die schrittweise über die Jahre hin erworben werden. Skinner zufolge, braucht man keine komplizierten angeborenen oder geistigen Mechanismen. Man braucht nur eine systematische Beobachtung der Ereignisse in der äußeren Welt, die den Sprecher dazu veranlaßt, Laute von sich zu geben.

Skinner behauptete, aufgrund seiner Arbeit mit Ratten und Tauben, das Funktionieren der Sprache zu verstehen. Er hatte bewiesen, daß Ratten und Tauben mit der Zeit trainiert werden konnten, eine erstaunliche Anzahl von anscheinend komplizierten Aufgaben auszuführen, wenn man dabei zwei Grundprinzipien im Auge behielt. Erstens, die Aufgaben müssen in eine Reihe von sorgfältig gestaffelten Schritten zerlegt werden und zweitens, die Tiere müssen wiederholt belohnt werden.

In einem typischen Experiment, wird eine Ratte in einen Kasten mit einem Hebel gesetzt. Wenn sie den Hebel herunterdrückt, wird sie mit einem Stückchen Futter belohnt. Nichts zwingt sie, den Hebel zu drücken. Beim ersten Mal geschieht es wahrscheinlich zufällig. Stellt eine Ratte fest, daß Futter erscheint, so drückt sie den Hebel wieder. Schließlich lernt sie, daß sie durch Hebeldrücken Futter erhalten kann, wenn sie hungrig ist. Dann wird die Aufgabe schwieriger gemacht. Die Ratte erhält nur eine Belohnung, wenn sie den Hebel drückt während ein Licht aufleuchtet. Zuerst ist die Ratte verwirrt, schließlich lernt sie den Trick. Danach wird die Aufgabe wiederum erschwert. Diesmal erhält die Ratte nur Futter, wenn sie den Hebel mehrmals drückt. Nach anfänglicher Verwirrung lernt sie auch das und so weiter, und so weiter.

Diese Art von 'Lernen durch erproben' ("trial and error") wird von Skinner "operant conditioning" genannt. Man kann dies übersetzen mit 'Training durch freiwillige Reaktion' ('operant' bedeutet, daß die Reaktion freiwillig und nicht automatisch erfolgt). Skinner führt aus, daß durch diesen Mechanismus die meisten der menschlichen Lernprozesse, auch das Sprachlernen, stattfindet: "Die grundlegenden Prozesse und Beziehungen, die dem sprachlichen Verhalten seine besonderen Merkmale verleihen, werden jetzt ziemlich klar gesehen. Ein großer Teil der experimentellen Arbeit, die diesen Fortschritt möglich gemacht hat, wurde mit anderen Spezies durchgeführt, aber die Ergebnisse sind erstaunlich frei von gattungsspezifischen Restriktionen. Die Forschung hat gezeigt, daß die Methoden ohne tiefgreifende Veränderungen auf das menschliche Verhalten ausgeweitet werden können."(Skinner, zitiert in Chomsky, (deutsch 1976), S. 71).

Um Sprache zu verstehen, sagt er, braucht man lediglich herauszufinden, welche die 'kontrollierbaren Variablen' sind, die es uns möglich machen, bestimmte Äußerungen vorherzusagen. Zum Beispiel, kann man sagen, daß das Hebeldrücken der Ratte teilweise vom aufleuchtenden Licht 'kontrolliert' wird, in demselben Sinn mag das Hungergefühl eine menschliche Äußerung, wie 'Bitte, reiche mir Brot und Butter' 'kontrollieren' oder festlegen. Genauso mag das Vorhandensein eines schönen Gemäldes den Ausruf 'Oh, wie schön!' hervorrufen oder Gestank läßt jemanden sagen 'Oh, welch schrecklicher Gestank'. Ein französisches Schild mit der Aufschrift 'Ne touchez pas', könnte jemanden dazu bringen zu sagen, 'Das heißt: Berühren verboten!'. Wenn ein Kind sagt: "Hoppe, hoppe Reiter.", dann wird man wahrscheinlich fortfahren, "wenn er fällt, dann schreit er."

Theoretisch sieht Skinner keinerlei Schwierigkeit darin, jede bestimmte Reihe von Worten, die ein Mensch eventuell äußern will, mit erkennbaren äußeren Ereignissen in Verbindung zu setzen.

Praktisch gesehen ist dies bei weitem nicht so einfach, wie Chomsky deutlich macht. Chomsky kritisiert Skinners Arbeit hauptsächlich in zwei Punkten. Erstens ist das Verhalten von Ratten in Kästen irrelevant für die menschliche Sprache und zweitens mißversteht Skinner grundlegend das Wesen der Sprache.

Die Bedeutungslosigkeit von Rattenversuchen für die menschliche Sprache

Chomsky zeigt auf, daß die simplen und wohl definierten Abläufe, die in den Kästen der Ratten beobachtet werden, einfach nicht auf die Sprache anwendbar sind. Außerdem wird die Terminologie, die man auf Rattenexperimente anwendet vollkommen verschwommen, wenn man versucht, sie auf die menschliche Sprache anzuwenden.

Wie will man beispielsweise wissen, daß jemand sagen wird, 'Oh, welch schönes Gemälde!', wenn er ein schönes Bild sieht? Jemand könnte auch sagen, "Es passt nicht zur Tapete", "Es hängt zu tief" oder "Es ist scheußlich". Skinner würde argumentieren, daß diese Äußerung nicht von der Schönheit des Bildes 'kontrolliert' wurde, sondern eher von dem Kontrast mit der Tapete, dem Zutiefhängen oder seiner Häßlichkeit. Dadurch wird aber die Idee der 'Kontrolle' sinnlos, denn man muß die Äußerung abwarten, um zu wissen, wovon sie kontrolliert wurde. Dies unterscheidet sich sehr stark von dem voraussagbaren Verhalten der Ratte, bei der man sich darauf verlassen konnte, daß sie auf bestimmte Stimuli wie ein aufleuchtendes Licht, mit einer bestimmten Reaktion (response) antwortete.

Ein weiteres Problem ist die wiederholte Belohnung der Ratten. Es ist ziemlich offensichtlich, daß Kinder nicht jedesmal ein Bröckchen Essen erhalten, wenn sie einen richtigen Satz äußern. Allerdings kann man den Gedanken der Belohnung oder Verstärkung (denn sie verstärkt das Verhalten, das gelernt wird) beim Menschen ausweiten auf Beifall oder Mißbilligung. Man kann annehmen, daß die Eltern lächeln und sagen, "Ja, Schatz, das stimmt", wenn ein Kind einen korrekten Satz äußert. Sollte dies der Fall sein, was wird dann aus dem Beifall, wenn niemand da ist, denn man kann oft beobachten, daß Kinder mit sich selbst sprechen. Skinner nimmt an, daß die Kinder sich in diesen Fällen automatisch selbst verstärken, da sie wissen, daß sie Töne wiedergeben, die sie im Gespräch mit anderen gehört haben. Parallel dazu sieht Skinner jemanden wie einen Dichter, der in einem leeren Raum Worte vor sich hin spricht und sich selbst verstärkt durch das Wissen, daß andere durch sein Werk in der Zukunft beeinflußt werden. Demnach ist Verstärkung ein sehr verschwommener Begriff, da die tatsächliche Belohnung nicht existieren muß, man muß sie sich nur vorstellen oder darauf hoffen. Ein solches Konzept ist sicherlich nicht vergleichbar mit den Futterbröckchen für die Ratten nach einer richtigen Reaktion.

Neuere Studien von Roger Brown und seinen Kollegen werfen noch mehr Probleme für Skinners Konzept der Verstärkung auf (Brown, Cazden, Bellugi, 1968). Aufgrund ihrer Beobachtungen von Mutter-Kind-Interaktionen sind sie zu dem Schluß gekommen, daß Eltern öfter Äußerungen loben, die *wahr* sind, als solche, die grammatisch richtig sind. So würde ein Kind, das sagt, "Teddy Strumpf an" und der Mutter einen Teddybären zeigt, der einen Strumpf trägt, sehr wahrscheinlich gelobt werden, während ein Kind, das grammatisch richtig sagt, "Schau mal, der Teddy hat einen Strumpf an" und dabei einen Bären zeigt, der keinen Strumpf trägt, wahrscheinlich auf Mißbilligung trifft. Mit anderen Worten, wenn Lob und Tadel sich in der Weise auswirken würden, wie Skinner angibt, so müßte man annehmen, daß Kinder mit dem Älterwerden lernen, die Wahrheit zu sagen aber ungrammatisch zu sprechen. In Wirklichkeit scheint genau das Gegenteil der Fall zu sein.

Ein weiteres Beispiel für die Probleme, die entstehen, wenn man versucht Ratten- und Menschenverhalten gleichzusetzen, ist die Definition der Reaktionsstärke (*response strength*). Hat eine Ratte gelernt, auf ein bestimmtes äußeres Ereignis zu reagieren, so kann das Ausmaß bis zu welchem sie die Lektion gelernt hat anhand von Schnelligkeit, Kraft und Häufigkeit des Hebeldrückens gemessen werden. Skinner meint, daß ähnliche Messungen der Reaktionsstärke bei einigen menschlichen Reaktionen gefunden werden können. So könnte zum Beispiel jemand, dem man ein vielgepriesenes Kunstwerk zeigt, zur Genugtuung des Besitzers ganz laut ausrufen. "Wunderbar!" Chomsky erwidert: "Doch scheint es nicht ganz einsichtig zu sein, daß die einzige Möglichkeit in diesem Falle den Besitzer zu beeindrucken darin besteht, mit lauter, hoher Stimme, ohne Zögern und zu wiederholten Malen 'Wunderbar!' (hohe Reaktionsstärke) auszurufen. Es könnte ebenso wirkungsvoll sein, das Bild lange schweigend zu betrachten (große Verzögerung der Reaktion) und dann mit sanfter, tiefer Stimme 'Wunderbar!' zu murmeln (nach der Definition eine schwache Reaktion)." (Chomsky, 1976:80).

Chomsky benutzte diese und ähnliche Argumente, um aufzuzeigen, wie irrelevant Skinners Experimente für das Verständnis der Sprache sind. Vielleicht ist hier 'Irrelevanz' ein etwas zu starker Begriff, denn es gibt Sprachbereiche, in denen sich Gewohnheiten bilden. So sagen zum Beispiel manche Leute immer, "Verdammt!", wenn sie ein rohes Ei fallen lassen oder "Gute Nacht!", wenn sie ins Bett gehen oder "Mit den Bussen wird es auch jeden Tag schlimmer!", wenn sie an der Bushaltestelle stehen.

Und dann gibt es noch diese traurige Gestalt in einem Lied der Beatles, die immer nur sagt: "Guten Morgen."

> Ich kann nur sagen, daß es okay ist,
> Guten Morgen, guten Morgen, guten Morgen.

Aber von diesen trivialen Ausnahmen abgesehen, ist Sprache weitaus komplexer und weniger berechenbar, als Skinners Theorie es zulassen würde.

Das Wesen der Sprache

Was macht denn die Sprache so besonders? Es gibt eine ganze Reihe von menschlichen Tätigkeiten, wie Autofahrenlernen oder Strickenlernen, die wir anscheinend auf die gleiche Art lernen, wie die Ratten das Hebeldrücken. Warum nicht auch die Sprache?

In seiner Kritik an Skinners Buch hat Chomsky einige dieser besonderen Eigenheiten der Sprache aufgezählt, um zu zeigen, daß Skinner nicht in der Lage sei, über die Ursachen des sprachlichen Verhaltens zu sprechen, da er sehr wenig über die Besonderheiten dieses Verhaltens wisse. ". . . . es ist zwecklos, über den Prozeß des Spracherwerbs zu spekulieren, ohne ein besseres Verständnis dessen zu haben, was man erwirbt." (Chomsky 1976: 95).

Chomsky hat seither das Wesen der Sprache an verschiedenen Stellen diskutiert (z. B. Chomsky 1970, 1973). Er hebt besonders hervor, daß die Sprache *struktur-abhängige Vorgänge* (Operationen) benutzt. Damit meint er, daß die Zusammenstellung und Produktion von Äußerungen nicht nur eine Frage des Aneinanderreihens von Wörtern ist. Jeder Satz hat eine unhörbare innere Struktur, die vom Hörer verstanden werden muß.

Um zu verdeutlichen, was eine *struktur-abhängige Operation* ist, ist es hilfreich eine *struktur-unabhängige Operation* zu betrachten. Angenommen ein Marsbewohner ist auf der Erde gelandet und versucht Deutsch zu lernen. Es könnte sein, daß er auf folgenden Satz stößt:

> TANTE ERNESTINE HAT IHR GEBIß IN DEN ABFLUß FALLEN LASSEN

und er hört auch die dazugehörige Frage:

> HAT TANTE ERNESTINE IHR GEBIß IN DEN ABFLUß FALLEN LASSEN?

Falls es sich um einen intelligenten Marsbewohner handelt, wird er sofort festzustellen versuchen, welches die Regeln zur Fragenbildung im Deutschen sind. Als erstes mag er vielleicht denken, daß es im Deutschen eine Regel gibt, die besagt: "Um eine Frage zu bilden, suche im Satz nach dem Wort 'hat' und stelle es an den Anfang." Oberflächlich gesehen, mag diese Strategie manchmal funktionieren. So würde zum Beispiel ein Satz, wie

> PETRONELLA HAT SICH VERLETZT

ganz korrekt zu der Frage

    HAT SICH PETRONELLA VERLETZT?

Aber es ist offensichtlich die falsche Strategie, denn das würde auch bedeuten, daß ein Satz, wie

    DER MANN, DER SICH SCHREIEND DAVONGEMACHT HAT, IST VON EINER WESPE ANGEGRIFFEN WORDEN

zur Frage

    *HAT DER MANN, DER SICH SCHREIEND DAVONGEMACHT, IST VON EINER WESPE ANGEGRIFFEN WORDEN?

würde, was kein Deutsch ist (Ein Sternchen markiert einen unmöglichen Satz).

Wenn er sich den Tante-Ernestine-Satz wieder ansieht, macht der Marsbewohner vielleicht einen zweiten Versuch: 'Um eine Frage zu bilden, stelle das dritte Wort an den Anfang'. Wiederum mag dies oberflächlich gesehen funktionieren, denn ein Satz, wie

    DAS KROKODIL IST ENTLAUFEN

würde ganz korrekterweise zu

    IST DAS KROKODIL ENTLAUFEN?

werden. Aber ein richtiges Ergebnis ist bei einer solchen Regel ganz zufällig, denn sie produziert auch eine ganze Reihe von unmöglichen Sätzen.

    SCHNECKEN SIND SCHLEIMIG

würde zu

    *SCHLEIMIG SCHNECKEN SIND?

und

    MARIA HAT EINE SICHERHEITSNADEL VERSCHLUCKT

würde zu

    *EINE MARIA HAT SICHERHEITSNADEL VERSCHLUCKT?

Der Marsbewohner hatte falsch geraten, weil er struktur-unabhängige Operationen ausprobierte. Vorgänge, die nur auf mechanischem Zählen oder einfachem Wiedererkennen basieren, ohne die *innere* Struktur der betreffenden Sätze zu berücksichtigen. Um das Prinzip zu erfassen, das der Fragebildung im Deutschen zugrundeliegt, muß sich der Marsbewohner zuerst darüber im klaren sein, daß TANTE ERNESTINE / DER MANN, DER SICH SCHREIEND DAVONGEMACHT HAT / SCHNECKEN / MARIA sich jeweils wie eine Struktureinheit verhalten. Die Anzahl der Wörter innerhalb jeder Einheit ist unbedeutend, deshalb wird keinerlei

Zählen das richtige Ergebnis für die Formulierung von Fragen erbringen. In diesen Sätzen (wenn auch nicht in allen deutschen Sätzen), besteht die Lösung darin, daß man das Wort, welches auf die erste Einheit folgt, an den Anfang stellt.

TANTE ERNESTINE	HAT	IHR GEBIß IN DEN ABFLUß FALLEN LASSEN
DER MANN, DER SICH SCHREIEND DAVONGEMACHT HAT	IST	VON EINER WESPE ANGEGRIFFEN WORDEN
SCHNECKEN	SIND	SCHLEIMIG
MARIA	HAT	EINE SICHERHEITSNADEL VERSCHLUCKT

Wer schon Deutsch spricht, dem mag dies als eine Binsenweisheit erscheinen — aber es ist ganz und gar nicht klar, *warum* sich die Sprache derart verhält, wie Chomsky sagt: "... wenn wir beispielsweise eine Sprache für formale Manipulationen mittels eines Computers entwerfen würden, dann würden wir sicherlich struktur-unabhängige Operationen vorziehen. Diese sind weitaus einfacher durchzuführen, da es nur nötig ist, die Wörter des Satzes zu erkennen, ohne auf die Strukturen achtzugeben, die sie eingehen, Strukturen, die in dem Satz physikalisch überhaupt nicht gekennzeichnet sind" (Chomsky, 1973:35).

Trotzdem scheinen erstaunlicherweise alle Kinder, die eine Sprache lernen, automatisch zu wissen, daß die Sprache mit struktur-abhängigen Operationen arbeitet. Eigentlich müßte man erwarten, daß sie eine längere Probierphase durchlaufen, in der sie 'marsbewohnerähnliche' Lösungen durchprobieren, aber das tun sie nicht. Diese Art von Phänomen läßt Chomsky vermuten, daß Menschen ein angeborenes Wissen über die Eigenschaften der Sprache haben: "Angesichts solcher Tatsachen ist es natürlich, zu postulieren, daß die Idee struktur-abhängiger Operationen Teil eines angeborenen Schematismus ist, der vom Geist auf die Erfahrungsdaten angewandt wird" (Chomsky, 1973:36).

Die Strukturabhängigkeit dieser Operationen in der Sprache ist umso bemerkenswerter, da es oft keine offensichtlichen Hinweise auf die Struktur gibt. Experimente von Psycholinguisten haben deutlich gezeigt, daß sich Hörer nicht auf *akustische* Hinweise verlassen, um die wichtigsten strukturellen Einteilungen zu erkennen. Garrett, Bever und Fodor (1966) z. B. konstruierten zwei Sätze, die beide den Ausdruck GEORGE DROVE FURIOUSLY TO THE STATION (Georg fuhr wie rasend zum Bahnhof) enthielten:

1. IN ORDER TO CATCH HIS TRAIN GEORGE DROVE FURIOUSLY TO THE STATION

2. THE REPORTERS ASSIGNED TO GEORGE DROVE FURIOUSLY THE STATION

(Um den Zug noch zu erreichen, fuhr Georg wie rasend zum Bahnhof. Die Georg zugeteilten Reporter fuhren wie rasend zum Bahnhof).

Im ersten Satz ist es Georg, der wie rasend fährt. Im zweiten Satz sind es die Reporter. Um den englischen Satz zu verstehen, muß der Hörer (im Geist) die strukturelle Teilung der richtigen Stelle vornehmen:

IN ORDER TO CATCH HIS TRAIN	GEORGE DROVE FURIOUSLY TO THE STATION
THE REPORTERS ASSIGNED TO GEORGE	DROVE FURIOUSLY TO THE STATION

Um sicherzugehen, daß die Hörer *keine* akustischen Hinweise benutzten, nahmen die Forscher beide Sätze auf Tonband auf. Dann schnitten sie die Worte GEORG FUHR WIE RASEND ZUM BAHNHOF von jedem Band ab und fügten es an den anderen Satz an:

IN ORDER TO CATCH HIS TRAIN	GEORGE DROVE FURIOUSLY TO THE STATION
THE REPORTERS ASSIGNED TO	GEORGE DROVE FURIOUSLY TO THE STATION

Dann spielten sie das zurechtgeschnittene Band einigen Studenten vor — allerdings nur in ein Ohr. Im anderen Ohr hörten die Studenten einen Klick, der genau in der Mitte eines Wortes erklang, z. B. GEORG. Dann befragte man die Studenten, wo der Klick im Satz vorgekommen sei. Das Interessante am Ergebnis war, daß die Studenten dazu neigten, die Platzierung des Klicks bei ihren Angaben in Richtung der strukturellen Teilung zu verschieben:

⟵ .
IN ORDER TO CATCH HIS TRAIN GEORGE DROVE FURIOUSLY TO THE STATION.

. ⟶
THE REPORTERS ASSIGNED TO GEORGE DROVE FURIOUSLY TO THE STATION.

Dies zeigt deutlich, daß die Hörer für das Gehörte eine Struktur annehmen, für die es keine äußeren Anzeichen gibt.

Chomsky und eine Reihe weiterer Autoren (z. B. Bever, Fodor und Weksel, 1965) haben darüber hinaus ausgeführt, daß einfache Spaltenfüllung zur Erklärung von Sprache unzureichend ist. Manchmal ist vorgeschlagen worden, daß jemand, der Sprache lernt, jeden Satz in eine Anzahl von Spalten teilt und dann Struktureinheiten in die Lücken einsetzt:

1	2	3
BIENEN	MÖGEN	HONIG
ICH	MÖCHTE	MEINEN TEE
MEIN BRUDER	SCHLUG	MICH

Niemand würde das Vorhandensein solcher Ersetzungen und ihre Bedeutung für das Sprechenlernen abstreiten. Das Problem besteht jedoch darin, daß außerdem noch eine Reihe anderer Vorgänge ablaufen, denen durch die 'Spaltenerklärung' nicht Rechnung getragen werden kann. "Es liegt auf der Hand, daß bei der Satzstruktur mehr mitspielt, als das Einsetzen von lexikalischen Einheiten in grammatische Rahmen" (Chomsky, 1976). Sehen wir uns z. B. die folgenden Sätze an:

| WILDSPRUNG | KANN | GEFÄHRLICH SEIN |
| STABHOCHSPRUNG | KANN | GEFÄHRLICH SEIN |

Das Einsetzen kann nicht erklären, wie der Hörer weiß, daß im ersten Satz "Wild" springt, aber nicht die "Stäbe" im zweiten. Die Verschiedenheit der beiden Sätze wird deutlich, wenn wir sie umformulieren. Man kann sagen:

DAS SPRINGEN VON WILD KANN GEFÄHRLICH SEIN

DAS HOCHSPRINGEN MIT STÄBEN KANN GEFÄHRLICH SEIN

aber nicht

* DAS SPRINGEN MIT WILD KANN GEFÄHRLICH SEIN
* DAS HOCHSPRINGEN VON STÄBEN KANN GEFÄHRLICH SEIN

Wäre das Ersetzen das einzige Prinzip, das der Sprache zugrundeliegt, so würde man ein solches Ergebnis nicht erwarten. Solche Beispiele 'konstruktioneller Homonymie' (wie Chomsky solche oberflächlich gleichen Äußerungen nennt) sind keineswegs selten.

Noch schwerer lassen sich Sätze, die man auf zweierlei Art auslegen kann, durch Ersetzen erklären:

DAMENKRAULEN KANN ERFREULICH SEIN

1. Damen beim kraulschwimmen zuzusehen, kann erfreulich sein.
2. Damen zu kraulen, kann erfreulich sein.

DER MISSIONAR WAR ZUM ESSEN BEREIT

1. Der Missionar wollte gerade essen
2. Der Missionar sollte gerade gegessen werden.

Solche Sätze weisen darauf hin, daß das Ausfüllen eines grammatischen Rahmens nur ein Teil dessen ist, was geschieht, wenn wir sprechen.

Es wäre ein Leichtes, die Beispiele zu vermehren, die die Grenzen und Probleme der Einsetzmethode aufzeigen. Zwei der interessantesten, die viel Beachtung fanden, waren diejenigen, die sich mit den Reflexiv- und Imperativsätzen im Englischen befassen (Postal 1964).

Wenn man von der Einsetzmethode ausgeht, so erwartet man, daß alle der vier folgenden englischen Sätze möglich sind:

*I	HAVE HURT	ME	(* Ich habe mich ^{Pp} verletzt)[1]
YOU	HAVE HURT	ME	(Du hast mich^{Pp} verletzt)
I	HAVE HURT	YOU	(Ich habe dich^{Pp} verletzt)
*YOU	HAVE HURT	YOU	(*Du hast dich^{Pp} verletzt)

Aber die Sätze mit Sternchen sind im Englischen ungrammatisch und haben im Deutschen eine andere Bedeutung, als die hier beabsichtigte. Warum? Es scheint, als hätten Englischsprecher im Gehirn eine Regel, die besagt, daß im Falle einer Identität von Subjekt und Objekt des Satzes, das zweite der beiden identischen Pronomen reflexiv (rückbezüglich) wird.

*I HAVE HURT ME	→	I HAVE HURT MYSELF
		(Ich habe mich^{Rp} verletzt)
YOU HAVE HURT ME		
I HAVE HURT YOU		
*YOU HAVE HURT YOU	→	YOU HAVE HURT YOURSELF
		(Du hast dich^{Rp} verletzt)

Diese Regel besteht auch im Deutschen, ist aber wegen der gleichen Form des Reflexiv — und Personalpronomens im Akkusativ bei der 1. und 2. Person nicht bemerkbar. Durch diese Art von Beispielen, im Englischen, wurde Chomsky veranlaßt vorzuschlagen, daß die Sprache auf zwei Ebenen organisiert ist: eine Oberflächenebene (z. B. I HAVE HURT MYSELF) und eine (abstrakte) Tiefenebene, auf der solche Dinge, wie die Identität von Subjekt und Objekt klar zu erkennen sind:

---

[1] Da im Deutschen das Personalpronomen und das Reflexivpronomen im Akkusativ in der 1. und 2. Person die gleiche Form haben, wurde zur Unterscheidung Pp für Personalpronomen und Rp für Reflexivpronomen hinzugefügt. Man vergleiche in der 3. Person ER VERLETZTE IHN^{Pp} und ER VERLETZTE SICH^{Rp}. Anm. der Übersetzerin.

Tiefenebene	Oberflächenebene
I HAVE HURT I →	I HAVE HURT MYSELF
(Ich habe ich verletzt)	(Ich habe mich^{Rp} verletzt)

Diese Erklärung gewinnt noch an Überzeugungskraft, wenn man Imperativsätze betrachtet:

z. B.   SING! oder SEI RUHIG!

Solche Sätze haben normalerweise an der Oberfläche keine Subjekte aber sie können Objekte haben:

z. B.   HELP HIM!   WASH YOURSELF!

(Hilf ihm^{dat})   (Wasch dich^{Rp})

Wenn ein reflexives Objekt auftritt, dann ist es immer YOURSELF (dich^{Rp}). Sätze, wie

*WASH MYSELF   (*Wasch mich^{Rp})
*DON'T HURT HIMSELF   (*Verletz'sich nicht)
*LOOK MYSELF AROUND   (*Schau mich um)

kommen niemals vor. Da aber Reflexive nur auftreten, wenn das Subjekt und das Objekt identisch sind, muß der Sprecher irgendwie 'wissen', daß Sätze, wie WASH YOURSELF! ein identisches Subjekt und Objekt haben. An der Oberfläche gibt es allerdings keinerlei Anzeichen für ein solches Subjekt. Vielleicht existiert dieses Subjekt auf einer tieferen Ebene und wird dann gelöscht oder 'ausgelassen'.

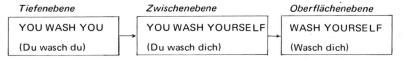

Tiefenebene	Zwischenebene	Oberflächenebene
YOU WASH YOU →	YOU WASH YOURSELF	WASH YOURSELF
(Du wasch du)	(Du wasch dich)	(Wasch dich)

Unterstützt wird die Theorie vom Bestehen eines tieferen YOU im Imperativ noch durch angehängte Fragen. Im Englischen sind diese 'tag-questions', die am Ende des Hauptsatzes angehängt werden, sehr häufig, sie wiederholen in kurzer Frageform das Verb und das Subjekt des Hauptsatzes:

z. B.   YOU WILL COME, WON'T YOU?   (Du kommst doch, oder nicht?, wörtl. Du wirst kommen, wirst du nicht?)

BILL CAN'T SWIM, CAN HE?   (Bill kann nicht schwimmen, nicht wahr? wörtl. ...., kann er?)

Das angehängte Pronomen ist immer eine Kopie des Subjekts im Hauptsatz. Ähnlich kann man im Deutschen beobachten, daß zur Bekräftigung oder Intensivierung eine Frage angehängt wird:

DU WIRST KOMMEN, NICHT WAHR, DAS WIRST DU DOCH?
BILL KANN NICHT SCHWIMMEN, NICHT WAHR, DAS KANN ER DOCH NICHT?

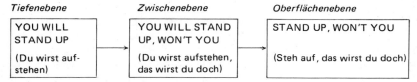

Solche angehängten Fragen kann man auch mit Imperativen finden:

STAND UP, WON'T YOU? (Steh auf, das wirst du doch, oder?)

In diesem Fall scheint das Pronomen im Anhängsel die Kopie eines unsichtbaren Subjekts zu sein, das vielleicht auf einer tieferen Ebene auftritt, aber nicht an der Oberfläche erscheint:

Tiefenebene	Zwischenebene	Oberflächenebene
YOU WILL STAND UP	YOU WILL STAND UP, WON'T YOU	STAND UP, WON'T YOU
(Du wirst aufstehen)	(Du wirst aufstehen, das wirst du doch)	(Steh auf, das wirst du doch)

Chomskys Beweisführung dafür, daß eine 'tiefere' Syntaxebene unter der Oberfläche liegt ist zwar überzeugend, aber nicht unbedingt zutreffend. Auch andere Erklärungen sind möglich. Wichtig ist die Tatsache, daß diese Erscheinungen bei Reflexiven und Imperativen weder durch die Mätzchen hebeldrückender Ratten, noch durch einfaches Ersetzen erklärt werden können. Hier ist ein viel komplizierterer Mechanismus am Werk.

Bis jetzt können wir also sagen, daß die Sprache struktur-abhängig ist, und daß die struktur-abhängigen Operationen anscheinend komplexer Art sind.

Chomsky betonte wiederholt einen weiteren grundlegenden Aspekt der Sprache — ihre *Kreativität*. Darunter scheint Chomsky zwei Dinge zu verstehen. Erstens und hauptsächlich bezieht er sich auf die Tatsache, daß Menschen die Fähigkeit haben, neue Äußerungen zu verstehen und zu produzieren. Selbst ziemlich seltsame Sätze, die wahrscheinlich nie vorher geäußert wurden, stellen keinerlei Problem für den Sprecher oder den Hörer dar:

DER ELEFANT TRANK SIEBZEHN FLASCHEN SHAMPOO AUS UND HÜPFTE DANN BETRUNKEN IM ZIMMER HERUM.

DAS ERDFERKEL PUTZTE SEINE ZÄHNE MIT EINER FEUERROTEN ZAHNBÜRSTE.

Dies bedeutet, daß es fast unmöglich ist anzunehmen, daß jemand im Laufe seines Lebens reihenweise Äußerungen sammelt und sie dann speichert, um sie in der passenden Situation wieder hervorzuholen. Bemerkenswert ist weiterhin, daß neben der Produktion von neuen grammatischen Folgen, jeder, der eine Sprache gelernt hat, auch automatisch abweichende Äußerungen aussschalten kann, die er nie zuvor gehört hat. Wortfolgen, wie

*ER WIRD HAT GEWESEN SINGEN

oder

*GIRAFFE UNTER IN GEHT GORILLA DER

werden sofort zurückgewiesen.

Chomsky verwendet 'Kreativität' auch noch in einer zweiten, untergeordneten Bedeutung, um zu erklären, daß Äußerungen nicht von äußeren Ereignissen kontrolliert werden. Das Erblühen einer Osterglocke zwingt keinen Menschen dazu, "Osterglocke!" zu rufen. Er kann sagen, was immer ihm beliebt: "Welch schöne Farbe!" — "Es ist Frühling, ich muß unbedingt meinen Wagen waschen." oder "Warum kriege ich von Blumen immer Heuschnupfen?".

Für die meisten Leute sind diese Eigenschaften der Sprache so selbstverständlich, daß sie ihnen gar nicht mehr seltsam erscheinen, aber sie sind immer noch nicht gänzlich erklärt worden. Chomsky spricht von 'dieser immer noch geheimnisvollen Fähigkeit', wenn er die Kreativität in der menschlichen Sprache meint. "Hat jemand eine Sprache gemeistert, so ist er fähig eine unbegrenzte Anzahl von Ausdrücken zu verstehen, die für ihn eine neue Erfahrung darstellen, die mit den Ausdrücken, die seine sprachliche Erfahrung ausmachen, keine einfache Ähnlichkeit aufweisen und nicht direkt analog zu ihnen sind. Er ist ferner in der Lage, mit mehr oder weniger Geschick, solche Ausdrücke zu den passenden Gelegenheiten zu produzieren, trotz ihrer Neuheit und unabhängig von einer erkennbaren Anordnung von Stimuli. Weiterhin kann er von anderen verstanden werden, die diese immer noch geheimnisvolle Fähigkeit mit ihm teilen. Der normale Gebrauch der Sprache ist in diesem Sinne eine kreative Tätigkeit. Der kreative Aspekt der normalen Sprache ist ein fundamentaler Faktor, der die menschliche Sprache von jedem bekannten tierischen Kommunikationssystem unterscheidet." (Chomsky, 1972a:100)

Chomsky betont, daß die Kreativität ein normaler Aspekt der Sprache ist. Jeder Mensch produziert andauernd neue Äußerungen und jeder, der es nicht tut, ist wahrscheinlich gehirngeschädigt: "Man sollte unbedingt beachten, daß die Schöpfung von sprachlichen Ausdrücken, die neu und angemessen sind, die normale Art des Gebrauchs von Sprache darstellt. Würde ein Mensch sich hauptsächlich auf eine bestimmte Anzahl von sprachlichen Mustern festlegen, auf eine Reihe gewohnheitsmäßiger Reaktionen auf bestimmte Anordnungen von Stimuli, ..., so würden wir ihn als geistig krank ansehen, als ähnlicher den Tieren, als den Menschen. Er würde augenblicklich von den normalen Menschen abgesondert aufgrund seiner

Unfähigkeit normale Gespräche zu verstehen oder an ihnen in normaler Weise teilzunehmen — die normale Art und Weise wäre die neu schaffende, frei von Kontrollen durch äußerliche Stimuli, immer angepasst an neue und ständig wechselnde Situationen!" (Chomsky 1972a:100)

Wie wohl deutlich geworden ist, bedeutet Sprache weit mehr, als die bloße Aneinanderreihung von Wörtern. Um sprechen zu können, verfügt der Mensch über ein sehr komplexes inneres Regelsystem, das ihn in die Lage versetzt, alle (und nur diese) zulässigen Wortfolgen der deutschen Sprache (bzw. seiner jeweiligen Muttersprache zu äußern, gleichzeitig wird er aber wahrscheinlich kein bewußtes Wissen über diese Regeln haben. Die Regeln sind komplex und bindend, wie Herr Knipe (eine Person in der Kurzgeschichte von Roald Dahl) feststellte:
"Plötzlich schoß ihm ein Gedanke durch den Kopf, eine simple überwältigende Wahrheit: Die englische Grammatik ist Regeln unterworfen, die in ihrer Strenge fast mathematisch sind!. . . Folglich muß sich eine Maschine, die nach dem Prinzip des Elektronengehirns gebaut ist, so einrichten lassen, daß sie Wörter den grammatischen Regeln entsprechend anordnet. . . Knipe war jetzt nicht mehr zu halten. Er machte sich unverzüglich ans Werk. . . Nach fünfzehn Tagen rastloser Arbeit hatte Knipe seinen 'großen automatischen Grammatisator' fertiggebaut."

Aber Herr Knipe lebt in einer Zunkunftsgeschichte. Wie wir schon feststellten, ist es in Wirklichkeit bis jetzt keinem Sprachwissenschaftler oder Computerfachmann gelungen, einen 'automatischen Grammatisator' zu bauen — eine Maschine, die alle und nur die zulässigen Wortfolgen einer bestimmten Sprache hervorbringt.

Und doch tun alle Kinder genau das: in bemerkenswert kurzer Zeit eignen sie sich ein verzwicktes System von inneren Regeln an. Dabei haben die Kinder wesentlich weniger Daten zur Verfügung als die Sprachwissenschaftler, denen es noch nicht gelungen ist einen 'automatischen Grammatisator' zu bauen. Die Kinder hören oft nur, was die Eltern und Verwandten reden und dies ist, nach Chomsky, sehr oft eine Sprache, in der es von abgebrochenen Sätzen, Fehlern und Versprechern nur so wimmelt. Weiterhin, sagt er, scheint der Erwerb der Muttersprache zum größten Teil von der Intelligenz unabhängig zu sein. Die Sprachfähigkeit von dümmeren Kindern ist nicht wesentlich schlechter, als die von klugen Kindern. In den meisten anderen menschlichen Tätigkeiten, wie Rollschuhfahren oder Klavierspielen, ist der Abstand zwischen einzelnen Kindern oft sehr groß. groß.

Obwohl man jetzt annimmt, daß Chomsky die Schnelligkeit des Erwerbs, die schlechte Qualität der Daten und selbst die Einheitlichkeit der Fähigkeit übertrieb, bleibt doch das große Geheimnis bestehen: wie bauen die Kinder für sich einen 'automatischen Grammatisator'?

Im Augenblick kann keine Lerntheorie der Psychologen den Spracherwerb erklären. Deshalb gibt es zwei Möglichkeiten:

1. Möglichkeit

Die Psychologen, die sich mit dem Problem des Lernens auseinandergesetzt haben, waren bis jetzt noch nicht imstande, eine Theorie zu formulieren, die fortgeschritten genug wäre, um den Spracherwerb zu erklären.

2. Möglichkeit

Menschenkinder 'wissen' von vorneherein, wie Sprachen aussehen. Dieser Möglichkeit gibt Chomsky den Vorzug: "Das Kind muß eine generative Grammatik seiner Sprache auf der Grundlage eines relativ restringierten Maßes von Evidenz erwerben. Um diese Leistung zu erklären, müssen wir eine genügend reiche interne Struktur postulieren — eine genügend restringierte Theorie der universellen Grammatik, die den Beitrag des Kindes zum Spracherwerb darstellt." (Chomsky in Lenneberg, 1972:536, 537)

Vielleicht ist eine eindeutige Entscheidung für oder gegen diese Möglichkeiten gar nicht notwendig, die neuere Forschung weist darauf hin, daß die Antwort irgendwo zwischen beiden liegen muß.

Allerdings ist diese Möglichkeit, daß ein bestimmtes Maß an Sprachwissen angeboren ist, daß Kinder zum Sprechen 'vorprogrammiert' sind, sehr ernstzunehmen und verdient das Interesse der Forscher. Durch sie könnte man Verwirrendes, wie Strukturabhängigkeit, Kreativität und Schnelligkeit des Erwerbs auf natürliche Weise erklären. Hier enthält das Wort 'angeboren' eine gewisse Zweideutigkeit. An dieser Stelle soll es nur 'genetisch vorgesehen' bedeuten, es heißt nicht wörtlich, daß die Kinder bei der Geburt die Sprache fix und fertig im Kopf haben und nur noch anfangen müssen zu sprechen. Es bedeutet nur, daß der Entwurf besteht, der vielleicht erst benutzt wird, wenn dieses Verhalten durch andere Faktoren in der Umwelt und durch die Entwicklung des Kindes 'ausgelöst' wird.

In den nächsten drei Kapiteln wird die Frage des Angeboren-Seins eingehender untersucht.

2. Kapitel

Tiere, die versuchen zu sprechen

Hat nur der Mensch Sprache?

> Eine Ameise, die Eskimo,
> Französisch, Javanesisch und Latein spricht,
> Die gibt es nicht,
> Die gibt es nicht.
> Warum ist das so?
>
> Robert Desnos

Will man Zeitungen und populären Büchern Glauben schenken, so scheint es eine Unzahl von Tieren zu geben, die 'sprechen' können — sprechende Wellensittiche, sprechende Delphine — selbst ein sprechender Fisch:

> Komm' so schnell du kannst, Anne,
> Der Fisch da spricht in der Bratpfanne
> (Walter de la Mare).

Das Wort 'sprechen' kann man also auf zwei sehr unterschiedliche Arten gebrauchen. Einerseits kann es nur heißen 'Wörter von sich geben', wie bei "Archibald hat einen sprechenden Papagei, der immer 'Verdammt' sagt, wenn man ihn an den Federn zieht". Andererseits kann es aber auch bedeuten 'Sprache sinnvoll gebrauchen'. Wir wissen schon, daß Tiere, wie Wellensittiche, im ersten Sinn des Wortes 'sprechen' können. Psycholinguisten möchten gerne feststellen, ob Tiere auch im zweiten Sinn 'sprechen' können. Sie interessieren sich für dieses Problem, um die Antwort auf folgende Fragen finden zu können: sind wir die einzige Spezies, die Sprache besitzt? Wenn ja, sind wir die einzige Spezies, die fähig ist, Sprache zu erwerben?

Diese Themen werden in diesem Kapitel untersucht. Zuerst vergleichen wir tierische Kommunikationssysteme mit der menschlichen Sprache, um festzustellen, ob man behaupten kann, daß Tiere wirklich 'sprechen' können. Als zweites betrachten wir verschiedene Versuche, Tiere Sprache zu lehren. Der Hauptzweck solcher Untersuchungen ist es, herauszufinden, ob nur Menschen die Gabe haben, Sprache zu erlernen. Sind wir biologisch zum 'sprechenden Wesen' ausersehen oder nicht?

Wenn wir allerdings feststellen sollten, daß Tiere tatsächlich sprechen, so würde uns das zu keiner großen Erkenntnis verhelfen. Es sagt uns genauso wenig über unsere Sprachfähigkeit, wie uns die Tatsache, daß wir Brustschwimmen können über die angeborene Schwimmfähigkeit des Frosches sagt. Oder, wie Fodor, Bever und Garrett zynisch feststellen: "Die Tatsache, daß man einen Hund trainieren kann auf seinen Hinterbeinen zu gehen, schwächt keineswegs die Behauptung, daß der zweibeinige Gang im Menschen genetisch angelegt ist. Die Tatsache, daß wir lernen können, wie eine Lerche zu pfeifen, tut der Artspezifität des Vogelgesanges keinerlei Abbruch." (Fodor, Bever und Garrett, 1974:451). Wenn wir aber feststellen sollen, daß Tiere nicht sprechen, so wird dies die Behauptung, daß die Sprache dem Menschen 'angeboren' ist, erheblich unterstützen.

Sprechen Tiere von Natur aus?

Als erstes gilt es zu ergründen, ob Tiere natürlicherweise eine wirkliche 'Sprache' haben. Zur Beantwortung dieser Frage, müssen wir die menschliche Sprache mit der tierischen Kommunikation vergleichen. Ein solcher Vergleich wirft aber eine Reihe möglicherweise unlösbarer Probleme auf. Bevor wir eine sinnvolle Antwort auf die Frage 'Sprechen Tiere von Natur aus?', geben können, müssen wir vor allem auf zwei dieser Probleme eingehen.

Zuerst müssen wir feststellen, ob wir hier Systeme vergleichen, die sich quantitativ oder qualitativ unterscheiden. Die menschliche Sprache könnte sich schrittweise aus einer primitiveren Art von tierischer Kommunikation entwickelt haben — ein Standpunkt, der als die Kontinuitätstheorie bekannt ist. Allerdings könnte die Sprache sich auch grundsätzlich von unserem ursprünglichen tierischen Erbgut unterscheiden und dieses überlagern. Das ist der Inhalt der Diskontinuitätstheorie.

Die Vertreter der Kontinuitätstheorie argumentieren, daß die Sprache aus einem der Rufsysteme der Primaten entstand, ähnlich denen, die Affen heute benutzen. Sie nehmen an, daß die Menschen am Anfang über eine bestimmte Anzahl von Schreien verfügten, von denen jeder eine andere Bedeutung hatte, so wie etwa 'Gefahr!', 'Folge mir!' oder 'Finger weg von diesem Weibchen, es gehört mir!'. Diese Schreie wurden allmählich weiter ausgebaut und schließlich zur Sprache. Ein mögliches Zwischenstadium sieht man in den Schreien der grünen Meerkatze. Diese Affenart hat mehrere Alarmrufe, die verschiedene Gefahrenarten unterscheiden (Struhsaker, 1967). Das 'Tschattern' kündigt die Gegenwart einer Puffotter oder Kobra an. Das 'Rraupen' warnt vor einem Adler. Ein 'Tschirpen' wird für Löwen und Leoparden benutzt. Weniger aufgeregt teilt ein 'Ah' die Gegenwart einer Tupfenhyäne oder eines Masaihirten mit. Einigen Wissenschaftlern zufolge, ist es nur ein kurzer Schritt von einem Alarmruf, der von einer Giftschlange warnt, bis zur Benutzung von 'Tschattern' als 'Wort' mit der Bedeutung 'Giftschlange'.

Es ist aber auch noch eine andere Interpretation dieser Signale möglich. Vielleicht unterscheiden die Affen nur verschiedene Intensitätsgrade bei den unterschiedlichen Gefahren. Sie könnten sich vor Puffottern mehr fürchten, als vor Adlern oder umgekehrt. Diese Erklärung wird plausibel, wenn man bedenkt, daß die Affen manchmal ein Tschirpen (für Löwen) ausstoßen, wenn sie einen Adler sehen. Es ist also wahrscheinlich, daß Adler und Löwe dieselbe Gefahrenstufe bedeuten, es sei denn, man zieht den Schluß, daß die Affen sie nicht unterscheiden können. Das läßt vermuten, daß vielleicht doch mehr für die Diskontinuitätstheorie spricht, als für die Kontinuitätstheorie.

Die Verfechter der Diskontinuitätstheorie nehmen an, daß der Mensch seine ursprünglichen tierischen Schreie beibehalten hat und diese neben der Sprache weiterbestehen bleiben. Schmerzlaute, Angstschreie und die verschiedenen Arten des Weinens, die man bei Babys beobachten kann, könnten mit dem Rufsystem der Affen nahe verwandt sein. Sollte diese Ansicht sich als zutreffend erweisen, dann ist es recht schwierig, menschliche und tierische Kommunikationsmittel zu vergleichen.

Es wäre dasselbe, als wollte man die chinesische Sprache und Verkehrsampeln vergleichen. Im Moment ist diese Frage allerdings noch ganz offen. Wir wissen bis jetzt noch nicht, ob die Theoretiker des Kontinuitätslagers oder des Diskontinuitätslagers recht haben. Wir müssen aber beide Möglichkeiten im Auge behalten, wenn wir das Hauptthema dieses Kapitels diskutieren.

Unser zweites Problem ist, daß es nicht immer einfach ist, zu entscheiden, was als Kommunikation bei Tieren zählen kann und was nicht. Ein Forscher stellte fest: "Beim Studium von tierischem Verhalten fällt es oft schwer, Kommunikation auf etwas zu beschränken, das nicht jede mögliche Interaktion des Organismus und seiner Umgebung umfaßt." (Marshall, 1970:231) So daß man zumindest die Paarung von Stichlingen, das Spucken von Katzen und das Aneinanderreiben der Hinterbeine bei Hasen, berücksichtigen muß und es steht keineswegs fest, wo die Grenze zu ziehen ist. Man hat vorgeschlagen, dieses Problem dadurch zu lösen, daß man sich auf Vorgänge beschränkt, in denen das Tier absichtlich und bewußt Informationen vermitteln will. Solche Unterscheidungen sind aber sowohl bei Tieren als auch bei Menschen sehr schwer zu treffen. Wenn eine Frau wiederholt mit den Wimpern klimpert, wenn ein attraktiver Mann das Zimmer betritt, ist das dann eine unbewußte Reaktion oder tut sie es absichtlich, um seine Aufmerksamkeit auf sich zu lenken? Im Meer können die sogenannten 'schnappenden Garnelen' lautes Knallen erzeugen (welches die Unterwasserortungsgeräte der Marine stören kann), wenn sie ihre Scheren abrupt schließen. Aber es ist bis jetzt noch niemandem gelungen, die Bedeutung des

Knallens zu ergründen. Vielleicht ist es informativ, vielleicht nicht. Nach dem jetzigen Stand der Kenntnis ist es nicht möglich, zu entscheiden, welches die richtige Interpretation für ein solches Phänomen ist.

Nachdem wir nun die grundlegenden Probleme dargelegt haben, um zu verdeutlichen, daß jegliche Schlüsse, zu denen wir kommen, nur vorläufig sein können, wenden wir uns jetzt der Hauptfrage zu: dem Vergleich von menschlicher Sprache mit tierischer Kommunikation. Wie soll man an eine solche Aufgabe herangehen?

Als erstes sollte man versuchen 'Sprache' zu definieren. Dies ist nicht so einfach, wie es aussieht. Die meisten Definitionen in den alten Fachbüchern sind zu weit gefaßt. Zum Beispiel: "Das Sprachvermögen besteht in der Fähigkeit des Menschen, Geräusche mit den Stimmbändern zu produzieren und Zeichen auf Papier oder andere Materialien zu machen, durch die Menschengruppen, die 'dieselbe Sprache sprechen' als Gruppe handeln und funktionieren können (Robins, 1971:12)". Streicht man aus dieser Definition das Wort 'Mensch' und 'Zeichen auf Papier oder andere Materialien', so kann man sie genauso gut auf ein Rudel Wölfe anwenden, die im Chor heulen.

Den besten Versuch hat wohl der Linguist Charles Hockett gemacht. In einer Artikelserie, die über zehn Jahre hin erschien, versuchte er die verschiedenen 'Wesensmerkmale' (design features), die die Sprache charakterisieren, herauszukristallisieren. Beispielsweise: "Austauschbarkeit (interchangeability): Erwachsene Mitglieder jeder Sprachengemeinschaft sind abwechselnd Sender und Empfänger von sprachlichen Zeichen; Vollständige Rückkopplung (complete feedback): Der Sender eines sprachlichen Zeichens erhält selbst die Nachricht (Hockett 1963:9)". Natürlich ist auch ein solcher Ansatz nicht perfekt. Eine Liste von Merkmalen könnte eventuell sogar irreführend sein, da sie eine willkürliche Sammlung von Beobachtungen darstellt, die anscheinend in keinerlei Zusammenhang stehen. Sprache mit Hilfe einer Liste zu definieren, wäre dasselbe wie der Versuch einen Menschen dadurch zu beschreiben, daß man konstatiert, daß er zwei Arme hat, zwei Beine, einen Kopf, einen Nabel, er blutet, wenn man in kratzt und schreit, wenn man ihm auf die Zehen tritt. Aber trotz alledem scheint die Definition, die auf Wesensmerkmalen oder 'notwendigen Charakteristika' basiert, die nützlichste zu sein, die bisher vorgeschlagen wurde.

Aber wieviele Merkmale soll man in Betracht ziehen? Zwei? Zehn? Hundert? Die Anzahl der Wesensmerkmale, die Hockett für wichtig erachtet, hat sich im Laufe der Zeit geändert. In der längsten Liste werden sechzehn aufgeführt (Hockett, 1963), doch die meisten Leute sind der Meinung, daß acht Merkmale genügen, um das Wesentliche der Sprache zu erfassen: Benutzung des Stimm-Hörkanals (vocal-auditory channel), Beliebigkeit (arbitrariness), Bedeutungsgehalt (semanticity), kulturelle Überlieferung (cultural transmission), Dualität (duality), Übertragung (displacement), Strukturabhängigkeit (structure-dependence) und Kreativität (creativity).

Wir wollen jedes dieser Merkmale einzeln unteruchen und überprüfen, ob es auch in der tierischen Kommunikation anzutreffen ist. Sollte ein Tier von Natur aus über alle diese Wesensmerkmale der menschlichen Sprache verfügen, so kann dieses Tier eindeutig sprechen. Die Benutzung des *Stimm-Hörkanals* ist vielleicht das klarste Merkmal der Sprache. Laute werden mit den Stimmorganen gebildet und der Hörmechanismus empfängt sie — ein Vorgang, der weder selten noch besonders überraschend ist. Die Nutzung von Lauten ist in der tierischen Kommunikation weit verbreitet. Ein deutlicher Vorteil hiervon ist, daß die Nachricht auch im Dunkeln oder im dichten Wald gesendet und empfangen werden kann. Nicht alle Lautsignale werden mit der Stimme produziert — Spechte klopfen auf Holz und Klapperschlangen haben ein Klapper am Schwanz. Stimm-Hörsignale sind jedoch häufig und werden von Vögeln, Kühen, Menschenaffen und Füchsen benutzt, um nur einige zu nennen. Der Vorteil dieser Art von Lautproduktion ist, daß der Körper gleichzeitig andere Tätigkeiten ausführen kann, und daß relativ wenig körperliche Energie erforderlich ist. Alldderings ist dieses Wesensmerkmal weder auf den Menschen beschränkt, noch ausschlaggebend, denn Sprache kann ohne Einbußen auch mit visuellen (in der Taubstummensprache oder beim Schreiben) und tastbaren Symbolen (bei Braille) vermittelt werden. Patienten, deren Stimmbänder entfernt wurden und die sich hauptsächlich durch Schreiben mitteilen, haben ihre Sprachfähigkeit nicht verloren. Daraus folgt, daß dieses Merkmal zur Unterscheidung von menschlicher und tierischer Kommunikation von geringem Nutzen ist. So wenden wir uns dem zweiten Kriterium zu, der Beliebigkeit oder Willkür.

Beliebigkeit bedeutet, daß die menschliche Sprache neutrale Symbole benutzt. Es gibt keinerlei Verbindung zwischen dem Wort HUND und dem vierbeinigen Tier, für das es steht. Man kann es ebenso gut UN CHIEN (Französisch), A DOG (Englisch) oder CANIS (Latein) nennen. Das türkische GÜL und das griechische RHODON sind gleich gute Namen für eine Rose. Wie Julia feststellte:

> Was ist ein Name. Was uns Rose heißt,
> Wie es auch hieße, würde lieblich duften.
> (Shakespeare)

Lautmalende Wörter, wie KUCKUCK, PENG, SCHMATZ, SCHLURFEN und KNALLEN, stellten hiervon eine Ausnahme dar. In jeder Sprache gibt es aber nur relativ wenige dieser Wörter. Für Tiere andererseits, ist eine starke Verbindung zwischen der gesendeten Nachricht und dem benutzten Signal normal. Eine Krabbe, die äußerste Aggression ausdrücken will, streckt eine große Schere aus. Eine weniger ärgerliche Krabbe wird nur einfach ein Bein heben: "Eine wichtige Kampfschere zu heben ist viel effektvoller, als nur ein Bein zu heben, um eine zweite Krabbe dazu zu bewegen, sich zurückzuziehen oder in ihre Muschel zurückzukehren (Marshall 1970)". Beliebige Symbole sind aber nicht auf den Menschen beschränkt. Möwen zum Beispiel, zeigen manchmal ihre Aggression dadurch, daß sie sich vom Gegner abwenden und schnabelweise Gras ausrupfen. So müssen wir zu dem Schluß kommen, daß man Beliebigkeit nicht als entscheidendes Unterscheidungsmerkmal zwischen menschlicher und tierischer Kommunikation ansehen kann.

Die Untersuchung des *Bedeutungsgehaltes* (der Semantizität) wurde als drittes Prüfungskriterium für die Sprachfähigkeit vorgeschlagen. Dies ist der Gebrauch von Symbolen, die Objekte oder Handlungen 'bedeuten' oder sich auf diese beziehen. Für einen Menschen bedeutet ein STUHL ein vierbeiniges Gebilde, auf dem man sitzen kann. Menschen können verallgemeinern und mit diesem Namen alle Arten von Stühlen bezeichnen, nicht nur einen bestimmten. Weiterhin gilt Semantizität für Handlungen genauso wie für Objekte. So bedeutet zum Beispiel SPRINGEN den Vorgang des In-die-Luft-Springens. Einige Autoren vertraten die Ansicht, das Semantizität ausschließlich beim Menschen zu finden ist. Tiere können nur über eine Situation als gesamtes Mitteilung machen. Ein Huhn, das Alarmrufe von sich gibt, wenn ein Fuchs in der Nähe ist, wird wahrscheinlich die Nachricht: "Achtung! Achtung! Gefahr im Verzug!" übermitteln und nicht einen Laut benutzen, der 'Fuchs' bedeutet. Wie wir aber schon beim Ruf der Meerkatze gesehen haben, die vielleicht 'Schlange' meint, wenn sie tschattert, aber vielleicht auch nicht, ist es sehr schwer hier Gewißheit zu gewinnen. Wir bleiben im Unklaren darüber, ob dieses Merkmal in der tierischen Kommunikation vorkommt oder nicht.

Kulturelle Übertragung oder *Tradition* bedeutet, daß die Menschen ihre Sprache von Generation zu Generation weitergeben. Welche Rolle das Leben in der Tierkommunikation spielt ist unklar, von Tierart zu Tierart verschieden, manchmal auch innerhalb der Art. So zum Beispiel bei den Vögeln; man sagt, daß der Gesang der Singdrossel zum größten Teil angeboren ist, aber durch Lernen leicht verändert werden kann, während der Gesang der Lerche fast ausschließlich erlernt ist. Vögel wie der Buchfink sind besonders interessant: die Grundmuster des Gesangs scheinen angeboren zu sein aber alle Feinheiten, Tonhöhe und Rhythmus müssen weitgehend erlernt werden (Thorpe 1961, 1963). Obwohl die Unterscheidung zwischen Mensch und Tier hinsichtlich dieses Merkmals nicht eindeutig ist, scheint es doch, daß beim Tier ein weit größerer Anteil der Kommunikation genetisch vorherbestimmt ist als beim Menschen. Wenn ein Kind von der menschlichen Umgebung isoliert aufwächst, erwirbt es keine Sprache. Im Gegensatz dazu, singen Vögel, die isoliert aufwuchsen, Lieder, die manchmal als zu ihrer Art gehörig erkennbar sind (obwohl sie meist abnormal sind).

Die fünfte Eigenschaft, die *Dualität* oder *doppelte Artikulation* besagt, daß die Sprache auf zwei Ebenen organisiert ist. Die ursprünglichen Lauteinheiten der Sprache, wie Z, U, G sind normalerweise für sich genommen, bedeutungslos. Sie gewinnen nur eine Bedeutung, wenn sie in Lautfolgen aneinandergereiht werden, wie Z-U-G, ZUG. Es ist gesagt worden, daß diese Eigenschaft nur beim Menschen vorzufinden ist. Dies trifft nicht zu. Die Dualität tritt auch beim Vogelsang auf, in dem jeder einzelne Ton für sich genommen bedeutungslos ist — nur durch die Kombination der Töne kann eine sinnvolle Nachricht übermittelt werden. So liefert uns auch dieses Merkmal keine eindeutige Unterscheidung zwischen menschlichem und tierischem Sprachgebrauch.

Eine wichtigere Eigenschaft der Sprache ist die *Übertragung*, die Fähigkeit sich auf Dinge beziehen zu können, die zeitlich und räumlich weit entfernt sind. Menschen sagen oft Dinge wie: "Meine Tante Mathilde, die in Australien wohnt, hat sich letzte Woche den Fuß verstaucht." Es mag für ein Tier unmöglich sein, eine ähnliche Information zu übermitteln. Wie aber auch bei anderen Wesensmerkmalen, ist es manchmal schwierig zu entscheiden, ob Übertragung in der tierischen Kommunikation vorhanden ist. Ein Vogel gibt noch Alarmrufe von sich, nachdem eine Katze, die ihm aufgelauert hat, schon lange verschwunden ist. Ist das Übertragung oder nicht? Die Antwort ist nicht eindeutig. Es ist nicht leicht, eindeutige Beispiele für Übertragung bei Tieren zu finden. In der Bienensprache allerdings, trifft man sie an (von Frisch 1954, 1964, 1965). Wenn eine Arbeitsbiene eine Nektarquelle findet, kehrt sie zum Stock zurück und führt einen komplizierten Tanz auf, der den anderen Bienen den Standort der Quelle mitteilt. Sie führt einen 'Rundtanz' auf, bei dem sie im Kreis fliegt, um anzudeuten, daß der Nektar sich nahe beim Stock befindet oder es gibt einen 'Wackeltanz', bei dem sie mit dem Schwanz hin und her wackelt, wenn der Nektar weit entfernt ist. Die anderen Bienen stellen die Entfernung durch die Geschwindigkeit des Wackelns fest und wissen durch den Geruch an ihrem Körper, nach welcher Blumenart sie suchen sollen. Nach dem Tanz fliegen sie zielsicher zum richtigen Ort, auch wenn er mehrere Kilometer weit weg liegt und sich dazwischen ein Hügel befindet.

Dies ist eine ungewöhnliche Eigenschaft, aber selbst dieser Grad von Übertragung ist wesentlich geringer als der, den man in der menschlichen Sprache antrifft. Die Biene kann die anderen Bienen nur über die Nektarquelle informieren, die sie gerade gefunden hat und über nichts weiter zurückliegendes. Sie kann nicht sagen, "Vorgestern haben wir ein paar schöne Blumen besucht, los, wir wollen nachsehen, ob sie noch da sind." Sie kann nur sagen: "Kommt mit zum Nektar, den ich gerade gefunden habe." Sie kann auch über nichts sprechen, was entfernungsmäßig weiter weg liegt. Sie könnte nicht sagen: "Ich frage mich, ob es in Sibirien guten Nektar gibt?" Deshalb ist die Übertragungsfähigkeit in der Bienensprache fest-

festgelegt auf die Entfernung, die eine Biene leicht fliegen kann und die Zeitspanne, die dazu nötig ist. Endlich scheinen wir ein Merkmal gefunden zu haben, daß in der menschlichen Sprache eine große Rolle spielt und nur teilweise in nicht-menschlicher Kommunikation vorkommt.

Das siebte Merkmal, die *Strukturabhängigkeit*, wurde schon im ersten Kapitel behandelt. Menschen verlassen sich nicht auf einfaches Wiedererkennen oder Abzählen, wenn sie miteinander sprechen. Sie erkennen automatisch die Sprachmuster und arbeiten mit 'Struktureinheiten'. Sie verstehen zum Beispiel, daß eine Wortgruppe manchmal die strukturelle Entsprechung einer anderen ist:

	SIE	
DIE ALTE DAME, DIE EINEN WEIßEN HUT TRUG		GAB DEM ESEL EINE KAROTTE

und sie können diese Einheiten nach festgelegten Regeln umgruppieren:

EINE KAROTTE	WURDE DEM ESEL	VON DER ALTEN DAME, DIE EINEN WEIßEN HUT TRUG	GEGEBEN

Soweit uns bekannt ist, benutzen Tiere keine struktur-abhängigen Operationen. Wir besitzen noch nicht genügend Wissen über die Kommunikation von allen Tierarten, um wirklich sicher zu sein aber bis jetzt ist noch kein eindeutiges Beispiel gefunden worden.

Schließlich gibt es ein Merkmal, das von überragender Bedeutung und auf den Menschen beschränkt ist: die Fähigkeit eine unbegrenzte Anzahl von neuen Äußerungen zu produzieren und zu verstehen. Diese Eigenschaft ist unter verschiedenen Bezeichnungen bekannt. Chomsky nennt sie *Kreativität* (vgl. 1. Kapitel), andere nennen es *Offenheit* oder *Produktivität*. Ein Mensch kann über alles sprechen was er will, selbst über Schnabeltiere, die rückwärts die Treppe hinunterfallen, ohne daß es für ihn oder den Hörer irgendwelche Probleme schafft. Er kann sagen was er will und wann er es will. Wenn es donnert, äußert er nicht automatisch einen feststehenden Satz: "Es donnert, sucht Schutz!" Man kann auch sagen: "Ist der Blitz nicht schön?" oder "Wir sollten lieber den Hund reinholen." oder "Einer chinesischen Legende zufolge bedeutet ein Donner, daß zwei Drachen in Metallwannen aufeinanderstoßen."

Im Gegensatz dazu, verfügen Tiere über eine festgesetzte Anzahl von Signalen, die eine Reihe von Nachrichten in genau definierten Situationen übermitteln können. Eine nordamerikanische Zikadenart kann nur vier verschiedene Signale senden. Sie 'quäkt verstört', wenn sie angefasst, aufgehoben oder gefressen wird. Ein 'Versammlungsruf' scheint zu bedeuten "Wir wollen alle zusammen im Chor singen". Ein einleitender Werbungsruf (eine Einladung?) verlautet, wenn ein Weibchen einige Zentimeter entfernt ist. Ein fortgeschrittener Werbungsruf (die Äußerung eines Triumphgefühls?) erfolgt, wenn das Weibchen beinahe greifbar ist (Alexander und Moore, zitiert in McNeill 1966). Selbst die beeindruckende Meerkatze hat nur ein Repertoire von 36 verschiedenen Stimmlauten. Da dies Niesen und Erbrechen einschließt, ist die Anzahl, die tatsächlich zur Kommunikation benutzt wird, noch um einige geringer. Innerhalb dieser Spanne ist die Auswahl begrenzt, da die Umstände normalerweise vorschreiben, welcher Schrei ausgestoßen werden muß. Ein Jungtier, das von der Mutter getrennt wurde, ruft verloren 'rrah'. Ein Weibchen, das ein verliebtes Männchen abschrecken will äußert ein 'paarungsunwilliges Quieken' (Struhsaker, 1967).

Aber vielleicht ist es nicht richtig, sich auf Zikaden und Affen zu konzentrieren. Verglichen mit diesen, verfügen Bienen und Delphine über äußerst entwickelte Kommunikationssysteme. Und doch haben die Forscher widerstrebend zugeben müssen, daß selbst Bienen und Delphine nicht fähig sind, etwas Neues zu sagen. Die Bienen wurden von dem berühmten Bienenforscher Karl von Frisch (1954) untersucht. Er stellte fest, daß Arbeiterbienen normalerweise Informationen über die horizontale Entfernung und die Richtung der Nektarquelle geben. Sollte die Bienenkommunikation in irgendeiner Weise offen sein, dann sollte die Arbeiterbiene auch in der Lage sein die anderen Bienen über die vertikale Enternung und Richtung zu informieren, wenn dies notwendig wird. Er untersuchte dies, indem er einen Bienenstock an den Fuß einer Funkbake und einen Zuckerwasservorrat auf deren Spitze stellte. Aber den Bienen, denen man das Zuckerwasser gezeigt hatte, waren nicht fähig den anderen Bienen mitzuteilen, wo es sich befindet. Sie gaben ganz richtig Nachricht mit dem Rundtanz, daß sich die Quelle in der Nähe des Stockes befindet und dann folgten ihnen ihre Kameraden stundenlang in alle möglichen Richtungen — aber nicht nach oben, um nach der Honigquelle zu suchen. Schließlich gaben sie die Suche auf. Wie von Frisch meinte: "Die Bienen haben kein Wort für 'aufwärts' in ihrer Sprache. Es gibt in den Wolken keine Blumen" (von Frisch 1954:139). Da diese zusätzliche Information nicht übermittelt werden kann, kann man die Bienensprache nicht im selben Sinne als 'offen' ansehen wie die menschliche Sprache.

Die Delphinexperimente von Dr. Jarvis Bastian waren erheblich aufregender, aber letzten Endes genauso enttäuschend. Bastian versuchte einen männlichen Delphin Buzz und einen weiblichen Delphin Doris zu lehren, sich trotz einer undurchsichtigen Trennungsscheibe zu verständigen.

Als sie noch zusammen waren, lehrte Bastian sie auf Paddel zu drücken, wenn sie ein Licht sahen. Wenn das Licht andauernd brannte, mußten sie das rechte Paddel zuerst drücken, wenn es flackerte, das linke zuerst. Wenn sie die Aufgabe richtig lösten, wurden sie mit Fisch belohnt.

Nachdem sie das gelernt hatten, trennte er sie. Sie konnten sich jetzt nur hören aber nicht sehen. Die Paddel und das Licht wurden genauso aufgebaut wie vorher, außer, daß diesesmal nur Doris das Licht sehen konnte, das angab, welches Paddel zuerst zu drücken sei. Um Fisch zu erhalten, mußten beide Delphine die Hebel in der richtigen Reihenfolge betätigen. Doris mußte Buzz mitteilen, welche diese Reihenfolge war, da nur sie das Licht sehen konnte. Erstaunlicherweise 'hatten die Delphine beinahe hundertprozentigen Erfolg bei tausenden von Versuchen mit dieser Aufgabe' (Evans und Bastian 1969:433). Es schien als könnte die Delphine wirklich sprechen! Doris teilte neue Information durch eine undurchsichtige Trennscheibe mit!

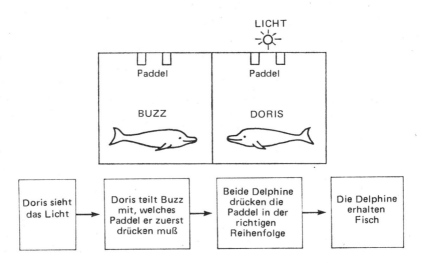

Später stellte sich allerdings heraus, daß die Leistung wesentlich weniger eindrucksvoll war. Schon, als die Delphine noch zusammen waren, hatte sich Doris angewöhnt bestimmte Laute zu produzieren, wenn das Licht flackerte und andere Laute, wenn es beständig brannte. Als die Delphine getrennt wurden, behielt sie diese Gewohnheit bei und Buzz hatte natürlich schon gelernt, welche Laute von Doris mit welcher Art von Licht in Verbindung standen. Deshalb kann man nicht sagen, daß Doris 'kreativ sprach'.

So scheinen noch nicht einmal Delphine ein 'kreatives' Kommunikationssystem zu haben, obwohl es natürlich immer möglich ist, daß man mehr über 'Delphinisch' weiß, als veröffentlicht wurde. Die hohe Intelligenz von Delphinen hat direkte Auswirkungen für den Seekrieg und erregte deshalb die Aufmerksamkeit der Militärbehörden, somit sind weite Bereiche der Forschung offiziell als geheim deklariert worden. Im großen und ganzen scheint es aber unwahrscheinlich, daß es 'versteckte Tanks mit sprechenden Delphinen' gibt (wie in einem Film vor kurzem angedeutet wurde). Die meisten Forscher stimmen mit den Äußerungen des Psychologen John Morton überein: "In bezug auf die Streitfrage, ob Delphine eine Sprache haben oder nicht, möchte ich vorläufig, aufgrund der mir bekannten Tatsachen, sagen, daß falls sie eine Sprache haben, sie sich außerordentlich bemühen, dies vor uns geheimzuhalten. (Morton 1971:83)"

Es entsteht also ganz der Eindruck, als ob Tiere keine wirklich neuen Nachrichten übermitteln können, und daß Ogden Nash mit seinem Reim ein Körnchen Wahrheit einfängt:

        Kanarien
singen immer die gleichen Arien.

Dasselbe gilt für Alice, wenn sie sich über kleine Kätzchen beschwert:

"Nun haben Kätzchen die ärgerliche Angewohnheit, . . . daß sie, gleichgültig, was man zu ihnen sagt, unentwegt schnurren . . . Wenn sie doch nur schnurren wollten für 'ja' und miauen für 'nein' oder sonstwie sich an eine Ordnung halten, . . . damit man sich richtig mit ihnen unterhalten könnte! Aber wie soll man denn mit jemand reden, der immer das gleiche sagt?"
                                                          (Lewis Carroll: Alice im Wunderland)

Ist es nun möglich die Frage zu beantworten, ob Tiere sprechen können? Falls sie, um als 'sprechend' zu gelten, alle Wesensmerkmale der menschlichen Sprache 'natürlicherweise' benutzen müssen, ist die Antwort klar 'nein'. Einige Tiere verfügen über einige der Merkmale. Im Vogelgesang finden wir Dualität, im Bienentanz ein gewisses Maß an Übertragung. Soweit uns bekannt ist, gibt es aber kein tierisches Kommunikationssystem, das über Dualität *und* Übertragung verfügt. Man kann nicht beweisen, daß ein tierisches System bedeutungstragend ist oder struktur-abhängige Operationen benutzt. Vor allem, gibt es kein Tier, das sich kreativ mit einem anderen verständigen kann.

Obwohl Tiere nicht 'von Natur aus' sprechen, heißt das nicht unbedingt, daß sie unfähig sind zu sprechen. Vielleicht haben sie bisher nur noch nie die Gelegenheit gehabt Sprache zu lernen. Im nächsten Abschnitt beschäftigen wir uns mit den Ergebnissen der Forschung mit Tieren, denen diese Gelegenheit geboten wurde.

Tiere sprechen lehren: Washoe und Sarah

Spricht man über Versuche Tiere Sprache zu lehren, ist es wichtig (wie schon erläutert wurde), Imitation von wirklicher Sprache zu unterscheiden. Papageien und der indische Hirtenstar können Menschen mit unheimlicher Genauigkeit imitieren. Aber es ist nicht anzunehmen, daß sie jemals verstehen, was die Leute sagen. Es gibt Berichte über einen Papagei, der 'Guten Morgen' und 'Guten Abend' zur richtigen Zeit sagen konnte und 'Auf Wiedersehen', wenn Gäste das Haus verließen (Brown 1958). Die meisten Vögel aber geben nur wieder, was sie hören. So weiß ich z.B. von einem Wellensittich, der hörte, wie ein kleiner Hund mit den Worten 'Sitz!' und 'Schlimmer Junge!' trainiert wurde, dann rief er immer 'Sitz!' und 'Schlimmer Junge!', wenn man seinem Käfig zu nahe kam, egal, ob der Hund anwesend war oder nicht.

Obwohl Psychologen viel Zeit auf Experimente mit Starenvögeln verwandt haben, ist es vielleicht nicht überraschend, daß die Ergebnisse enttäuschend waren. Versuche mit Menschenaffen scheinen vielversprechender. Während der letzten vierzig Jahre wurden verschiedene Versuche unternommen, Schimpansen die menschliche Sprache beizubringen.

Das erste Experiment war ein Mißerfolg. Professor Kellogg und seine Frau erwarben 1931 eine Schimpansin mit dem Namen Gua, als sie sieben Monate alt war (Brown 1958; Kellogg 1933). Sie wurde aufgezogen wie ein Menschenbaby, mit dem Löffel gefüttert, gebadet, in Windeln gewickelt und andauernd der Sprache ausgesetzt. Obwohl es ihr schließlich gelang, die Bedeutung von über siebzig einzelnen Wörtern zu verstehen, sprach sie nie. Gua zeigte deutlich, daß es nicht nur der Mangel an Gelegenheit war, der einen Schimpansen davon abhält Sprache zu lernen. Donald, der Sohn von Kelloggs, der mit Gua zusammen aufgezogen wurde und ungefähr dasselbe Alter hatte, lernte ganz normal sprechen.

Auch der zweite Schimpanse, den Keith und Cathy Hayes 1947 erwarben, stellte sich als Enttäuschung heraus (Brown 1958; Hayes 1951). Viki wurde sehr intensiv im Englischen unterrichtet. Sie erlernte schließlich vier Wörter: PAPA, MAMA, CUP (Tasse), UP ('rauf). Diese Wörter wurden sehr undeutlich ausgesprochen und bleiben Vikis einzige Äußerungen nach drei Jahren harten Trainings.

Man weiß jetzt, warum diese Versuche zum Scheitern verurteilt waren. Schimpansen sind physiologisch (körperlich) nicht in der Lage menschliche Laute zu produzieren. Neuere Experimente haben dieses Hindernis umgangen, indem sie Zeichensprache, die Handhabung von Symbolen oder Knopfdrücken benutzten. Wir wollen uns mit einigen dieser neueren Versuche näher beschäftigen.

Im Augenblick scheint der Sprachunterricht von Schimpansen eine beliebte Freizeitbeschäftigung von amerikanischen Psychologen zu sein — in letzter

Zeit gab es eine kleine Bevölkerungsexplosion von 'sprechenden Schimpansen'. Wir werden uns in unseren Betrachtungen auf Washoe (Gardner und Gardner 1969; Gardner und Allen 1971) und Sarah (Premack 1970, 1971, 1972) beschränken. Diese scheinen die beiden Schimpansinnen zu sein, die bis jetzt die meiste 'Sprache' erworben haben und deren Leistungen am bekanntesten sind.

Washoes genaues Alter ist nicht bekannt. Sie ist eine Schimpansin, die Professor Gardner und seine Frau 1966 erworben haben, als man ihr Alter auf ungefähr ein Jahr schätzte. Man hat sie den Gebrauch der amerikanischen Taubstummensprache (ASL) gelehrt. In diesem System stellen die Zeichen Wörter dar. So ist z.B. Washoes Wort für 'süß' ein Zeichen, bei dem sie den Finger auf die Zunge legt und mit der Zunge hin und her wackelt. Um 'lustig' zu sagen, legt sie die Fingerspitze auf die Nase und schnaubt.

Washoe hat ihre Sprache auf einigermaßen natürliche Weise gelernt. Gardners sorgten dafür, daß sie dauernd von Menschen umgeben war, die sich mit ihr und untereinander mit Zeichen unterhielten. Sie hofften, daß dadurch einiges bei ihr 'hängenbleiben' würde. Manchmal wurde sie aufgefordert zu imitieren oder man versuchte, sie zu korrigieren aber es gab keine festen Trainingsstunden.

Trotzdem kann es mit großen Schwierigkeiten verbunden sein, einen wilden Schimpansen etwas zu lehren: "Washoe kann vollkommen von ihrem ursprünglichen Zweck abgelenkt werden, manchmal fragt sie nach etwas ganz anderem, läuft weg, bekommt einen Wutanfall oder beißt sogar ihren Lehrer" (Gardner und Gardner 1966:666). Trotzdem war ihr Fortschritt beeindruckend und zumindest in den frühen Stadien, war ihre Sprachentwicklung nicht unähnlich der eines menschlichen Kindes.

Zuerst lernte sie eine Reihe von einzelnen Wörtern, wie KOMM, GIB MIR, SCHNELL, SÜß, KITZELN, von diesen hatte sie nach einundzwanzig Monaten vierunddreißig erworben und später dann mehr als hundert. Diese Zahlenangabe ist zuverlässig, denn eine Gruppe von Studenten und Forschern sah darauf, daß Washoe, die in einem Wohnwagen im Garten der Gardners wohnte, während ihrer Wachstunden niemals alleine war. Man zählte ein Zeichen nur als erworben, wenn Washoe es spontan und richtig an aufeinanderfolgenden Tagen benutzt hatte.

Washoes Sprache war sicherlich bedeutungstragend. Es bereitete ihr keinerlei Schwierigkeiten zu verstehen, daß ein Zeichen einen bestimmten Gegenstand oder eine bestimmte Handlung 'bedeutete', wie ihr Erwerb des Wortes 'Zahnbürste' zeigte (Zeigefinger an den Zähnen entlang reiben). Man zwang sie, zuerst gegen ihren Willen, sich die Zähne nach jedem Essen putzen zu lassen. Somit hatte sie das Zeichen für ('Zahnbürste' schon öfters gesehen, obwohl sie es niemals selbst benutzt hatte. Eines Tages, als sie im Hause der Gardners war, fand sie einen Becher mit Zahnbürsten im Badezimmer. Spontan machte sie das Zeichen für 'Zahnbürste'. Sie bat nicht um eine Zahnbürste, denn sie konnte sie selbst greifen. Sie wollte auch nicht, daß man ihr die Zähne putzt, was sie haßte. Es schien, als wolle sie nur den Namen des Gegenstandes nennen. Ähnlich zeigte sie das Zeichen für 'Blume' (die Fingerspitzen einer Hand zusammenhalten und zur Nase führen), als sie auf ein Blumenbeet zuging und ein anderes Mal, als man ihr ein Bild mit einer Blume zeigte.

Washoe konnte auch von einer Situation auf die andere generalisieren wie ihr Gebrauch des Zeichens für 'mehr' zeigte. Wie alle Schimpansen, mochte sie es sehr gerne, wenn man sie kitzelte und sie ging jedem Begleiter damit auf die Nerven, daß sie länger gekitzelt werden wollte, ausgedrückt durch das Zeichen für 'mehr'. Zuerst war das Zeichen auf das Kitzeln beschränkt. Später benutzte sie es, um die Fortsetzung einer anderen Lieblingsbeschäftigung zu erreichen — daß man sie in einem Wäschekorb über den Boden schob. Schließlich benutzte sie das 'mehr' Zeichen auch beim Füttern und anderen Tätigkeiten. So bezog sich auch das Wort 'Schlüssel' zuerst nur auf den Schlüssel, der benutzt wurde, um die Türen und Schränke in Washoes Wohnwagen aufzuschließen. Später benutzte sie das Zeichen spontan für eine Vielzahl von Schlüsseln, auch Zündschlüssel. Ihre Sprache verfügte auch über ein begrenztes Maß an Übertragung, da sie nach abwesenden Dingen oder Menschen fragen konnte.

Am beeindruckensten war Washoes Kreativität, ihr anscheinend spontaner Gebrauch von Kombinationen von Zeichen. Sie produzierte Zwei- und Drei-Wortfolgen, die sie selbst erfunden hatte. Wie zum Beispiel GIB MIR KITZELN für 'Komm, kitzle mich', GEHEN SÜß für 'Bring mich zur Himbeerhecke', AUFMACHEN ESSEN GETRÄNKE für 'Mach den Kühlschrank auf', HÖREN ESSEN 'Hör mal die Essensglocke', SCHNELL GIB MIR ZAHNBÜRSTE und ROGER WASHOE KITZELN. Washoes Zeichen waren nicht nur zufällige Aneinanderreihungen. Während einer Zeichenfolge hielt Washoe ihre Hände in 'Signalisierhöhe'. Nach jeder Folge ließ sie sie fallen. Man kann dies mit dem Gebrauch der Intonation beim Menschen vergleichen, die verdeutlichen will, daß die Wörter in einer Konstruktion verbunden sein sollen. Heißt das nun, daß Washoe wirklich sprechen kann? Zumindest oberflächlich betrachtet, gleichen ihre Folgen den Äußerungen eines Menschenkindes. Washoes Bitten um MEHR SÜß, MEHR KITZELN scheinen ähnlich den Bitten um MEHR MILCH oder MEHR SCHAUKELN, die man bei Kindern beobachtet hat. Aber es gibt hier einen wichtigen Unterschied. Kinder behalten normalerweise eine bestimmte Reihenfolge der Wörter bei. Englische Kinder stellen das Subjekt oder den Handelnden in einem Satz vor das Handlungswort, wie MUMMY COME (Mutti kommen), EVE READ (Eve lesen), ADAM PUT (Adam stellen) und CAR GONE (Auto weg). Aber Washoe schien sich nicht immer darum zu kümmern, in welcher Reihenfolge sie ihre Zeichen machte. Sie sagte genauso oft SÜß GEHEN wie GEHEN SÜß, um zu sagen 'Bring mich zur Himbeerhecke'.

Hierfür sind verschiedene Erklärungen möglich. Als erstes: der Übereifer der Forscher, die mit Washoe arbeiteten. Sie waren so bedacht darauf, sie zu ermuntern, daß sie ihr jeden Wunsch sofort erfüllen wollten. Da SÜß GEHEN und GEHEN SÜß nur eine mögliche Interpretation zuließ — Washoe will Himbeeren — verstanden sie es sofort und brachten sie dorthin. Ihr mag die Idee, daß die Wortstellung wichtig sein könnte, niemals gekommen sein. Hätte sie jemals Schwierigkeiten gehabt, sich verständlich zu machen, wäre sie vielleicht mit der Struktur ihrer Folgen etwas sorgfältiger gewesen.

Eine weitere Möglichkeit besteht darin, daß es einfacher sein mag Stimmlaute in einer bestimmten Reihenfolge zu äußern als eine solche Reihenfolge mit Zeichen beizubehalten. Vorläufige Untersuchungen haben ergeben, daß taube Erwachsene bei der Abfolge ihrer Zeichen nicht konsequent sind (Schlesinger 1971a).

Die dritte Möglichkeit ist die, daß die abwechselnde Reihenfolge in Washoes Zeichen nur ein vorübergehendes Zwischenstadium darstellte, das auftrat, bevor Washoe schließlich lernen würde, eine bestimmte Reihenfolge beizubehalten. Dieser Standpunkt wurde von Gardners vor kurzem in einem Fernsehinterview vertreten. Sie meinten, daß Washoe sich mittlerweile auf die normale Zeichenfolge festgelegt hat, die auf der Wortstellung von normalem Englisch basiert (da alle von Washoes Begleitern in ihrer Zeichensprache die englische Wortstellung benutzten). Als man ihr eine Puppe in einem Becher zeigte, signalisierte sie spontan BABY—IN MEINEM— GETRÄNK.

Eine weitere mögliche Erklärung für die unzuverlässige Zeichenfolge von Washoe ist, daß sie die zugrundeliegende Strukturierung der Sprache nicht versteht und nicht verstehen kann. In diesem Fall hat sie die Strukturabhängigen Operationen sicherlich nicht verstanden oder nicht benutzt, was ja eines der ausschlaggebenden Kriterien dafür ist, zu entscheiden, ob sie 'sprechen' kann. Aber man kann keine Gewißheit darüber erlangen. Wir werden es wohl nie endgültig erfahren, da sie nicht mehr andauernd von Menschen umgeben ist, deren Hauptaufgabe darin besteht, sich mit ihr zu unterhalten. Sie wurde so groß und potentiell gefährlich, daß Gardners sie an eine Affenkolonie abgeben mußte. Obwohl ihre Zeit des intensiven Kontakts mit der Zeichensprache vorbei ist, wird sie doch noch von Forschern besucht, die mit ihr sprechen.

Sie erwirbt immer noch Zeichen und gibt immer noch erstaunliche Beweise von Kreativität. Eine neuere Anreicherung ihres Repertoires ist die Folge WASSER—VOGEL für 'Ente' — eine spontane Schöpfung, als sie eine Ente sah. Eine weitere Hoffnung (die bis jetzt nicht erfüllt wurde) besteht darin, daß sie ihre Zeichensprache die Schimpansen mit denen sie lebt, lehren wird. Nach dem jetzigen Stand der Dinge müssen wir allerdings zu der Folgerung gelangen, daß Washoes Sprache zwar kreativ, bedeutungstragend und übertragend ist, es aber noch nicht als bewiesen gelten kann, daß sie strukturabhängig ist.

Wenden wir uns nun Sarah zu. Sarah begann mit ihrem Training 1966 mit Dr. David Premack an der Universität von Kalifornien in Santa Barbara. Im Gegensatz zu Washoe, deren Leben nur ein fortgesetztes Spiel war, wird Sarah streng trainiert mit Methoden, die denen ähnlich sind, die Skinner mit seinen Ratten benutzte. Sie lebt in einem Käfig und wird gelehrt Plastikscheibchen auf einem magnetischen Brett zu handhaben. Jedes Scheibchen stellt ein Wort dar. Ein lila Dreieck bedeutet 'Apfel', ein rotes Quadrat heißt 'Banane'. Ein schwarzes T-förmiges Scheibchen steht für die Farbe 'gelb' und ein hellblauer Stern bedeutet 'hineinlegen'. Sarah versteht jetzt mehr als hundert Wörter, auch komplizierte Begriffe, wie 'in . . . Farbe' 'gleich', 'verschieden', 'wenn . . . dann'. Wenn sie beispielsweise die Wahl hat zwischen einem Apfel und einer Banane und man ihr sagt 'Wenn Apfel, dann Schokolade', kann sie richtig den Apfel wählen, um mit Schokolade, ihrem Lieblingsfutter, belohnt zu werden. Man muß aber beachten, daß die Tatsache, daß Sarah die logische Verbindung von 'wenn . . . dann' versteht, noch nicht beweist, daß sie Sprache besitzt. Das Verhältnis von Sprache und Logik ist immer noch weitgehend ungeklärt.

Sarahs Kommunikation ist jedoch ziemlich seltsam. Sie führt keine Unterhaltung, wie dies Washoe tat. Sie sitzt in ihrem Käfig und wird in gewissen Zeitabständen von ihren Lehrern getestet. Die meisten Tests sind Verständnistests. Sie kann auf Befehle, wie SARAH HINEINLEGEN APFEL TELLER antworten, wenn man ihr sagt GRÜN AUF ROT zu legen, so kann sie das Symbol für grün auf das für rot legen. Wenn man sie fragt FRAGE TASSE GLEICH LÖFFEL (Ist die Tasse dasselbe wie der Löffel?) so kann sie richtig mit dem Zeichen für NEIN antworten. Immer, wenn sie eine richtige Antwort gibt, wird sie belohnt, normalerweise mit Schokolade. Man hat sie darauf trainiert eine bestimmte Wortstellung zu benutzen, sie erhält ihre Schokolade nicht, wenn die Wortstellung falsch ist.

Man hat gesagt, daß Sarah vielleicht nicht richtig versteht, was sie tut, sondern, daß sie nur auf Hinweise im Verhalten ihrer Lehrer reagiert. Tiere, wie Menschen, erraten oft aus dem Gesichtsausdruck einer Person, welche Antwort sie geben sollen. Es ist sehr schwer zu wissen, wieviel Sarah wirklich versteht. Allerdings scheinen ihre Leistungen zu komplex zu sein, als daß sie einfach durch die 'Verhaltenshinweistheorie' erklärt werden könnten.

Sarah macht beim 'Sprechen' nie den Anfang und, da ihre Antworten auf neue Folgen so sorgfältig gedrillt sind, ist es schwer, zu entscheiden, ob sie Ihr Zeichensystem kreativ benutzt. Die grundlegende Frage in bezug auf Sarah ist aber diese: Kann sie struktur-abhängige Operationen ausführen? Sie versteht sicherlich einfache Aufgaben zu 'Spaltenfüllung' und führt diese auch aus:

1	2	3	4
SARAH	HINEINLEGEN	APFEL	EIMER
SARAH	HINEINLEGEN	BANANE	TELLER
SARAH	HINEINLEGEN	APFEL	ROT TELLER
SARAH	HINEINLEGEN	BANANE	GRÜN TELLER

Sie kann auf alle diese Befehle richtig reagieren und sie versteht, daß nicht nur ein Wort jeweils in eine Spalte paßt, zum Beispiel entspricht ROT TELLER EIMER oder TELLER, wenn sie allein stehen. Mit anderen Worten, sie mag die Idee einer hierarchischen Struktur verstehen — daß nämlich eine Wortgruppe strukturell durch ein einzelnes Wort ersetzt werden kann.

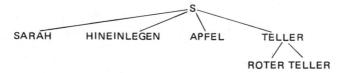

Aber Menschen können noch weit mehr tun. Sie können die Wortstellung ändern, ohne die grundlegende Struktur aus dem Auge zu verlieren.
Zum Beispiel:

    IST ES DER ROTE TELLER, IN DEN DER APFEL VON SARAH GELEGT WURDE?

Sie können auch Dinge auslassen, ohne daß dies zu Verwirrung führt:

    SING! 'Du sing!'
    MARIA UND HANS GINGEN ANGELN. 'Maria ging angeln und Hans ging angeln.'

Sarah ist nicht darauf trainiert worden mit Änderungen in der Wortstellung umzugehen. Die Fragen, die man ihr stellt, werden dadurch gebildet, daß man das Zeichen für 'frage' dem Satz voranstellt

    FRAGE ROTE FARBE DES APFELS 'Sind Äpfel rot?'

Aber sie kann Teile auslassen. Mit Schwierigkeiten und begleitet von 'Gefühlsausbrüchen' gelang es ihr schließlich die Anweisung für den folgenden Satz richtig zu befolgen:

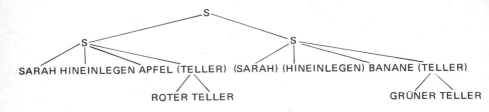

Es sieht so aus, als erfordere dies Verständnis sowohl von hierarchischer Struktur, als auch von Auslassung. Es ist aber sehr schwierig mit Sicherheit zu wissen, was vorgeht. Da man Sarah je Sitzung immer nur eine Art von Aufgabe zur Lösung vorlegt, mag es sein, daß sie nicht-sprachliche Strategien entwickelt, um mit jedem der Tests fertigzuwerden. Zieht man ihre außergewöhnlich starke Vorliebe für Schokolade in Betracht, so mutet es verwunderlich an, daß der Durchschnitt ihrer richtigen Antworten nur bei 70 oder 80 Prozent liegt. Wahrscheinlich können wir Sarahs Leistungen nicht richtig einschätzen, bis sie lernt selbst Unterhaltungen einzuleiten, wozu sie im Augenblick keinerlei Anstalten macht.

Die Ergebnisse der Experimente mit Washoe und Sarah sind nicht eindeutig. Es fällt schwer zu einer richtigen Beurteilung ihrer Leistungen zu kommen. Einerseits liegt auf der Hand, daß die Systeme, die sie lernen, weniger kompliziert sind, als die menschliche Sprache. Dies wird durch die Tatsache bewiesen, daß man stark geistesgestörte Kinder, die nicht fähig sind, normale Sprache zu erwerben, Sarahs Zeichensystem mit erheblichem Erfolg gelehrt hat. Andererseits scheinen die beiden Schimpansen zusammengenommen, ein mögliches Verständnis von einigen grundlegenden Wesensmerkmalen der Sprache zu zeigen, die man bis jetzt für rein 'menschlich' gehalten hatte. Washoes 'Sprache' verfügt über Bedeutungsgehalt, Übertragung und Kreativität; Sarahs zeigt auch Bedeutungsgehalt und vielleicht auch strukturabhängige Operationen. Dies deutet an, daß es jetzt für Chomsky notwendig geworden ist, seine Auffassung zu revidieren: "Der Erwerb selbst der simpelsten Anfangsgründe der Sprache liegt gänzlich außerhalb der Fähigkeiten eines ansonsten durchaus intelligenten Affen. (Chomsky 1970:111)"

Obwohl intelligente Tiere fähig zu sein scheinen, Sprache in ihrer elementarsten Form zu lernen, so scheint dies doch nicht in ihnen *angelegt* zu sein. Das entspricht der Sachlage, die man auch bei Vögeln angetroffen hat (Thorpe 1963). Einige Vögel besitzen die Fähigkeit, den Gesang einer anderen Art zu erlernen, die Aufgabe bereitet ihnen allerdings Schwierigkeiten. Entfernt man die Vögel von der fremden Art und bringt sie zu ihrer eigenen, so lernen sie ihren normalen Gesang sehr schnell. Sie scheinen eine angeborene Anlage für einen bestimmten Gesang zu haben.

Die augenscheinliche Leichtigkeit mit der Menschen Sprache erwerben, verglichen mit dem Erwerb bei Affen, unterstützt die Behauptung, daß sie von ihrer Anlage her dafür vorprogrammiert sind. Im nächsten Kapitel wird untersucht, ob es biologische Beweise für diese anscheinend einzigartige Anlage für Sprache gibt.

3. Kapitel

Großmutters Zähne

Gibt es biologische Beweise für eine angeborene Sprachfähigkeit?

"Oh, Großmutter, was für große Zähne du hast!" sagte Rotkäppchen.
"Damit ich dich besser fressen kann," antwortete der Wolf.

Wenn ein Tier genetisch für eine bestimmte Art von Verhalten vorprogrammiert ist, gibt es hierfür sehr wahrscheinlich biologische Anzeichen. Es ist nicht reiner Zufall, daß Fische stromlinienförmige, glatte Körper haben sowie Flossen und einen starken Schwanz. Ihre Körper sind strukturell an schnelle Bewegung im Wasser angepaßt. Dasselbe gilt für Wale und Delphine, obwohl sie sich ganz eigenständig entwickelt haben. Wenn man einen toten Vogel oder eine Mücke findet, kann man durch einen Blick auf die Flügel leicht sehen, daß sie sich normalerweise fliegend fortbewegen.

Wir sollten allerdings nicht allzu optimistisch sein. Biologische Hinweise sind nicht unbedingt notwendig. Inwieweit man sie vorfindet ist von Tier zu Tier und Aktivität zu Aktivität verschieden. Es ist z. B. unmöglich vom Körperbau der Vögel her zu erraten, daß sie Nester bauen und manchmal verhalten sich Tiere ganz entgegen allen Erwartungen, die man aufgrund ihres Körperbaus haben mag: Geistspinnen haben sehr lange Beine, weben ihre Netze aber aus sehr kurzen Fasern. Einem menschlichen Beobachter erscheinen ihre Beine sowohl beim Weben als auch beim Umhergehen im Netz hinderlich. Andererseits fertigt die Kreisspinne, die kurze Beine hat, ihr Netz aus sehr langen Fäden und scheint unverhältnismäßig viel Anstrengung darauf zu verwenden von einer Seite des Netzes zur anderen zu gehen (Duncan zitiert in Lenneberg 1972:41). Außerdem gibt es oft unerklärliche Unterschiede zwischen den Arten, die nicht mit irgendwelchen offensichtlichen Unterschieden im Verhalten in Verbindung stehen. Die sichtbaren Teile des Ohrs unterscheiden sich bei Schimpansen, Pavianen und Menschen — allerdings scheint es keinen feststellbaren Grund dafür zu geben. Solche Ungereimtheit ist aber nicht allgemein verbreitet und sollte uns deshalb nicht entmutigen doch nach biologischen Hinweisen zu suchen, die mit der Sprache zusammenhängen — wir müssen uns aber darüber im Klaren sein, daß wir wohl nichts finden werden, das aussieht wie eine große Schachtel mit dem Etikett 'Sprache'.

Eine Veränderung des Körperbaus oder strukturelle Veränderungen sind die direktesten Anzeichen für angeborene Verhaltensformen. Wir müssen aber auch körperliche Anpassungen in Betracht ziehen, Veränderungen in den Körperfunktionen, wie dem Rhythmus des Herzschlages und der Atmung. Der erste Teil dieses Kapitels befaßt sich mit den Körperteilen, an denen Anpassungen für die Sprachfähigkeit wohl am ehesten stattgefunden haben. Die Organe, mit denen man Sprache produziert und plant, werden untersucht — der Mund, die Stimmbänder, die Lunge und das Gehirn.

Der zweite Teil des Kapitels ist etwas anderer Art. Hier werden Aspekte der Sprache behandelt, bei denen komplexe neuromuskulare Abläufe eine Rolle spielen. Es wird deutlich, daß die notwendige Koordinierung ohne biologische Anpassung fast unmöglich wäre.

Mund, Lunge und graue Zellen

Betrachten wir die Organe, die beim Sprechen benutzt werden, so scheint der Mensch in der Mitte zwischen der deutlichen strukturellen Anpassung der Vögel an das Fliegen und der anscheinenden Verbindungslosigkeit zwischen Vögeln und Nestbauen , zu stehen. Das bedeutet, daß das menschliche Gehirn und die Stimmorgane einige etwas ungewöhnliche Merkmale aufweisen. Für sich genommen genügen diese Merkmale nicht, um den Beweis zu liefern, daß Menschen sprechen können. Gehen wir aber von der Voraussetzung aus, daß alle Menschen eine Sprache sprechen, dann erklären sich eine Reihe von rätselhaften biologischen Tatsachen. Man kann sie als eine Teilanpassung des Körpers an die Sprachproduktion ansehen (Lenneberg 1972; Liebermann, 1972).

Zum Beispiel sind die menschlichen Zähne ungewöhnlich, verglichen mit denen anderer Tiere. Sie sind von gleicher Höhe und bilden eine lückenlose Barriere. Sie stehen senkrecht, nicht nach vorne geneigt und die obere und die untere Zahnreihe treffen sich. Solche Gleichmäßigkeit überrascht, man braucht sie sicherlich nicht zum Essen. Andererseits sind gleichmäßig verteilte, gleichgroße Zähne, die aufeinandertreffen, für die Artikulation einer Reihe von Lauten unerläßlich, wie z. B. für S, F, V, sowie SCH (wie in Schule), das TH im Englischen (wie in 'thin') und einige andere. Die Lippenmuskulatur des Menschen ist wesentlich stärker entwickelt und weist feinere Verschlingungen auf als die anderer Primaten. Der Mund ist relativ klein und kann schnell geöffnet und geschlossen werden. Hierdurch wird es einfacher, Laute wie P und B auszusprechen, die eine vollständige Unterbrechung des Luftstroms durch die Lippen verlangen, auf den ein plötzliches Freisetzen des Drucks beim Öffnen des Mundes folgt. Die menschliche Zunge ist dick, muskulös und beweglich, anders als die langen, dünnen Zungen der Affen. Der Vorteil einer dicken Zunge liegt darin, daß die Größe der Mundhöhle verändert werden kann, wodurch es möglich wird verschiedene Vokale auszusprechen.

Es scheint also, daß der Mensch von Natur aus dafür vorbereitet ist, eine Reihe von verschiedenen Lauten schnell und geordnet zu produzieren. Sein Mund weist Merkmale auf, die sich entweder von denen der großen Menschenaffen unterscheiden oder bei ihnen nicht vorhanden sind. Alles in allem kann man nur dem Kommentar eines Autors aus dem 19. Jahrhundert zustimmen, der schrieb: "Welch seltsames Ding ist die Sprache! Die Zunge ist ein solch dienstfertiges Glied (indem sie alle möglichen Formen einnimmt, gerade wie gewünscht) — die Zähne, die Lippen, der Gaumen, alle stehen bereit zu helfen; und bauen so die Laute der Stimme zu festen Gebilden auf, die wir Konsonanten nennen und erlauben dem seltsam geformten Atem, den wir Worte nennen!" (Oliver Wendell Holmes, zitiert in Critchley, 1970).

Ein weiterer bedeutender Unterschied zwischen Mensch und Affe tritt im Kehlkopf auf. Seltsamerweise ist dieser strukturell einfacher als der anderer Primaten und dies ist von Vorteil. Die Luft kann ungehindert am Kehlkopf vorbei und dann durch Nase und Mund ausströmen, ohne von anderen Anhängseln gestört zu werden. Biologisch gesehen sind Rationalisierung und Vereinfachung oft Zeichen der Spezialisierung zu einem bestimmten Zweck. So haben zum Beispiel Huftiere eine geringere Zahl von Zehen und Fische haben keine Gliedmaßen. So mag die Rationalisierung des menschlichen Kehlkopfes ein Anzeichen für die Anpassung an das Sprechen sein. Für die Spezialisierung seines Kehlkopfes muß der Mensch allerdings einen Preis zahlen. Ein Affe kann seine Mundhöhle gegen die Luftröhre abschliessen und atmen während er ißt. Der Mensch verfügt nicht über diese Fähigkeit, so kann Essen in seine Luftröhre geraten und Tod durch Ersticken verursachen (Liebermann, 1972).

Wenden wir uns nun der Lunge zu. Obwohl es keine auffälligen Eigenheiten in der Struktur der menschlichen Lungen gibt, scheint die Atmung doch in außergewöhnlicher Weise an das Sprechen angepaßt zu sein.

Bei den meisten Tieren ist die Atmung ein sehr fein ausgewogener Mechanismus. Ein Mensch, der länger als zwei Minuten unter Wasser gehalten wird, wird sehr wahrscheinlich ertrinken. Jeder, der für längere Zeit schnell und anhaltend keucht, wird ohnmächtig und stirbt unter Umständen sogar. Während des Sprechens allerdings ändert sich der Rhythmus der Atmung merklich, ohne dem Sprecher Unbehagen zu verursachen. Die Anzahl der Atemzüge pro Minute wird verringert. Das Einatmen wird stark beschleunigt und das Ausatmen verlangsamt. Trotzdem sprechen Leute oft eine Stunde lang oder länger ohne sich irgendwelchen Schaden zuzufügen. Ein Kind, das Flöte oder Trompete spielen lernt, muß sorgfältig über die Atemtechnik unterrichtet werden, aber niemand muß einem Zweijährigen erklären welche Anpassungen des Atems zum Sprechen notwendig sind. Es ist nicht möglich festzustellen, was zuerst da war — das Sprechen oder die Atmungsanpassungen. So ist auch Lennebergs Frage (1972:106) zu verstehen, ob Esel beim Ein- und Ausatmen so gut I-A sagen können, weil ihre Atmungsorgane in einer bestimmten Weise angeordnet sind oder ob das I-A zuerst da war. Die Antwort ist unwesentlich. Uns interessiert nur die Tatsache, daß Kinder, die im 20. Jahrhundert geboren werden, einen Atmungsmechanismus besitzen, der anscheinend biologisch zum Sprechen 'eingerichtet' ist.

Es scheint also, daß es im Mund, dem Kehlkopf und den Lungen deutliche Anzeichen dafür gibt, daß der Mensch von Natur aus spricht. Nun wollen wir das menschliche Gehirn untersuchen. Inwieweit ist es auf das Sprechen ausgerichtet? Die Antwort bleibt verschwommen. Das Gehirn hat ein ganz anderes Erscheinungsbild als das Gehirn der Tiere. Es ist schwerer und die Großhirnrinde, die äußere Schicht von grauen Zellen, die den inneren Kern von Nervenfasern umgibt, ist an der Oberfläche stärker gefurcht. Natürlich gibt die Größe allein nicht unbedingt den Ausschlag. Elefanten und Wale haben größere Gehirne als Menschen, aber sie sprechen nicht. Elefanten und Wale haben aber auch größere Körper, deshalb wurde vorgeschlagen, daß das Verhältnis von Körpergröße zum Gehirngewicht das Wesentliche ist. Auf den ersten Blick erscheint dies recht vielversprechend. Es klingt vernünftig anzunehmen, daß eine hohe Verhältniszahl auf große Intelligenz hindeutet, was wiederum eine Voraussetzung für die Sprache sein mag — besonders, wenn man berücksichtigt, daß das Gehirn eines erwachsenen Menschen mehr als 2 % seines Gesamtgewichtes ausmacht, während es bei einem erwachsenen Schimpansen weniger als 1 % beträgt. Bald wird uns aber klar, daß solche Verhältniszahlen sehr irreführend sein können. Einige Tiere sind so gebaut, daß sie große Energiereserven mit sich herumtragen, die ihren Körpern ein extrem großes Gewicht verleihen. Kamele sind zum Beispiel nicht unbedingt dümmer als Pferde, nur weil sie große Höcker besitzen.

Selbst abgesehen von solchen Problemen kann das Verhältnis von Körper zu Gehirn doch nicht das Entscheidende für die Sprache sein, denn man kann junge Schimpansen und Menschenkinder finden, die ein ähnliches Verhältnis von Körper- zu Gehirngewicht haben, aber das Kind kann sprechen und der Schimpanse nicht. Noch überzeugender ist der Vergleich von einem dreijährigen Schimpansen und einem zwölfjährigen nanozephalen Zwerg, einem Menschen, der wegen eines genetischen Defekts nur ungefähr 76 cm groß wird. Obwohl der Schimpanse und der Zwerg genau dasselbe Körper- und Gehirngewicht haben (und folglich auch denselben Gehirn-/Körpergewicht-Quotienten), können die Zwerge sprechen, wenn auch in etwas begrenztem Maße, aber der Schimpanse kann es nicht.

	Gehirn (kg)	*Körper* (kg)	*Quotient*
Mensch, Alter 13 1/2 J.	1,35	45	1:34
Mensch (Zwerg), Alter 12 J.	0,4	13,5	1:34
Schimpanse, Alter 3 J.	0,4	13,5	1:34

(Lenneberg 1972 : 93)

Diese Zahlen zeigen überzeugend, daß der Unterschied zwischen Menschen- und Schimpansengehirn *qualitativer* und nicht *quantitativer* Art ist.

Oberflächlich gesehen zeigt das Gehirn von Schimpansen und Menschen gewisse Ähnlichkeiten. Wie bei einer Reihe von Tieren, so ist auch beim Menschen das Gehirn in einen unteren Teil, das *Kleinhirn* und einen oberen Teil, das *Großhirn* unterteilt. Das Kleinhirn erhält die Lebensfunktionen des Körpers aufrecht, indem es die Atmung, den Herzschlag und ähnliches regelt. Würde man bei einer Katze den oberen Teil des Gehirns entfernen während das Kleinhirn noch intakt wäre, so könnte sie immer noch Milch trinken, schnurren und ihre Pfote wegziehen, wenn man sie mit einem Dorn sticht. Der obere Teil, das Großhirn, ist nicht lebensnotwendig. Es scheint vielmehr sein Zweck zu sein, das Tier in seine Umwelt einzufügen. In diesem Teil des Hirns wird man aller Wahrscheinlichkeit nach das Organisationszentrum für die Sprache finden.

Das Großhirn teilt sich in zwei Hälften, die rechte und linke Hemisphäre, die miteinander durch verschiedene Brücken verbunden sind. Die linke Hemisphäre kontrolliert die rechte Körperseite, die rechte Hemisphäre, die linke Körperseite.

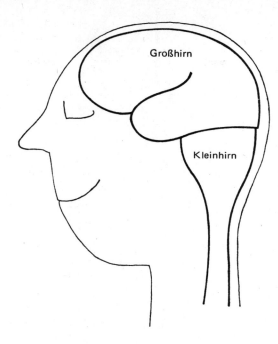

Das Großhirn nimmt in Wirklichkeit etwas mehr Raum ein, als in der Zeichnung gezeigt wird.)

Viele Forscher sind der Meinung, daß beim Tier die beiden Hemisphären gleich funktionieren, dies ist im Moment jedoch eine Streitfrage. Beim Menschen jedenfalls unterscheiden sich die beiden Hälften stark. Dies wurde vor mehr als hundert Jahren entdeckt. Der Franzose Marc Dax hielt 1836 in Montpelier einen Vortrag, in dem er erklärte, daß eine Lähmung der rechten Körperseite oft von Sprachverlust begleitet war, während Patienten mit linksseitiger Lähmung gewöhnlich normal sprechen konnten. Dies deutete nicht nur darauf hin, daß die linke Hemisphäre die rechte Körperhälfte kontrolliert, sondern auch darauf, daß sie die *Sprache* bestimmt. Dax' Hypothese erwies sich als zutreffend.

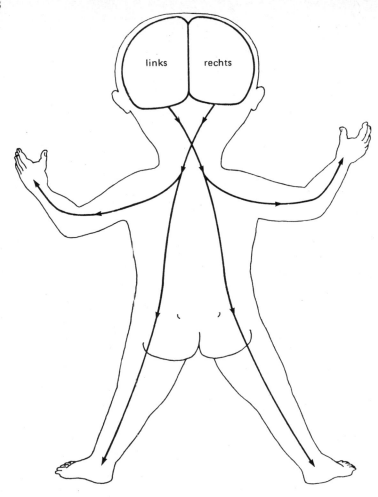

Bei den meisten Menschen unterliegt das Sprechen der Kontrolle der linken und nicht der rechten Gehirnhälfte. Es dauerte allerdings sehr lange, bis dies zuverlässig bestätigt war. Noch vor nicht allzu langer Zeit konnten die Statistiken nur aufgrund von zufälligen Beobachtungen erstellt werden, wenn es Forschern gelang, Fälle aufzuspüren bei denen Sprachverlust und rechtsseitige Lähmung zusammentrafen. Im 20. Jahrhundert bediente man sich dann höher entwickelter Methoden, eine davon ist der 'Sodium

Amytal Test', der von Wada in den 40er Jahren entwickelt wurde. Der Test besteht darin, daß man einen Patienten laut zählen läßt, während man ein Schlafmittel (Sodium Amytal) in eine Arterie spritzt, die Blut zu einer Gehirnhälfte bringt. Wenn dies die Hälfte ist, in der sein Sprechvermögen sitzt, verliert der Patient beim Zählen völlig den Faden und hat für einige Minuten starke Sprechschwierigkeiten. Handelt es sich nicht um diese Hemisphäre, kann der Patient gleich nach der Injektion wieder normal weiterzählen. Obwohl dieser Test gute Resultate erbringt, birgt er doch einige Risiken, deshalb wird er nur angewendet, wenn eine Gehirnoperation angeraten erscheint (wie bei schwerer Epilepsie) und der Chirurg wissen will, ob er eventuell wichtige Sprachzentren zerstören könnte. Ist dies der Fall, so wird er sehr wahrscheinlich von einer Operation absehen.

Die einfachste und neueste Methode zur Feststellung der Hemisphäre, die das Sprechen kontrolliert, ist die Anwendung des dichotischen Hörtests (Kimura, 1967). Die Testperson trägt Kopfhörer und man spielt ihr gleichzeitig zwei verschiedene Wörter in je ein Ohr. So kann sie z. B. 'zwei' im einen Ohr und 'sechs' im anderen Ohr hören. Die meisten Leute können zuverlässiger angeben, welches Wort in ihr rechtes Ohr gespielt wurde (das direkt mit der linken Hemisphäre in Verbindung steht), als daß sie erkennen können, was in ihr linkes Ohr gespielt wurde (das mit der rechten Hemisphäre verbunden ist). Es wird deutlich, daß es sich nicht einfach um eine Vorliebe für das Hören mit dem rechten Ohr handelt, da bei nicht-sprachlichen Geräuschen das linke Ohr den Vorzug hat. Spielt man gleichzeitig

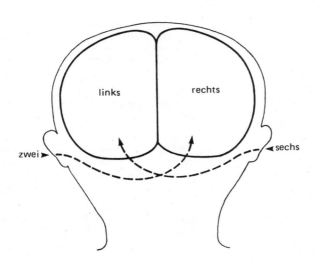

zwei verschiedene Melodien in je ein Ohr, so können die Testpersonen die in das linke Ohr gespielte Melodie besser identifizieren als die in das rechte Ohr gespielte. Daraus ziehen wir den Schluß, daß die linke Hemisphäre besser sprachliche Signale verarbeiten kann und deshalb normalerweise die für das Sprechen wichtigere Hälfte ist.

Die in den oben genannten Tests und Beobachtungen erhaltenen Resultate sind erstaunlich übereinstimmend. Bei der Mehrheit der normalen Menschen — möglicherweise bis zu 90 % — hat die Sprache ihren Sitz hauptsächlich in der linken Hemisphäre. Dies kann nicht rein zufällig so sein.

Eine weitere interessante Entdeckung, die hiermit in Verbindung steht, besteht darin, daß der Sitz des Sprachzentrums in der linken Hemisphäre mit Rechtshändigkeit in Beziehung steht. Das heißt, die meisten Menschen sind Rechtshänder und bei den meisten Menschen geht das Sprechen von der linken Hemisphäre aus. Im neunzehnten Jahrhundert nahm man weitgehend an, daß Linkshänder das Sprachzentrum in der rechten Hemisphäre haben müßten. Dies schien 1868 durch einen Bericht des einflußreichen Neurologen John Hughlings Jackson bestätigt zu werden. Er hatte Sprachverlust bei einem Linkshänder festgestellt, der eine Verletzung an der rechten Gehirnhälfte davongetragen hatte. Diese Ansicht stellte sich allerdings als falsch heraus. Überraschenderweise wird auch bei Linkshändern die Sprache hauptsächlich von der linken Gehirnhälfte kontrolliert, obwohl hier die Sachlage nicht ganz eindeutig ist. Von den verhältnismäßig wenigen Menschen, die ihr Sprachzentrum in der rechten Hemisphäre haben, sind mehr Linkshänder als Rechtshänder.

Sitz des Sprachzentrums	*Rechtshänder*	*Linkshänder*
Linke Hemisphäre	90 % oder mehr	70–90 %
Rechte Hemisphäre	10 % oder weniger	10–30 %

(Durchschnittswerte der Zahlen von Penfield und Roberts, 1959; Zangwill, 1973; Milner, Branch und Rasmussen, 1964)

Diese Zahlen zeigen zweierlei: Erstens ist es normal, daß die Sprache und die Händigkeit von derselben Hemisphäre kontrolliert werden (man hat darauf hingewiesen, daß man Sprach- und Schreibschwierigkeiten öfters bei Kindern antrifft, bei denen beide nicht zusammenfallen). Zweitens, es besteht eine starke Tendenz zum Sitz der Sprache in der linken Hemisphäre, selbst wenn dies anscheinend gegen das Prinzip der Verbindung von Sprache und Händigkeit verstößt.

In neueren Arbeiten versuchte man herauszufinden, ob die gesamte Sprachverarbeitung in einer Hemisphäre sitzen muß, oder ob untergeordnete sprachliche Fähigkeiten in den nicht dominierenden Hemisphären zurückbleiben. Eine Forschergruppe in Montreal, Kanada, gibt an, zehn Patienten gefunden zu haben, die Sprachfähigkeit in beiden Hälften des Gehirns haben. Durch den Sodium Amytal Test wurde das Sprechen gestört, unabhängig davon, in welche Hirnseite es gespritzt wurde. Interessanterweise waren alle diese Patienten entweder Linkshänder oder beidhändig. (Milner, Branch und Rasmussen, 1964).

Weitere Experimente dieser Art sind an Patienten mit getrennten Hirnhälften ausgeführt worden (Gazzaniga, 1970). In Fällen von extremer Epilepsie ist es manchmal notwendig die Hauptverbindungen zwischen den beiden Gehirnhälften zu durchtrennen. Dies bedeutet, daß der Patient eigentlich zwei selbständige Gehirne hat, von denen jedes eine Hälfte des Körpers unabhängig dirigiert. Man kann das Sprachvermögen eines Patienten untersuchen, indem man sich mit jeder Hälfte für sich allein befaßt. Ein Gegenstand, der im linken Sehfeld gezeigt wird, wird nur zur rechten Hemisphäre geleitet (die nicht-sprachliche Hemisphäre). Trotzdem ist der Patient manchmal fähig, diesen Gegenstand zu benennen. Dies weist darauf hin, daß die rechte Hemisphäre eventuell imstande ist, einfache Benennungsaufgaben zu lösen — aber sie kann anscheinend keine Syntax bewältigen. Die Ergebnisse dieser Untersuchungen sind allerdings umstritten. Man hat aufgezeigt, daß die Information von einer Hemisphäre zur anderen über eine 'Hintertreppe' geleitet wird, wenn die Hauptverbindungen unterbrochen wurden.

Diese Lateralisierung, der Sitz der Sprache in einer Hälfte des Gehirns, ist somit ein eindeutiges biologisches Charakteristikum für den Menschen. Hierzu sagt Zangwill (1973:210): "Es muß eine besondere Eigenschaft des menschlichen Nervensystems geben, die den Menschen zum Sprechen vorherbestimmt. . . . Ich möchte sogar soweit gehen, andeutungsweise vorzuschlagen, daß diese Eigenschaft die gewisse Asymmetrie der Funktionen der beiden Hälften — oder Hemisphären — des menschlichen Gehirns sein könnte."

Kinder werden aber nicht mit dieser Asymmetrie des Gehirns geboren. Bis zum Alter von zwei Jahren funktionieren die beiden Hemisphären gleich. Nach diesem Alter wird eine Hemisphäre zunehmend dominanter Trägt ein Kleinkind durch einen Unfall eine Verletzung der linken Hemisphäre davon, so kann sich seine Sprache möglicherweise normal entwickeln.

In jungen Jahren scheint das Gehirn fähig zu sein, die Sprache in die unverletzte Hemisphäre umzusiedeln. Wird das Kind älter, so ist die Wahrscheinlichkeit einer permanenten Sprachschädigung größer und nach der Pubertät verursacht ein schwerer Schaden an der linken Hemisphäre fast sicherlich lebenslange Sprachschädigungen (Lenneberg, 1972:182). So scheint sich die Lateralisierung schrittweise zwischen zwei und vierzehn Jahren herauszubilden; wie wir im vierten Kapitel sehen werden, steht sie möglicherweise im Zusammenhang mit einer 'kritischen Phase' für den Spracherwerb.

Obwohl die meisten Neurologen darin übereinstimmen, daß die Sprache hauptsächlich auf eine Hemisphäre beschränkt ist, sind doch weitere mögliche Lokalisierungen der Sprache immer noch der Gegenstand einer hitzigen Debatte. Die größte Schwierigkeit liegt darin, daß das gesamte Beweismaterial nur von gehirngeschädigten Patienten stammt und ein verletztes Gehirn mag nicht repräsentativ für ein normales Gehirn sein. Nach einem Schlaganfall oder einer Verletzung ist die Schädigung in den seltensten Fällen örtlich eng begrenzt. Eine Wunde verursacht normalerweise eine Blockade, wodurch Blutmangel im Gebiet hinter der Wunde und steigender Druck vor der Wunde hervorgerufen wird. Deshalb können die Begrenzungen einer Wunde, die Sprachstörungen hervorruft, häufig nicht angegeben werden, insbesondere, da eine Wunde an einer bestimmten Stelle bei einer Person zu erheblichen Sprachstörungen führen kann, während sie bei jemandem anderen nur leichte Störungen erzeugt. Einige Neurologen meinen, daß dies darauf hindeutet, daß die Sprache vom geschädigten Gebiet 'ausgesiedelt' werden kann, man hat vorgeschlagen (dies ist umstritten), daß es 'Reservesprachzentren' gibt, die für den Gebrauch im Notfall zur Verfügung stehen. Hierdurch wird eine äußerst verwickelte Sachlage geschaffen — wie ein Gespenst gleitet die Sprache hinüber zu einem anderen Gebiet gerade, wenn man denkt, sie festgelegt zu haben. Durch diese Schwierigkeiten haben sich die Neurologen keineswegs entmutigen lassen und einige Fortschritte sind zu verbuchen.

Es gibt hauptsächlich zwei Untersuchungsmethoden — Beobachtung und Experiment. Die Beobachtungen sind abhängig von bedauernswerten Unfällen und Autopsien. Im Jahre 1847 hatte ein Mann namens Phineas Gage einen Unfall, bei dem eine mehrere Fuß lange Eisenstange sich in den vorderen linken Teil seines Kopfes eingrub. Die Stange verblieb dort bis zu seinem Tode, zwanzig Jahre später; jetzt sind Stange und Schädel in einem Museum der Harvard Medical School erhalten. Dieser Unfall wirkte sich zwar nachteilig auf Gages Persönlichkeit aus, er wurde unzuverlässig und unberechenbar, hatte aber keinerlei Auswirkungen auf seine Sprache. Dies deutet darauf hin, daß der vordere Teil des Gehirns bei der Sprache keine Rolle spielt. Im Unterschied zu diesem Fall, hat der französische Chirurg Broca bei einer Autopsie im Jahr 1861 festgestellt, daß zwei Patienten, die schwere Sprachstörungen hatten (einer davon konnte nur 'tan' und 'sacré nom de Dieu' sagen), eine starke Schädigung des Gebiets genau vor und etwas oberhalb des linken Ohres aufwiesen, was bedeutet, daß dieses Gebiet, das jetzt den Namen 'Broca Sprachzentrum' trägt, für die Sprache von Bedeutung ist.

Pioniere der experimentellen Methode waren die beiden kanadischen Chirurgen Penfield und Roberts (1959). Sie beschäftigten sich hauptsächlich mit der Entfernung von abnormal funktionierenden Zellen aus den Gehirnen von Epileptikern. Bevor sie operierten, mußten sie feststellen, ob sie nicht etwa Zellen zerstören würden, die zum Sprechen wichtig sind. Deshalb öffneten sie vorsichtig den Schädel bei vollem Bewußtsein des Patienten und richteten schwache Stromstöße auf verschiedene Teile des offenliegenden Gehirns. Normalerweise verursacht diese Art elektrischer Reizung vorübergehende Störungen. Reizt man das Gebiet, das Beinbewegungen kontrolliert, so kann der Patient sein Bein nicht bewegen. Trifft man das Gebiet, das die Sprachproduktion regelt, kann der Patient kurze Zeit nicht sprechen.

Die Nachteile dieser Methode liegen auf der Hand. Man untersucht nur die Oberfläche des Gehirns und unternimmt keinen Versuch, festzustellen, was in tieferen Schichten geschieht. Da das Gehirn normalerweise nicht der Luft oder Elektroschocks ausgesetzt ist, können die Ergebnisse unmaßgeblich sein. Trotz aller dieser Probleme sind einige Tatsachen doch in groben Zügen klar geworden.

Zuerst ist es möglich geworden, den Bereich zu erkennen, der die eigentliche Artikulation der Sprache regelt. Das sogenannte 'primäre somatisch-motorische Gebiet' kontrolliert alle bewußten Körperbewegungen und sitzt genau vor der tiefen Furche, genannt Sulcus Centralis Rolandis, die sich über den oberen Teil des Hirns zieht. Die Kontrolle der verschiedenen Körperteile erfolgt in umgekehrter Reihenfolge: die Kontrolle der Füße und Beine liegt am oberen Teil, die Kontrolle des Gesichts und des Mundes sitzt weiter unten.

Das System der Körperkontrolle funktioniert bei Tieren in sehr ähnlicher Weise — mit einem drastischen Unterschied. Beim Menschen wird ein unverhältnismäßig großer Anteil von dem Gebiet eingenommen, das die Hände und den Mund kontrolliert.

Allerdings scheinen die Bereiche des Gehirns, die für die eigentliche Artikulation der Sprache ausschlaggebend sind, ganz andere zu sein, als die, die bei der Sprachplanung und dem Sprachverständnis eine Rolle spielen. Wo sind die Bereiche der Planung und des Verstehens von Sprache? Hier sind die Fachleute uneinig, sogar oft in grundlegender Weise. Nichtsdestoweniger stimmen vielleicht die meisten Neurologen darin überein, daß einige Gebiete statistisch mit hoher Wahrscheinlichkeit

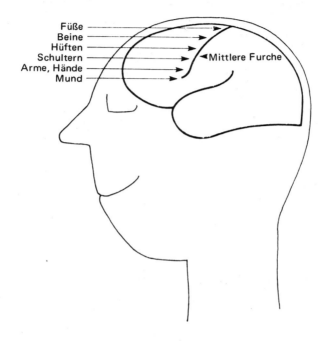

für die Sprachplanung und das Sprachverständnis eine Bedeutung haben. Hier spielen vor allem zwei Gebiete eine Rolle: die Umgebung des Brocaschen Zentrums (vor und gerade oberhalb des linken Ohrs) und die Gegend um und unter dem linken Ohr, die manchmal Wernicke Zentrum genannt wird, nach dem Neurologen, der 1874 zuerst darauf hinwies, daß dieses Gebiet für die Sprache bedeutend sei. Eine Schädigung des Wernicke Zentrums zerstört oft das Sprachverständnis, Schädigungen des Brocaschen Zentrums behindern meist die Sprachproduktion. Dies ist allerdings eine vereinfachende Darstellung, denn erhebliche Verletzungen an jedem der beiden Gebiete beeinträchtigen normalerweise alle Erscheinungsformen der Sprache; in vereinzelten Fällen allerdings, führen sie zu keinerlei ernsthaften Sprachstörungen.

Zusätzlich zu diesen Gebieten wird es sehr wahrscheinlich noch tiefer gelegene Querverbindungen geben, über die sehr wenig bekannt ist. Einige Neurologen vertreten die Ansicht, daß diese Verbindungen so wichtig wie die Gebiete selbst sind und meinen, daß größere Sprachstörungen auftreten, wenn diese Verbindungen unterbrochen werden (Geschwind 1972; Penfield und Roberts 1959).

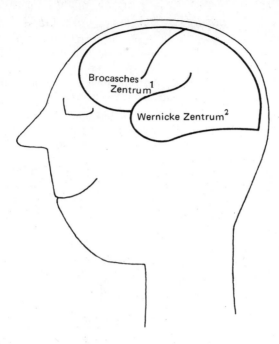

Die Beziehung zwischen Sprache und Intelligenz ist ein weiteres Problem, das sehr komplex und bis jetzt ungelöst ist. Unzweifelhaft gibt es ein Intelligenzniveau, unter dem sich Sprache nicht mehr entwickeln kann (Lenneberg 1972) — obwohl dies dann ein sehr niedriges Niveau sein muß. Diese Erkenntnis weist darauf hin, daß Chomsky übertreiben mag, wenn er behauptet, daß sich die Sprache unabhängig von der Intelligenz entwickelt. Es gibt allerdings bestimmte Aspekte der Intelligenz, die sich größtenteils unabhängig von der Sprache entwickeln, hier ist vor allem die räumlich-zeitliche Intelligenz zu nennen. Patienten mit erheblichen Sprachschwierigkeiten aufgrund einer Verletzung der linken Hemisphäre können immer noch räumlich-zeitliche Aufgaben lösen, allerdings etwas weniger geschickt, als vorher (Zangwill 1964). Insgesamt gesehen ist dieses Problem wohl sehr komplex und es muß hier noch viel mehr Forschungsarbeit geleistet werden.

---

1 Das Brocasche Zentrum umfasst ungefähr den Bereich unter dem a von Broca und dem Z von Zentrum.
2 Das Wernicke Zentrum erstreckt sich direkt über dem Wort Wernicke.

Ein weiteres ungelöstes Problem ist die Frage der Erblichkeit. Können Sprachfehler von Generation zu Generation weitervererbt werden? Zum jetzigen Zeitpunkt ist das Beweismaterial nur bruchstückhaft (Lenneberg, 1972:304). Das wahrscheinlichste Beispiel für erbliche Sprachfehler ist augenblicklich die Dyslexie, die 'Wortblindheit', die anscheinend in der Familie liegt. Aber auch hier ist noch mehr Forschung notwendig.

Zusammenfassend läßt sich sagen, daß sich Lungen, Zähne, Lippen und Stimmbänder so entwickelt haben, daß sie das Sprechen erleichtern. Wichtiger noch, auch das Gehirn des Menschen scheint auf Sprache vorprogrammiert zu sein. Die Lateralisierung, die Lokalisierung der Sprache in einer Gehirnhälfte ist ein natürlicher Vorgang, der sich zwischen dem Alter von zwei Jahren und der Pubertät vollzieht. Die weitere Lokalisierung innerhalb dieser Hemisphäre ist eine Streitfrage, obwohl die Bezirke, die unter den Namen Brocasches Zentrum und Wernicke Zentrum bekannt sind, hier wohl eher eine Rolle spielen als andere Bereiche.

Was immer das Ergebnis der verschiedenen Kontroversen im Zusammenhang mit Sprache und Gehirn ist, so steht doch fest, daß das menschliche Gehirn in einem Maße auf Sprache ausgerichtet ist, wie es die Gehirne von Schimpansen und Heuschrecken nicht sind.

Sich auf den Kopf schlagen und den Bauch reiben

Nicht ganz so offensichtlich, bei näherem Hinsehen jedoch sehr erstaunlich, ist eine andere Art der biologischen Anpassung, die 'Vielfalt der integrativen Prozesse' (Lashley, 1951), die bei Sprachproduktion und -verständnis stattfinden.

Bei einigen Tätigkeiten ist es sehr schwierig, mehr als eine Sache auf einmal zu tun. Wie jedes Schulkind weiß, ist es äußerst schwierig sich gleichzeitig auf den Kopf zu schlagen und den Bauch zu reiben. Macht man außerdem noch den Versuch, die Zunge seitwärts hin und her zu bewegen, die Beine übereinander zu schlagen und wieder nebeneinander zu stellen, während man sich gleichzeitig auf den Kopf schlägt und den Bauch massiert, so wird das Ganze ein Ding der Unmöglichkeit. Es mag wohl hie und da einen Jongleur geben, der eine Bierflasche auf der Nase balancieren kann und gleichzeitig einen Reif um sein Bein kreisen läßt, sowie sieben Teller in der Luft hält, doch er hat sehr wahrscheinlich sein ganzes Leben damit verbracht, solche Fertigkeiten einzuüben. Das Außergewöhnliche dieser Fähigkeit beweist sich schon dadurch, daß er Unmengen von Geld durch ihre Zurschaustellung verdienen kann.

Und doch spielt bei der Sprache die gleichzeitige Integration von einer erstaunlich großen Anzahl von Vorgängen eine Rolle und was hier vorgeht ist in mancher Hinsicht wesentlich komplexer, als die Handhabung von Bierflasche, Tellern und Reifen durch den Jongleur.

Beim Sprechen finden mindestens drei Vorgänge gleichzeitig statt: erstens werden Laute geäußert, zweitens, werden Sätze oder Teilsätze (Phrasen) in ihrer lautlichen (phonetischen) Form aktiviert, um für den Gebrauch bereitzustehen, als drittes, wird der Rest des Satzes geplant. Jeder dieser Prozesse kann wesentlich komplizierter sein, als der erste Eindruck ahnen läßt. Die Schwierigkeiten bei der eigentlichen Aussprache von Wörtern liegen nicht unmittelbar auf der Hand. Man könnte annehmen, daß beim Aussprechen eines Wortes, wie Kuß, man zuerst einen K-Laut hervorbringt, dann einen U-Laut und schließlich einen ß-Laut, in dieser Reihenfolge. Tatsächlich ist der Vorgang jedoch weit vielschichtiger.

Erstens unterscheidet sich der K-Laut in Kuß erheblich von dem K-Laut in KIES und zwar, weil ein anderer Vokal folgt. Der Sprecher stellt sich (unbewußt) auf das folgende U oder IE ein und passt das K dem jeweils an. Zweitens ist der Vokal in KIES kürzer, als der in einem Wort wie KIESEL. Der Sprecher weiß schon im voraus, daß der stimmlose Zischlaut S von KIES kommt und nicht der stimmhafte Brummlaut des S von KIESEL da im Deutschen (wie auch im Englischen und einigen anderen Sprachen) Vokale vor stimmlosen Lauten (Laute, bei denen die Stimmbänder nicht mitschwingen) verkürzt werden.

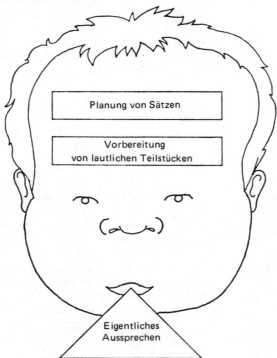

So wird klar, daß ein Sprecher nicht nur eine Abfolge von getrennten Teilen äußert:

    1   2   3

    K. . . . U. . . . . . ß

Sondern er führt eine Reihe sich überschneidender Handlungen aus, bei denen der vorangehende Laut wesentlich durch den nachfolgenden beeinflußt wird:

    K. . .
       U. . .
          ß. . .

Solche Überschneidungen machen eine umfassende neuro-muskulare Koordination notwendig, insbesondere , da die Sprechgeschwindigkeit oft sehr hoch ist. Ein normaler Mensch spricht oft mit einer Geschwindigkeit von mehr als 200 Silben pro Minute. Gleichzeitig mit dem Aussprechen der Laute, aktiviert der Sprecher zwei-bis-drei-Wort Phrasen im voraus in ihrer phonetischen Form. Dies zeigt sich an Versprechern, bei denen ein Laut, der erst einige Wörter später gesprochen werden soll, zufällig aktivert wird, bevor man ihn braucht. Es gab da einen englischen Sprachwissenschaftler, der in einer Vorlesung 'PISS AND STRETCH' (Pissen und strecken) sagte, anstatt 'pitch and stress' (Tonhöhe und -stärke). Er dachte schon an das SS am Ende von 'stress', als er das erste Wort aussprach. Derjenige, der sagte: ''ON THE NERVE OF A VERGEOUS BREAKDOWN' (Am Nerv eines Randzusammenbruchs), hatte auch schon die Silbe 'nerve' aktiviert, bevor er sie brauchte.

Die verfrühte Aktivierung von Phrasen wäre vielleicht nicht sehr überraschend, wenn man nur in Einheiten von drei oder vier Wörtern sprechen würde. Was wirklich überrascht, ist die Tatsache, daß diese Tätigkeit gleichzeitig mit der Planung von viel längeren Äußerungen stattfindet. Lenneberg (1972:136) vergleicht die Planung einer Äußerung mit der Zusammensetzung eines Mosaiks: ''Die eine Wortreihe bildende Sequenz von Sprachlauten stellt eine Lautfiguration (sound pattern) dar, die man zu einem Mosaik in Analogie setzen kann; ein solches wird Stein um Stein zusammengesetzt, doch muß das Bild als Ganzes im Geist des Künstlers existiert haben, ehe er begann, die einzelnen Stücke einzusetzen."

Manchmal kann man Sätze strukturell sehr leicht verarbeiten, wie z. B. DAS BABY FIEL DIE TREPPE HINUNTER, DIE KATZE WAR KRANK, UND ICH HABE GEKÜNDIGT. Andere sind erheblich komplizierter und verlangen vom Sprecher wie vom Hörer, daß er sehr detaillierte Verschränkungen der einzelnen Teilsätze im Kopf behält. Betrachtet man z. B. den folgenden Satz WENN ENTWEDER DAS BABY DIE TREPPE HINUNTERFÄLLT ODER DIE KATZE KRANK WIRD, DANN WERDE ICH ENTWEDER KÜNDIGEN ODER VERRÜCKT WERDEN. In diesem Fall hängt von WENN ein DANN ab, ENTWEDER verlangt ein ODER. Außerdem muß FALLEN die richtige Endung haben, damit es zu BABY passt und IST muß mit KATZE 'übereinstimmen' — sonst könnte etwas herauskommen wie *WENN ENTWEDER DAS BABY DIE TREPPE HINUNTERFÄLLST UND DIE KATZE KRANK SIND... Dieser gesamte Satz mit seinen 'spiegelbildlichen' Eigenheiten mußte schon erheblich im voraus geplant werden.

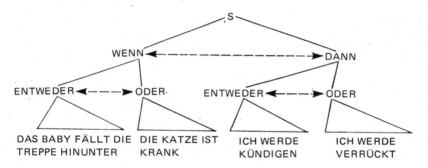

Wie diese Beispiele zeigen, ist das Ausmaß des gleichzeitigen Planens und Handelns so groß, daß es wahrscheinlich erscheint, daß der Mensch speziell dafür gebaut ist, mit solcher Koordination fertig zu werden. Aber welcher Mechanismus spielt hier eine Rolle? Insbesondere, wie können Menschen ihre Äußerungen in der richtigen Abfolge machen und nicht in einem zusammenhanglosen Durcheinander, wenn sie ihnen eben gerade einfallen? Wieso können die meisten Menschen ganz deutlich RABBIT (Kaninchen) sagen und sagen nicht stattdessen BARIT oder TIRAB? Dies sind Beispiele falscher Abfolge, die man in der Sprache von gehirngeschädigten Patienten gefunden hat.

Lenneberg (1972) meint, daß die richtige Abfolge auf einem zugrundeliegenden rhythmischen Prinzip basiert. Jeder weiß, daß man sich an Gedichte viel besser erinnern kann als an Prosa, weil der zugrundeliegende Rhythmus wie eine Uhr immer weiter tickt:

    WER REITET SO SPÄT DURCH NACHT UND WIND
    (dada-dada-dada-dada)
    ES IST DER VATER MIT SEINEM KIND.
    (dada-dada-dada-dada)
                       (Goethe)

Es könnte sein, daß es einen zugrundeliegenden biologischen Rhythmus gibt, der den Menschen befähigt die Sprache in Form von zeitlichen Abfolgen zu organisieren. Ein Versagen dieses Rhythmus' könnte die unkontrollierbare Beschleunigung des Sprechens erklären, die bei einigen Krankheiten, wie z. B. der Parkinsonschen Krankheit vorkommt. Lenneberg meint, daß eine Sechstelsekunde die grundlegende Zeiteinheit für die Sprachproduktion sein könnte. Er gründet diese Meinung auf eine Reihe komplizierter technischer Experimente und teilweise auf die Tatsache, daß ungefähr sechs Silben pro Sekunde die normale Geschwindigkeit für die Äußerung von Silben zu sein scheint. Diese Ansicht ist aber noch spekulativ und muß gegebenenfalls revidiert werden.

Im großen und ganzen ist die Sachlage aber klar. Menschen sind physisch an die Sprache angepaßt und Schnecken, Menschenaffen und Schafe sind es nicht. Ihre Stimmorgane, Lungen und Gehirne sind von vorneherein so eingerichtet, daß sie mit den Schwierigkeiten der Sprache fertig werden, wie Affen darauf eingerichtet sind, auf Bäume zu klettern und Fledermäuse darauf zu quiecken.

Im nächsten Kapitel wird gezeigt, daß die Sprache bei ihrer Entstehung und Entwicklung einer inneren Uhr folgt, was ein weiterer Beweis für diese Art von biologischer Programmierung ist.

4. Kapitel

Vorgeschriebene Gleise

Gibt es ein vorherbestimmtes 'Sprachprogramm'?

> Ein Mann sagte einst: 'Mist!
> Daß es mir angeboren ist,
> als Maschine zu reisen
> auf vorgeschriebenen Gleisen,
> Nicht mal ein Auto, nur ein Zug — wie trist!'
> Maurice Evan Hare

Bei allen Kindern der Welt entwickelt sich die Sprache ungefähr zur gleichen Zeit. Ein Forscher fragt: "Warum beginnen Kinder normalerweise zwischen dem achtzehnten und dem achtundzwanzigsten Monat zu sprechen? Gewiß nicht deshalb, weil alle Mütter auf der Erde zu diesem Zeitpunkt mit einem Sprachunterricht anfangen. Tatsächlich gibt es keinerlei Hinweise darauf, daß irgendein bewußter und systematischer Sprachunterricht stattfindet, so wie es auch keinen besonderen Unterricht im Stehen oder Gehen gibt. (Lenneberg, 1972:157)"
Die Regelmäßigkeit mit der die Sprachentwicklung sich entfaltet, weist darauf hin, daß die Sprache von einer biologischen Zeituhr angetrieben werden könnte, ähnlich wie Kätzchen dazu veranlaßt werden, ihre Augen einige Tage nach der Geburt zu öffnen, wie Raupen sich nach einigen Wochen in Schmetterlinge verwandeln und Menschen ungefähr mit dreizehn Jahren die sexuelle Reife erlangen. Bis vor relativ kurzer Zeit allerdings hatten nur Wenige Sprache im Rahmen der biologischen Reifung gesehen, bis im Jahre 1967 E.H. Lenneberg, ein Biologe an der Harvard Medical School, ein wichtiges Buch mit dem Titel 'Die biologischen Grundlagen der Sprache' (deutsch 1972) veröffentlichte. Vieles in diesem Kapitel basiert auf der Pionierarbeit, die er geleistet hat.

Merkmale biologisch ausgelösten Verhaltens

Verhalten, das biologisch ausgelöst wird zeigt einige besondere Merkmale. In den folgenden Seiten wollen wir versuchen, diese Merkmale aufzulisten und nachzuprüfen, in welchem Grad sie auch bei der Sprache vorzufinden sind. Wenn es gelingt zu zeigen, daß die Sprache, wie das Sexualleben und die Fähigkeit zu gehen, zu den biologisch vorgeplanten Verhaltensformen gehört, so wird uns die Bedeutung der Behauptung, daß Sprache 'angeboren' sei, wesentlich klarer werden.

Biologisch geplantes Verhalten hat ein hervorragendes Merkmal: es tritt früher oder später bei jedem normalen Mitglied der Art auf, falls dieses unter normalen Umständen aufgezogen wird.

Die exakte Zahl der weiteren Kennzeichen der biologisch kontrollierten Verhaltensformen bleibt unklar. Lenneberg schlägt vier vor. Die untenstehende Liste entstand aus einer weiteren Unterteilung der vier Merkmale von Lenneberg:

1. Die Verhaltensform entsteht, bevor sie gebraucht wird.
2. Ihre Entstehung ist nicht das Ergebnis einer bewußten Entscheidung.
3. Ihre Entstehung wird nicht von äußeren Ereignissen hervorgerufen.
4. Mit Wahrscheinlichkeit gibt es eine 'kritische Phase' für den Erwerb der Verhaltensform.
5. Direkte Anleitung und intensives Üben haben verhältnismäßig wenig Erfolg.
6. Während des gesamten Entwicklungszeitraums gibt es in regelmäßiger Abfolge 'Meilensteine', die normalerweise mit dem Alter oder anderen Gesichtspunkten der Entwicklung in enger Verbindung stehen.

Wir werden uns nun der Erörterung dieser Merkmale im einzelnen zuwenden. Einige scheinen ziemlich einsichtig. Man muß wohl nicht unbedingt eine Versuchsreihe starten, um festzustellen, daß das erste Merkmal zutrifft, daß' das Verhalten entsteht, bevor es gebraucht wird'. Die Sprache entwickelt sich lange, bevor für die Kinder die Notwendigkeit einer Kommunikation besteht. Ihre Eltern geben ihnen immer noch zu essen, kleiden sie und sorgen für sie. Ohne irgendeinen eingebauten Mechanismus würde sich die Sprache erst entwickeln, wenn die Eltern ihre Kinder sich selbst überließen.

In den verschiedenen Kulturen träte sie zu unterschiedlichen Zeitpunkten auf, was zu großen Unterschieden in den sprachlichen Fähigkeiten führen würde. Obwohl Kinder sich stark in ihrer Fähigkeit zu stricken oder Geige zu spielen unterscheiden, variieren ihre sprachliche Fähigkeiten nur geringfügig.

Auch das zweite Kennzeichen der biologisch ausgelösten Verhaltensform: 'Ihr Entstehen ist nicht das Ergebnis einer bewußten Entscheidung', bedarf keiner Erklärung. Es liegt auf der Hand, daß ein Kind sich nicht plötzlich sagt: "Morgen werde ich anfangen sprechen zu lernen." Kinder erwerben Sprache, ohne darüber eine bewußte Entscheidung zu treffen.

Es ist etwas ganz anderes als die Entscheidung, daß das Kind lernen will einen Meter fünfzig im Hochsprung zu schaffen oder einen Tennisball treffen zu können. Setzt sich ein Kind ein Ziel, so unternimmt es Übungen, um sein Ziel zu erreichen.

Auch der erste Teil des unter (3) genannten Merkmals ist leicht einzusehen: "Ihr Auftreten wird nicht von äußeren Ereignissen hervorgerufen!" Kinder lernen zu sprechen, auch wenn sich ihre Umgebung nicht verändert. Die meisten von ihnen wohnen weiterhin im selben Haus, essen dasselbe Essen, haben dieselben Eltern und denselben Tageslauf. Kein spezielles Ereignis und kein spezieller Faktor in der Umwelt des Kindes bringen es dazu zu sprechen. Hier ist allerdings ein kurzer Diskurs notwendig, um auf eine Eigenschaft des biologisch ausgelösten Verhaltens hinzuweisen, die manchmal falsch verstanden wird: auch wenn kein äußeres Ereignis das Verhalten verursacht, muß die Umwelt doch 'reichhaltig' genug sein, um eine angemessene Entwicklung zu garantieren. Biologisch vorgesehenes Verhalten entwickelt sich nicht richtig in einer verarmten oder unnatürlichen Umgebung. Wir sehen uns dem augenscheinlichen Paradoxon gegenüber, daß einige natürliche Verhaltensformen sehr sorgfältig anerzogen werden müssen. Genau wie Chris und Susie, zwei Gorillas, die getrennt von anderen Gorillas im Zoo von Sacramento in Kalifornien aufwuchsen, sich nicht richtig paaren können (wie vor kurzem in einer Notiz einer englischen Abendzeitung berichtet wurde), so wird auch eine sprachliche verarmte Umwelt den Spracherwerb verzögern. Heimkinder zum Beispiel, sind in ihrer sprachlichen Entwicklung meist etwas zurück. Lenneberg stellt fest, daß ein Kind, das in einem Waisenhaus aufgezogen wird, zur selben Zeit zu sprechen beginnt, wie andere Nicht-Heimkinder, dann fällt seine Sprache langsam unter die Norm zurück, wird weniger verständlich und weniger abwechslungsreich in den Konstruktionen. Ein weniger deutliches Beispiel der sprachlichen Verarmung ist von Basil Bernstein aufgezeigt worden. Er ist Soziologe am Erziehungswissenschaftlichen Institut der Universität von London. Seine These, die etwas umstritten ist, besagt, daß Kinder aus Familien der Arbeiterklasse oft sprachlich benachteiligt sind (z.B. in Bernstein, 1972). Sie können unfähig sein, die Sprache in angemessener Form zu erlernen, da sie nicht über genügend Daten verfügen. Er behauptet, daß solche Familien sich informeller und elliptischer Sprechweisen bedienen, während in Familien der Mittelschicht formaler und ausführlicher gesprochen wird. So mag zum Beispiel das 'Hau ab!' in der Unterschicht einem 'Geh' raus zum spielen und störe mich nicht mehr, ich habe zu tun!' in der Mittelschicht entsprechen. Ein Mitglied der Unterschicht (der später eine Bildung genoß) beschrieb dies so: "In der Familie der Unterschicht mag es wohl sein, daß die Anzahl der verwendeten Worte geringer ist ... es gibt einen dauernden Austausch von festgeprägten Ausdrücken: 'Naja, typisch Weib: 'ne alte Ziege auf jung getrimmt.'

Denn der größte Teil der Nachricht wird nicht mit Worten übermittelt, sondern durch Ton, die Pausen, den Blick, Gesten und am meisten durch Berührung.'' Dieselbe Person beschreibt den Kulturschock durch die Schule, wo er dem 'unausgesetzen Fluß von Worten, massenhaft, neu und verschieden angeordnet' ausgesetzt war (Brian Jackson in einer Farbbeilage des Daily Telegraph). Für Kinder scheint dieser 'unausgesetzte' Fluß von Worten notwendig zu sein und wem er vorenthalten wird, der könnte in seiner Entwicklung hinterherhinken. Glücklicherweise ist dieses Problem meistens zeitlich begrenzt. Sprachlich verarmte Kinder holen meist sehr schnell auf, wenn ihre sprachliche Umgebung bereichert wird: die biologischen Veranlagungen setzen sich durch, sobald die Umwelt sie dazu in die Lage versetzt.

Es bedarf einiger Erläuterungen, um das Bestehen eines vierten biologischen Merkmals in der Sprache nachzuweisen, nämlich, daß es wahrscheinlich 'eine kritische Phase für den Erwerb der Verhaltensform gibt'. Das es einen biologisch bestimmten Anfangspunkt für den Spracherwerb gibt, ist eindeutig, daß es aber auch einen biologisch bestimmten Endpunkt gibt ist wesentlich weniger einsichtig.

Wir wissen mit Bestimmtheit, daß die Sprache sich nicht entwickeln kann, bevor es biologisch vorgesehen ist. Niemand hat bis jetzt ein kleines Baby gelehrt zu sprechen — obwohl schon mit den Stimmbändern des Neugeborenen alles in Ordnung zu sein scheint und nach dem fünften oder sechsten Monat kann es schon eine Reihe von Lauten, die in der Sprache gebraucht werden, vor sich hin plappern. Trotzdem sprechen die Kinder nur wenige Wörter vor ihrem ersten Geburtstag und sie setzen normalerweise Wörter erst im Alter von achtzehn Monaten zusammen. Offensichtlich warten sie auf einen biologischen Auslösefaktor. Dieser Faktor scheint mit dem Wachstum des Gehirns in Zusammenhang zu stehen. Zwei-Wort-Äußerungen, die man normalerweise als den Beginn von 'richtiger Sprache' ansieht, setzen gerade dann ein, wenn ein großer Wachstumsstoß des Gehirns nachläßt. Kinder produzieren nach der Geburt keine neuen Gehirnzellen mehr. Sie werden mit Millionen, vielleicht Milliarden dieser Zellen geboren. Zuerst bestehen nur zwischen einigen Zellen Verbindungen und das Gehirn hat ein relativ geringes Gewicht (ungefähr 300 g). Von der Geburt an, bis zum Alter von zwei Jahren entstehen wesentlich mehr Verbindungen zwischen den Zellen und das Gehirngewicht steigt stark an. Im Alter von zwei Jahren wiegt es beinahe 1000 g (Lenneberg, 1972).

Es ist weit weniger einfach festzustellen, wann ein Kind den Erwerb einer Sprache abgeschlossen hat. Trotzdem gibt es eine Reihe von Anzeichen dafür, daß Menschen nach dem Beginn der körperlichen Reife (Pubertät) eine neue Sprache nur mit größeren Schwierigkeiten erlernen können.

Als erstes, wird sich wohl fast jeder daran erinnern, wie schwierig es in der Schule war, Englisch oder Französisch zu lernen. Auch die besten Schüler hatten eine etwas komische Aussprache und machten viele Grammatikfehler. Die Schwierigkeit bestand nicht darin, daß man eine zweite Sprache erlernte, da Kinder, die zweisprachig aufwachsen und z.B. Deutsch und Englisch als gleichwertige 'Muttersprache' haben, keinerlei derartige Probleme kennen. Es gibt auch keine Probleme für Kinder, die im Alter von fünf oder sechs Jahren, nachdem sie im Deutschen schon perfekt sind, nach England oder Frankreich ziehen. Weiterhin kann es nicht nur am mangelnden Kontakt mit der Sprache liegen, wenn man sie nicht perfekt erlernt. Es gibt sehr viele Leute, die als Erwachsene nach England ausgewandert sind und sich nur noch in Englisch unterhalten — trotzdem erreichen sie nie dieselbe Perfektion in der neuen Sprache, über die sie in ihrer Muttersprache verfügen. Es scheint, daß das Gehirn ab einem bestimmten Alter seine Anpassungsfähigkeit für das Sprachenlernen verliert.

Die Schwierigkeiten, die wir mit den Fremdsprachen in der Schule hatten, können wohl nur als Anekdoten gelten und nicht als hieb- und stichfestes Beweismaterial. Die beeindruckensten Beweise für das Bestehen einer kritischen Phase werden wohl durch den Vergleich zweier Fallstudien geliefert. Es handelt sich hier um zwei Fälle von Kindern, die völlig von der Gesellschaft isoliert waren, Isabelle und Genie. Beide waren von der Sprache ausgeschlossen bis lange nach dem Zeitpunkt, zu dem sie sie erlernt hätten, wären sie unter normalen Umständen aufgewachsen.

Isabelle war das uneheliche Kind einer Taubstummen. Sie konnte nicht sprechen, sondern nur ein krächzendes Geräusch von sich geben, als man sie in den dreißiger Jahren in Ohio im Alter von sechseinhalb Jahren fand. Mutter und Kind hatten die meisten Zeit allein in einem verdunkelten Zimmer zugebracht. Nachdem sie aber einmal gefunden worden war, waren Isabelles Fortschritte bemerkenswert: "Isabelle durchlief die üblichen Stadien der sprachlichen Entwicklung mit stark beschleunigtem Tempo. In zwei Jahren erlernte sie alles, was sonst im Verlauf von sechs Jahren gelernt wird. Im Alter von achteinhalb Jahren konnte man Isabelle kaum von den anderen Kindern desselben Alters unterscheiden" (Brown 1958: 192).

Soviel Glück hatte Genie allerdings nicht. Sie wurde erst mit knapp vierzehn Jahren gefunden. Sie wurde im April 1957 geboren und hatte die meiste Zeit ihres Lebens unter bizarren und unmenschlichen Bedingungen zugebracht. "Seit sie zwanzig Monate alt war, war Genie in einem kleinen Zimmer eingesperrt. . . . Sie wurde von ihrem Vater körperlich gestraft, wenn sie irgendwelche Laute von sich gab. Die meiste Zeit war sie auf einem Kinderstühlchen mit Nachttopf festgeschnallt oder in einem selbstgemachten Schlafsack in einer Kinderwiege eingesperrt, die mit Maschendraht abgedeckt war' (Curtis u.a., 1974:529). Als man sie fand hatte sie überhaupt kein Sprachvermögen. So begann sie mit dem Spracherwerb nach Beginn der Pubertät — nach der angeblich kritischen Phase. Obwohl sie sprechen lernt, macht sie doch langsamer Fortschritte als normale Kinder. Normale Kinder gehen z.B. durch ein Stadium, in dem sie zwei Wörter zusammen sagen (will Milch; wo Teddy?), dieses Stadium dauert üblicherweise nur einige Wochen. Genies Zwei-Wort-Stadium dauerte mehr als fünf Monate. Auch gehen normale Kinder (beim Erwerb des Englischen) durch eine kurze Phase, in der sie verneinte Sätze bilden, indem sie das Wort 'No' dem Rest der Äußerung voranstellen wie bei NO MUMMY GO, NO WANT APPLE (Nicht Mutti gehen, Nicht will Apfel). Im letzten Fortschrittsbericht von Genie wird angegeben, daß sie diese primitive Form der Verneinung schon seit eineinhalb Jahren benutzt. In einer Hinsicht allerdings ist Genie anderern Kindern voraus, in ihrer Fähigkeit Vokabular zu erlernen. Sie kennt wesentlich mehr Wörter, als normale Kinder mit einem vergleichbaren grammatischen Entwicklungsstadium. Allerdings ist die Fähigkeit, lange Reihen von Wörtern auswendig zu lernen, kein Beweis für Sprachfähigkeit — selbst den Schimpansen Washoe und Sarah fiel dies relativ leicht. Die Grammatikregeln spielen hier die entscheidende Rolle und dies fällt Genie schwer. Daß ihre Fortschritte relativ langsam erfolgen, wenn man sie mit Isabelle vergleicht, liefert einen klaren Beweis dafür, daß es einen Endpunkt für die Fähigkeit zum Spracherwerb gibt.

Weitere Unterstützung findet die These von der kritischen Phase durch geistig behinderte Kinder, wie 'Mongoloide' (Fälle mit dem Down Syndrom). Sie entwickeln sich in denselben Bahnen wie normale Kinder aber wesentlich langsamer (Lenneberg, 1972). Sie holen diesen Rückstand nie auf, da ihre Fähigkeit Sprachen zu lernen, nach der Pubertät dramatisch zurückgeht (allerdings haben einige Forscher dieser Behauptung widersprochen).

Die Möglichkeiten, die für gehirnverletzte Patienten zur Heilung bestehen, liefern Ergebnisse, die in die gleiche Richtung weisen und darüberhinaus noch besagen, daß diese kritische Phase mit der Periode der Lateralisierung zusammenfällt, der allmählichen Spezialisierung der Sprache auf eine Gehirnhälfte. Wie im letzten Kapitel beschrieben, vollzieht sich dieser Prozeß zwischen dem zweiten und vierzehnten Jahr. Erleidet ein Kind vor dem Alter von zwei Jahren eine schwere Beschädigung der linken (sprachlichen) Hemisphäre, so wird sich seine Sprache normal entwickeln — sie wird aber von der rechten Hemisphäre kontrolliert werden. Je älter das Kind wird, umso größer wird die Wahrscheinlichkeit, daß eine Schädigung der linken Hemisphäre permanente Sprachdefekte verursacht. Bei einem Jugendlichen oder einem Erwachsenen wird das Ergebnis meistens eine lebenslange Sprachstörung sein. Nachdem die Lateralisierung abgeschlossen ist, scheint das Gehirn seine ursprüngliche Elastizität für das Sprachenlernen verloren zu haben.

Bis jetzt haben wir uns mit mehreren indirekten Beweisen für das Bestehen einer 'kritischen Phase' beschäftigt. Alles weist darauf hin (obwohl es nicht unumstößlich feststeht), daß die Zeit zwischen Kleinkindalter und Pubertät der von der Natur vorgesehene Zeitraum für den Spracherwerb zu sein scheint. Lenneberg schreibt: "Zwischen dem Alter von zwei und drei Jahren entwickelt sich die Sprache durch ein Wechselspiel von Reifung und selbstprogrammiertem Lernen. Zwischen dem dritten und etwa dem dreizehnten Lebensjahr bleibt die Fähigkeit zum primären Spracherwerb gut; in dieser Zeit scheint das Individuum äußerst sensibel für Reize zu sein und eine gewisse angeborene Flexibilität für die Organisation der Hirnfunktionen zu bewahren, um die komplexe Integration, der für die gleichmäßige Entwicklung des Sprechens und der Sprache notwendigen Subprozesse vollenden zu können. Nach der Pubertät nimmt die Fähigkeit zur Selbstorganisation und Anpassung an die physiologischen Erfordernisse des verbalen Verhaltens schnell ab. Das Hirn verhält sich so, als ob seine Funktionen nun festgelegt wären, und primäre, grundlegende Sprachfertigkeiten, die um diese Zeit nicht erworben worden sind, bleiben (. . .) gewöhnlich während des ganzen Lebens unzugänglich." (Lenneberg, 1972: 196). Auch bei einigen Vogelarten findet man eine ähnliche kritische Phase für den Erwerb ihres Liedes. Der Gesang des Wellensittichs zu Beispiel, ist festgelegt und unabänderlich, wenn der Vogel ungefähr fünfzehn Monate alt ist. Hat der Wellensittich das Wellensittichlied von dieser Zeit niemals gehört, so kann er niemals normal singen lernen (Thorpe, 1972).

Wenden wir uns nun dem fünften Merkmal des biologisch ausgelösten Verhaltens zu: "Direkte Anleitung und intensives Üben haben verhältnismäßig wenig Erfolg." Bei Tätigkeiten wie Schreibmaschineschreiben oder Tennisspielen stehen die Erfolge einer Person in direktem Zusammenhang mit dem Unterricht, den sie erhält und den Übungsstunden, die sie absolviert. Auch Menschen, die nicht von Natur aus begnadete Sportler sind, können manchmal ein Tennisturnier nur aufgrund ihres großen Fleißes und der guten Führung durch ihren Trainer gewinnen. Dasselbe gilt allerdings nicht für die Sprache, hier scheint direktes Unterweisen immer zum Scheitern verurteilt zu sein. Wir wollen nun untersuchen wodurch sich diese Behauptung stützen läßt.

Sagt man 'direkte Unterweisung scheitert', so lächeln die Leute wohl und antworten 'aber natürlich — wer hat schon je davon gehört, daß man ein Kind im Sprechen unterrichtet?' Trotzdem gibt es viele Eltern, die oft unbewußt versuchen, ihre Kinder zu veranlassen, sie zu imitieren. Sie tun dies auf zweierlei Art, erstens durch direktes Korrigieren und zweitens durch unbewußte 'Erweiterungen'.

Die Sinnlosigkeit direkten Korrigierens ist von vielen Forschern festgestellt worden. Ein Psychologe versuchte während mehrerer Wochen seine Tochter zu überreden *other* (*anderer*)+ Substantiv anstatt *other one* (*anderer einer*)+ Substantiv zu sagen. Eine solche Unterhaltung lief beispielsweise so ab:

Kind: WANT OTHER ONE SPOON, DADDY.
 (Ich will anderen einen Löffel, Pappi.)
Vater: YOU MEAN, YOU WANT THE OTHER SPOON.
 (Du meinst, du willst den anderen Löffel.)
Kind: YES, I WANT OTHER ONE SPOON, PLEASE DADDY.
 (Ja, ich will anderen einen Löffel, bitte, Pappi.)
Vater: CAN YOU SAY 'THE OTHER SPOON'?
 (Kannst du sagen 'der andere Löffel'?)
Kind: OTHER ... ONE ... SPOON.
 (Anderen ... einen ... Löffel.)
Vater: SAY 'OTHER'.
 (Sag 'anderen'.)
Kind: OTHER.
 (Anderen)
Vater: 'SPOON'.
 ('Löffel')
Kind: SPOON.
 (Löffel)
Vater: 'OTHER SPOON'.
 ('Anderer Löffel')
Kind: OTHER ... SPOON. NOW GIVE ME OTHER ONE SPOON?
 (Anderer ... Löffel. Jetzt gib mir anderen einen Löffel?)
(Braine, 1971:161)

Ein anderer Forscher versuchte vergeblich ein Kind dazu zu veranlassen, die Vergangenheitsform *held* (*hielt*) zu benutzen:

Kind: MY TEACHER HOLDED THE BABY RABBITS AND WE PATTED THEM. (Meine Lehrerin haltete die kleinen Kaninchen und wir streichelten sie.)
Erw.: DID YOU SAY YOUR TEACHER HELD THE BABY RABBITS? Hast zu gesagt, daß eure Lehrerin die kleinen Kaninchen hielt?)
Kind: YES. (Ja.)
Erw.: WHAT DID YOU SAY SHE DID?
 (Was tat sie, hast du gesagt?)

Kind: SHE HOLDED THE BABY RABBITS AND WE PATTED THEM.
(Sie haltete die kleinen Kaninchen wir streichelten sie.)
Erw.: DID YOU SAY HELD THEM TIGHTLY?
(Sagtest du, daß sie sie fest hielt?)
Kind: NO, SHE HOLDED THEM LOOSELY!
(Nein, sie haltete sie ganz sanft.)
(Cazden, 1972:92)

So ist es wohl vergebliche Liebesmüh, wenn man Kinder zwingen will zu imitieren. Kinder können nicht wie Papageien abgerichtet werden. Ähnlich fruchtlos ist die zweite Art der Anleitung, die von den Eltern oft unbewußt angewendet wird — der Gebrauch von 'Erweiterungen'. Beim Gespräch mit Kindern 'erweitert' der Erwachsene ständig unbewußt die Äußerungen des Kindes. Sagt das Kind 'DA FAHR EIN', wird die Mutter es sehr wahrscheinlich erweitern zu 'Ja, DA FÄHRT EINER'. MAMMI EIERPUNSCH wird zu MAMMI TRANK IHREN EIERPUNSCH und WERF' DADDY wird zu 'WIRF ES ZU DADDY'. Kinder sind einer enormen Anzahl solcher Erweiterungen ausgesetzt. Sie machen ungefähr ein Drittel der elterlichen Antworten aus. Roger Brown schreibt: 'Die Mütter von Adam und Eve verwendeten etwa 30% der Beobachtungszeit dazu, die Äußerungen ihrer Kinder mit Erweiterungen zu beantworten. Wir selber taten es, wenn wir uns mit den Kindern unterhielten. Wir fanden es sogar sehr schwer, uns solcher Erweiterungen zu enthalten. Ein reduzierter oder unvollkommener englischer Satz scheint geradezu einen Zwang auf den englischsprachigen Erwachsenen auszuüben, ihn zum nächstliegenden, akzeptablen, vollständigen Satz zu erweitern. (Brown und Bellugi, 1974: 195)"

Zuerst war man sich in der Forschung nicht ganz sicher über die Rolle der Erweiterungen. Bis dann Courtney Cazden ein geniales Experiment mit zwei Gruppen von Kindern durchführte, die alle höchstens dreieinhalb Jahre alt waren (Cazden, 1972).
Eine Gruppe erfuhr intensive und absichtliche Erweiterungen, die andere Gruppe wohlgeformte Sätze, die keine Erweiterungen waren. Sagte zum Beispiel ein Kind HUND BELLT, würde ein erweiternder Erwachsener antworten 'Ja, der Hund bellt.' Ein Erwachsener, der nicht mit Erweiterungen antwortet, würde vielleicht sagen 'Ja, er will die Katze erschrecken' oder 'Ja, aber wird dich nicht beißen ' oder 'Ja, sag ihm, daß er ruhig sein soll'. Nach drei Monaten überprüfte man welche Fortschritte die beiden Gruppen gemacht hatten. Erstaunlicherweise zeigte sich, daß die Erweiterungsgruppe hinter der anderen Gruppe zurückgeblieben war, hinsichtlich der durchschnittlichen Länge der Äußerungen und deren grammatischer Komplexität.

Für dieses unerwartete Ergebnis wurden mehrere Erklärungen angeboten. Vielleicht geben die Erwachsenen einer kindlichen Äußerung eine falsche Interpretation, wenn sie erweitern. Falsche Erweiterungen könnten seinen Lernprozess behindern. Man hat verschiedene falsche Erweiterungen feststellen können.

Zum Beispiel: Kind: WELCHE ZEIT ES IST?
Erw.: HMHM, ES ZEIGT, WELCHE ZEIT ES IST.

Außerdem mag ein gewisses Maß an Neuerung notwendig sein, um die Aufmerksamkeit des Kindes zu erregen, denn es könnte sein, daß es den Wiederholungen seiner eigenen Äußerungen einfach nicht mehr zuhört. Es könnte auch sein, daß Erweiterungen die Auswahl der Daten, die ein Kind hört, zu sehr einschränken. Seine Sprache könnte verarmen, da die sprachliche Umgebung nicht reichhaltig genug war. Wie wir schon vorher festgestellt haben, braucht ein Kind vielfältige und abwechslungsreiche Sprachbeispiele.

Letzteres wird durch ein russisches Experiment unterstützt (Pines, 1969: 165). Einer Gruppe von Kleinkindern zeigte man eine Puppe und wiederholte dabei ständig drei Sätze: 'Da ist eine Puppe. . . Nimm die Puppe. . . Gib mir die Puppe'. Einer zweiten Kindergruppe wurde auch die Puppe gezeigt, dabei wurden aber dreißig verschiedene Sätze geäußert, wie zum Beispiel: 'Wiege die Puppe. . . Suche die Puppe'. Die Gesamtzahl der Wörter, die beide Gruppen gehört hatten, war dieselbe, nur ihre Zusammensetzung war unterschiedlich. Danach zeigten die Forscher den Kindern eine Auswahl von Spielsachen und forderten sie auf, die Puppen herauszusuchen. Zu ihrer großen Überraschung zeigten die Kinder aus der zweiten Gruppe, die eine sehr abwechslungsreiche Sprache gehört hatten, hier viel bessere Leistungen.

Dies weist darauf hin, daß Eltern, die bewußt versuchen, ihre Kinder anzuleiten, indem sie ihre Sprache vereinfachen und viel wiederholen, eventuell sogar den Fortschritt ihrer Kinder hemmen. Es lohnt sich nicht, zu einem Kind zu sprechen, als würde man einem Ausländer erklären, wie er zum Zoo kommt. Verarmte Sprache ist schwerer zu erlernen, nicht einfacher. Es scheint, als seien Kinder von Natur aus darauf eingerichtet, die Grammatik ganz allein herauszulösen, wenn man ihnen genügend Datenmaterial zur Verfügung stellt. Direkte Unterweisung ist nutzlos und wer einer großen sprachlichen Vielfalt ausgesetzt ist, d.h. wessen Eltern ganz normal sprechen, der entwickelt sich am besten.

Aber was heißt 'normal sprechen'? Dies scheint die richtige Stelle zu sein, um ein Mißverständnis auszuräumen, das vielleicht durch Chomsky entstanden ist; danach wollen wir uns dann der Rolle zuwenden, die die Übung beim Spracherwerb spielt. Chomsky meint, daß Kinder zumeist Sprache

hören, "die sich in hohem Maße aus regelwidrigen Äußerungen zusammensetzt, da ein großer Teil der normalen Sprache aus falschen Anfängen, unzusammenhängenden Phrasen und anderen Abweichungen. . . besteht." (Chomsky, 1972, S. 537). Ganz sicherlich hören Kinder manchen ungrammatischen Satz. Die neuere Forschung zeigt aber, daß die Sprache, die Kinder erfahren, nicht außergewöhnlich regelwidrig ist. Wenn Erwachsene zu Kinder sprechen, so formen sie meist kürzere Sätze und machen weniger Fehler. Es gibt einen wesentlichen Unterschied in der Sprechweise, die eine Mutter einem anderen Erwachsenen gegenüber oder ihrem Kind gegenüber anwendet. Ein Forscher nahm ein Gespräch einer Mutter mit einer erwachsenen Bekannten auf. Ihre Sätze hatten eine durchschnittliche Länge von vierzehn bis fünfzehn Wörtern und sie benutzte einige mehrsilbige medizinische Fachausdrücke:
"Ich war bei der routinemäßigen Inhalationsserie dabei. Wir sin' von Station zu Station gegangen. Die Leute sin', naja, sie kriegen diesen Schleim im Brustkorb und 's is' sehr wichtig, richtig zu atmen und diesen Schleim rauszuhusten aus dem Brustkorb, mmh, eben so schnell wie möglich. Un' wir konnten die Instrumente nicht sterilisieren, weil sie aus Plastik war'n."
Wenn sie aber mit ihrem Kind sprach, benutzte dieselbe Mutter Fünf- oder Sechs-Wortsätze, die Wörter waren kürzer und bezogen sich auf Dinge, die das Kind sehen oder tun konnte:

    KOMM', GUCK' DIR MAL MUTTIS MALBUCH AN.
    WILLST DU MEIN MALBUCH SEHEN?
    GUCK' DIR MEIN MALBUCH AN.
    SCHAU MAL, DAS IST EIN INDIANER, HM?
    IST DAS EIN INDIANER?
    KANNST DU INDIANER SAGEN?
    SPRICH MAL MIT MIR.
    (Dach, zitiert in Ervin-Tripp, 1971)

Es entsteht der Eindruck, daß Eltern automatisch Inhalt und Satzbau vereinfachen, wenn sie zu Kindern sprechen. Dieser Sachverhalt überrascht nicht sonderlich — schließlich sprechen wir auch nicht mit dem Busschaffner und unserem besten Freund in derselben Weise. Ein der Situation angemessener Sprachgebrauch ist normaler Bestandteil des menschlichen Sprachvermögens.

Nun wollen wir uns der Bedeutung der Übung zuwenden. Wir vertreten hier die Ansicht, daß Übung allein nicht für den Spracherwerb verantwortlich ist. Kinder erlernen die Sprache nicht durch einfaches Wiederholen und Imitieren. Hierfür gibt es zweierlei Beweise.

Das Erste betrifft die Entwicklung der 'Flexion' oder Wortendungen. Im Deutschen, wie im Englischen, gibt es eine Reihe von häufig vorkommenden Verben, die im Gegensatz zu den regelmäßigen Formen wie LIEBTE,

ARBEITETE, SPIELTE (Englisch: loved, worked, played) eine unregelmäßige Vergangenheitsformen haben, z.B. KAM, SAH, GING (Englisch: came, saw, went). In beiden Sprachen gibt es auch verschiedene unregelmäßige Pluralformen. Der Plural wird im Englischen normalerweise durch Anhängen von -s gebildet, wie CATS, GIRAFFES und PYTHONS, unregelmäßige Formen sind z.B. FEET und MICE (Füße, mäuse). Sehr früh schon lernen Kinder die richtigen Vergangenheitsformen und Pluralendungen für häufige Worte, wie CAME, SAW und FEET. Später geben sie diese richtigen Formen zugunsten verallgemeinerter 'regelmäßiger' Formen auf, wie COMED, SEED und FOOTS (Ervin, 1964). Im Deutschen findet sich ähnliches bei solchen Formen wie *kommte, siehte* und *Haarn*, der Fall liegt beim Plural aber etwas komplizierter, da es eine größere Auswahl von Kombinationsregeln zur korrekten Pluralbildung gibt. Dieser anscheinende Rückschritt hat eine hervorragende Bedeutung. Er zeigt nämlich, daß Spracherwerb unmöglich nur eine einfache Übungssache oder Imitation ist. Wäre dies der Fall, so würden Kinder niemals übliche Formen, wie KAM und SAH, die sie andauernd hören und gebrauchen, durch seltsame Formen wie KOMMTE, SIEHTE und HAARN ersetzen, die sie mit größter Wahrscheinlichkeit noch nie gehört haben.

Auch die spontane Imitation stellt sich als eine unbedeutende Art der Übung für den Spracherwerb heraus. Genau wie Erwachsene unbewußt die Äußerungen der Kinder imitieren und erweitern, so scheinen die Kinder Sätze ihrer Eltern zu imitieren und zu reduzieren. Sagt ein Erwachsener 'Ich werde einen Regenschirm nehmen' so wird das Kind wohl sagen 'Schirm nehmen'. 'Binde ihre Mütze zu' wird als 'Mütze zu' wiederholt und verkürzt. Zuerst erweckt dies den Eindruck, daß es sich um einen wichtigen Mechanismus bei der Entwicklung der Sprache handeln könnte. Susan Ervin von der Universität von Kalifornien in Berkeley kam aber zum gegenteiligen Schluß, als sie die spontanen Äußerungen einer Gruppe von Kleinkindern aufnahm (Ervin, 1964). Sie stellte zu ihrer Überraschung fest, daß bei spontanen Imitationen von Erwachsenenäußerungen, die Wiederholung des Kindes keineswegs weiterentwickelt ist, als die normale Sprache des Kindes. Die Sätze werden auf die Länge verkürzt, die der durchschnittlichen Länge der Äußerungen auf der jeweiligen Entwicklungsstufe des Kindes entspricht und sie enthalten die gleiche Anzahl von Endungen und 'kleinen' Wörtern wie die nicht- imitierten Äußerungen. Kein einziges Kind produzierte Imitationen, die höher entwickelt waren. Ein Kind, Holly, produzierte sogar Äußerungen, die weiter zurück waren, als ihre spontanen Äußerungen. Susan Ervin bemerkt dazu: "Es gibt nicht den geringsten Beweis für die Ansicht, daß Fortschritte auf die erwachsenen Grammatiknormen hin nur durch Übung in Form der direkten Imitation der Erwachsensensätze gemacht werden." (Ervin, 1964:172). Aus dem obengesagten können wir den Schluß ziehen, daß reine Übung — im Sinne einer direkten Wiederholung und Imitation — auf den Erwerb von Sprache keinen bedeutenden Einfluß ausübt. Es ist allerdings Vorsicht geboten, damit eine solche Behauptung nicht zu Mißverständnissen führt. Wir sagen nur, daß Übung allein den Spracherwerb nicht ausmachen kann: Kinder lernen nicht durch die bloße ständige Wiederholung von Worten. Der Übung in einem anderen Sinne bedürfen sie allerdings aber selbst diese Notwendigkeit ist nicht so groß, wie man erwarten könnte. Sie können überraschend viel nur durch Zuhören lernen.

Wieviel ein Kind sprechen muß, um die Sprache zu erlernen, ist individuell großen Schwankungen unterworfen, wie man auch gezeigt hat. Einige Kinder sprechen sehr wenig, andere plappern die ganze Zeit und spielen mit den Worten. Eine Forscherin schrieb ein ganzes Buch über die Monologe, die ihr erstes Kind vor dem Einschlafen führte. Anthony murmelte Paradigmen vor sich hin bis er einschlief:

	(Deutsche Entsprechung etwa:
GO FOR GLASSES	Brille holen
GO FOR THEM	sie holen
GO TO THE TOP	von oben holen
GO THROW	werfen holen
GO FOR BLOUSE	Bluse holen
PANTS	Hose
GO FOR SHOES	Schuhe holen)
(Weir, 1962)	

Zu ihrer Enttäuschung war ihr zweites Kind, David, bei weitem nicht so gesprächig, obwohl er schließlich genauso gut sprechen konnte. Dieses Wiederholungsgemurmel scheint also nicht für alle Kinder notwendig zu sein.

Bis jetzt haben wir fünf der sechs Merkmale behandelt, die wir zu Beginn des Kapitels als typisch für biologisch ausgelöstes Verhalten erkannt haben. Alle diese Merkmale scheinen in der Sprache vorhanden zu sein. Kommen wir nun zum sechsten und letzten Merkmal: 'Es gibt eine regelmäßige Folge von Meilensteinen während der Entwicklung der Verhaltensform, die normalerweise in direktem Zusammenhang mit dem Alter und anderen Gesichtspunkten der Entwicklung stehen'. Diesen Punkt werden wir in einem separaten Abschnitt untersuchen.

Der vorherbestimmte Programmablauf

Alle Kinder scheinen beim Spracherwerb eine Serie von mehr oder weniger festgelegten Phasen zu durchlaufen. In welchem Alter die einzelnen Kinder die jeweiligen Phase oder den 'Meilenstein' erreichen, ist sehr unterschiedlich, relativ gesehen bleibt die Chronologie aber die Gleiche. Die Meilensteine werden immer in der gleichen Reihenfolge erreicht, obwohl sie für einige Kinder näher zusammenliegen können, als für andere.

Deshalb können wir die Sprachentwicklung in einige ungefähre Stadien unterteilen. Das folgende Diagramm ist stark vereinfacht. Die einzelnen Stadien überschneiden sich und die angegebenen Altersstufen sind nur grobe Anhaltspunkte, trotzdem vermittelt es ein ungefähres Bild der wahrscheinlichen Sprachentwicklung eines Kindes.

Um diesen Ablauf zu verdeutlichen, werden wir die verschiedenen Phasen beschreiben, die ein typisches (nicht vorhandenes) englischsprechendes Kind durchlaufen würde, wenn es sprechen lernt. Das Kind soll Barbara heißen — ein Name, der vom griechischen Wort für 'Fremder' abgeleitet ist und wörtlich bedeutet 'jemand, der bar-bar sagt, der Kauderwelsch redet'. Barbaras erste erkennbare stimmliche Tätigkeit war das Schreien. Während ihrer ersten vier Lebenswochen war sie wirklich:

An infant crying in the night:
An infant crying for the light:
With no language but a cry.   (Tennyson)
(Ein Kindlein schreiend in der Nacht; Ein Kindlein schreiend um das Licht; mit keiner anderen Sprache, als dem Schrei.)

Man konnte eine Reihe von verschiedenen Schreiarten unterscheiden. Sie schrie vor Hunger, wenn sie gefüttert werden wollte.

Sprachstadium	Alter beim Einsetzen des Stadiums
SCHREIEN	Geburt
LALLEN	6 Wochen
PLAPPERN	6 Monate
INTONATIONSMUSTER	8 Monate
1 WORT-SÄTZE	1 Jahr
2 WORT-SÄTZE	18 Monate
WORTFLEXIONEN	2 Jahre
FRAGEN, VERNEINUNGEN	2 1/4 Jahre
SELTENE ODER KOMPLEXE KONSTRUKTIONEN	5 Jahre
REIFE SPRACHE	10 Jahre

Sie schrie vor Schmerzen, wenn sie Bauchschmerzen hatte und vor Freude, wenn sie gefüttert wurde, sich wohl fühlte oder in den Armen ihrer Mutter lag. Streng genommen ist es unrichtig das Schreien als ein Sprachstadium zu bezeichnen, denn das Schreien scheint eine instinktive Kommunikation zu sein und deshalb könnte es einem tierischen Rufsystem eher ähneln, als einer wirklichen Sprache. Dies wird durch neuere Forschungsergebnisse bestätigt, die besagen, daß die verschiedenen 'Mitteilungen', die im Schreien der Babys enthalten sind, universal sein könnten, da englische Eltern die 'Mitteilungen' von italienischen und spanischen Babies genauso gut erkennen konnten, wir die von englischen Babies (Ricks, wiedergegeben in Cromer, 1974). So kann man das Schreien selbst wohl nicht als Teil der eigentlichen Sprachentwicklung ansehen, obwohl es zur Stärkung der Lungen und der Stimmbänder beiträgt (die man beide zum Sprechen benötigt).

Barbara durchlief dann zwei einigermaßen differenzierte vorsprachliche Phasen, eine Lall- und eine Plapperphase. Manche der frühen Forscher verwechselten diese Stadien manchmal und vergleichen sie mit Vogelgezwitscher. Der Gelehrte Taine, schrieb im neunzehnten Jahrhundert über seine Tochter: "Sie freut sich über ihr vogelähnliches Gezwitscher, sie scheint vor Lust darüber zu lachen und doch ist es bis jetzt nur wie der Gesang eines Vogels, denn sie verbindet keinerlei Bedeutung mit den Lauten, die sie hervorbringt." (Taine, 1877, zitiert in Bar-Adon und Leopold, 1971:21).

Die erste dieser beiden Phasen begann als Barbara ungefähr sechs Wochen alt war. Für einen zufälligen Beobachter klang es, als würde sie GUU-GUU sagen. Das Lallen ist aber schwer zu beschreiben, einige Lehrbücher sprechen von 'gurgeln' oder 'wiehern'. Oberflächlich betrachtet, ist der Laut vokalähnlich, die Kurven auf einem Lautspektogramm zeigt aber, daß er sich stark von den Vokalen Erwachsenen unterscheidet. Das Lallen scheint universal zu sein. Vielleicht ist es die stimmliche Entsprechung zu Armbewegungen und strampeln. Das heißt, genau wie Babies automatisch ihre Muskeln durch strampeln stärken, so könnte das Lallen dazu beitragen, daß sie ihren Stimmapparat unter Kontrolle bekommen.

Allmählich treten konsonantenähnliche Laute beim Lallen auf. Mit ungefähr sechs Monaten hat Barbara die Plapperphase erreicht. Es machte den Eindruck, als äußere sie Konsonanten und Vokale zusammen, zuerst als einzelne Silben, später aber auch aneinandergereiht. Die Konsonanten wurden oft mit den Lippen oder den Zähnen produziert, so daß die Folgen klangen wie MAMA, DIDIDI oder PAPAPA. Als sie diese Laute hörten nahmen Barbaras Eltern zuversichtlich aber fälschlicherweise an, daß sie sie anspreche. Dieses Wunschdenken erklärt, wieso MAMA, PAPA und DADA als Kinderworte für Vater und Mutter in der ganzen Welt verbreitet sind (Jakobson, 1962). Barbara verstand schnell, daß sie durch MAMA rufen sofort Aufmerksamkeit erhielt — obwohl sie es oft mit dem Sinn 'Ich habe Hunger' benutzte und nicht so sehr, um einen Elternteil anzusprechen. Dies ist von verschiedenen Forschern festgestellt worden. Charles Darwin zum Beispiel bemerkte, daß im Alter von einem Jahr sein Sohn "einen großen Schritt nach vorne tat und ein Wort für Essen erfand, nämlich mum, was ihn aber dazu brachte, konnte ich nicht herausfinden"

(Darwin, 1877, zitierte in Bar-Adon und Leopold, 1971:28). Ein anderer Sprachwissenschafter beobachtet, daß sein Kind MAMA sagte, um eine Scheibe Brot zu verlangen, die er, der Vater, butterte.

Während der ganzen Plapperperiode machte Barbara das Experimentieren mit ihrem Mund und ihrer Zunge offensichtlich Spaß. Sie plapperte nicht nur, sondern blies Blasen, gurgelte und spuckte. Auf den ersten Blick machte es den Eindruck, als äußere sie eine große Menge exotischer Laute. Früher nahmen die Fachleute fälschlicherweise an, daß Kinder von Natur aus fähig sind, jeden möglichen Sprachlaut zu produzieren. Ein kanadischer Psychologe bemerkte einmal: "Während dieser Zeit beginnt das besonders reizende kindliche Plappern, das, obwohl es nur ein 'unbeholfenes Zwitschern' ist, im Ansatz doch schon fast alle Laute enthält, die nachher, in Zusammensetzungen, das mächtige Instrument der Sprache ausmachen. Eine wunderbare Vielfalt von Lauten, von denen einige dem Kind später, wenn es sie zu produzieren versucht, Schwierigkeiten bereiten, werden nun automatisch geformt, durch rein impulsive Betätigung der Stimmmuskulatur" (Tracy, 1909, zitiert in Bar-Adon und Leopold, 1971:32). Neuere Untersuchungen haben gezeigt, daß die Vielfalt der beim Plappern benutzten Laute nicht besonders groß ist. Da das Kind aber seine Stimmorgane noch nicht voll beherrscht, sind die Geräusche oft den Lauten der Erwachsenen sehr unähnlich und erscheinen deshalb dem laienhaften Beobachter als recht exotisch. Allgemein gesehen, ist das Plappern wohl eine Phase, in der das Kind mit seinen Stimmorganen experimentiert und sie dadurch langsam unter Kontrolle bekommt. Viele Leute vertreten die Ansicht, daß Plappern universal sei, es gibt aber einige verwirrende Berichte von Kindern, die nicht plapperten, was gegen diese These spricht. Alles, was wir bisher sagen können, ist, daß Plappern weit genug verbreitet ist, um als normales Entwicklungsstadium angesehen zu werden.

Einige Linguisten haben versucht, plappernde Babies, die verschiedenen Sprachen ausgesetzt waren, zu vergleichen. Erste Ergebnisse deuten darauf hin, daß man chinesisches Plappern von amerikanischem, russischem und arabischem unterscheiden kann (Weir, 1966). Da in der chinesischen Sprache Wörter durch eine Änderung des 'Tons' oder der 'Stimmlage' unterschieden werden, neigen chinesische Babies dazu, einsilbige Äußerungen mit großer tonaler Variation zu produzieren. Amerikanische Babies produzieren mehrsilbiges Geplapper, bei dem sich die Intonation über die ganze Folge verteilt. Die nicht-tonalen Babies klingen oberflächlich ähnlich — obwohl amerikanische Mütter oft das amerikanische Baby herausfinden konnten, russische Mütter das russische Baby und arabische Mütter das arabische. Die Mütter konnten aber nicht die Babies unterscheiden, die in den anderen beiden Sprachen plapperten. Diese Forschungsresultate unterstützen die These von einem 'Triften des Geplappers', bei dem sich das Geplapper eines Kindes allmählich in Richtung der Laute, die es um sich herum hört, bewegt. Unter diesem Aspekt unterscheidet sich das Plappern klar vom Schreien, das keine erkennbare Beziehung zu einer bestimmten Sprache hat.

An dieser Stelle sollte man sich vielleicht die folgende Frage stellen: wieviel können die Kinder wirklich von der Sprache ihrer Eltern ausmachen? Manchmal wird angenommen, daß Babies nur einen allgemeinen Mischmasch von Lauten hören und nur langsam den Unterschied zwischen, zum Beispiel einem P und einem B, heraushören können. Neuere Forschungsergebnisse zeigen aber, daß Säuglinge wesentlich mehr Unterscheidungen treffen können als wir ahnen. Eimas und seine Kollegen (1971) haben demonstriert, daß ein bis vier Monate alte Babies zwischen P und B unterscheiden können. Anfangs spielten sie einigen Säuglingen ein Tonband mit wiederholtem B-Laut vor, dann wechselten sie zu P. Eine deutliche Veränderung im Verhalten der Babies beim Saugen zeigte, daß sie die Veränderung wahrgenommen hatten. Das bedeutet, daß Kinder sehr wohl fähig sind, alles ab einem frühen Alter deutlich zu hören, aber wahrscheinlich nicht sehr sorgfältig auf alles horchen, was ihre Eltern sagen. Die Ergebnisse von Eimas sind noch etwas umstritten, aber verschiedene andere Fachleute sind auch zu dem Schluß gekommen, daß das Wahrnehmungsvermögen eines Kindes wesentlich differenzierter sein könnte, als man dies bisher angenommen hat (z.B. Smith, 1973; Drachman, 1973).

Gleichzeitig mit dem Plappern, ab ungefähr acht bis neun Monaten, begann Barbara Intonationsmuster zu imitieren. Dadurch klangen ihre Lautgebilde so sprachähnlich, daß ihre Mutter manchmal sagte, "Ich bin sicher, daß sie redet, ich kann nur nicht verstehen, was sie sagt." Ein deutscher Forscher bemerkte über dieses Stadium im achtzehnten Jahrhundert: 'Er versuchte auch Unterhaltungen nachzuahmen, zu welchem Zwecke er einen Schwall von unverständlichen Lauten von sich gab' (Tiedemann, 1782, zitiert in Bar-Adon und Leopold, 1971:15). Englische Mütter haben festgestellt, daß ihre Kinder sehr oft eine Frageintonation benutzen, bei der die Stimme am Satzende nach oben geht. Dies läßt sich auf das normale elterliche Verhalten zurückführen, sich über das Kind zu beugen und zu fragen, "Was möchtest du denn sagen?" "Willst du ein bißchen Milch?" "Weißt du wer das ist?" und so weiter.

Irgendwann zwischen dem Alter von einem Jahr und achtzehn Monaten begann Barbara einzelne Worte zu sprechen. Sie plapperte weiterhin, das Plappern wurde aber allmählich weniger, als sich die wirkliche Sprache weiterentwickelte. Wieviele Worte zu diesem Zeitpunkt erlernt werden, ist von Kind zu Kind recht verschieden. Einige haben nur vier oder fünf, andere beinahe fünfzig. Als Durchschnittskind erlernte Barbara ungefähr fünfzehn. Viele waren die Namen von Menschen und Gegenständen, wie UF (Wuff) 'Hund', DABA 'Oma (engl. grandma)', DA 'Puppe (engl. doll)'. Als es dann auf ihren zweiten Geburtstag zuging, erreichte sie das etwas beeindruckendere Zwei-Wort-Stadium.

Ab dem Zeitpunkt, an dem Barbara anfing zwei Wörter zusammenzusetzen, schien sie in einem Zustand der Sprachbereitschaft zu sein und sog die Sprache auf wie ein Schwamm. Das deutlichste Zeichen für diesen Fortschritt war ein imponierender Anstieg ihres Vokabulars. Als sie zweieinhalb Jahre alt war, beherrschte sie einige hundert Wörter. Währenddessen gab es einen allmählichen aber ständigen Anstieg der durchschnittlichen Länge ihrer Äußerungen zu verzeichnen. Die durchschnittliche Länge, wird nach dem englischen 'mean length of utterance' als MLU abgekürzt. Die MLU wird nach der Anzahl der grammatischen Einheiten oder 'Morpheme' errechnet: im Englischen Zählen das Plural -s und die Vergangenheitsendung -D, je als eine Einheit, genau wie normale Wörter wie MUTTI und BAD. Zusammengesetze Wörter wie BILDERBUCH und QUACK-QUACK zählen auch als eine Einheit (Brown, 1973:54). Die meisten, wenn auch nicht alle Forscher sehen diese MLU als einen nützlichen Maßstab für die sprachliche Weiterentwicklung an. Dies bedeutet aber nicht, daß ein Kind mit den längsten Äußerungen auch die grammatisch kompliziertesten oder auch nur die grammatisch korrektesten Äußerungen hat.

Daß ein ständiger Anstieg der MLU ab einem Alter von ungefähr zwei Jahren zu verzeichnen ist, wurde von Roger Brown an der Harvard Universität gezeigt. Er führt eine intensive Untersuchung über die Sprachentwicklung bei drei, miteinander nicht bekannten Kindern, Adam, Eve und Sarah, durch. Er stellte allerdings fest, daß das chronologische Alter, an dem die einzelnen Kinder ein bestimmtes MLU-Stadium erreichten, sehr unterschiedlich war (Brown, Cazden und Bellugi, 1968; Brown, 1973). Ein Vergleich von Adam und Eve zeigte, daß Eve Adam bei weitem voraus war. Eves MLU war zwei Einheiten im Alter von ungefähr zwanzig Monaten, drei bis zweiundzwanzig Monaten und vier bei achtundzwanzig Monaten. Adam war über sechsundzwanzig Monate alt, bis er eine MLU von zwei Einheiten erreicht hatte. Er war beinahe drei Jahre alt bis er eine MLU von drei Einheiten hatte und dreieinhalb Jahre bis sie vier Einheiten zählte, das ist ein ganzes Jahr später als Eve.

Wenn wir davon ausgehen, daß Barbara nicht so fortgeschritten ist wie Eve, aber weiter als Adam, so hatte sie vielleicht eine MLU von zwei Einheiten kurz vor ihrem zweiten Geburtstag, drei Einheiten mit zweieinhalb und vier Einheiten um den dritten Geburtstag herum.

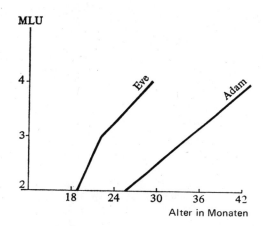

Anfänglich war Barbaras Sprache im Zwei-Wort-Stadium, als sie ungefähr zwei Jahre alt war, im Telegrammstil abgefaßt. Es klang, als würde sie dringende Telegramme an ihre Mutter senden: WILL MILCH, WO ENTE? Wie in einem richtigen Telegramm behielt sie die Substantive und Verben in der richtigen Reihenfolge bei, ließ aber die 'kleinen' Wörter aus wie DER, DIE, DAS, EIN, MEIN, SEIN, UND. Sie ließ auch Wortendungen wie das Plural -s und die Vergangenheitsendungen weg, wie in TWO SHOE (zwei Schuh) und MILK SPILL (Milch verschütt').

Dann wurden schrittweise die 'kleinen' Wörter und Endungen hinzugefügt. 'Sie beginnen alle, wie eine verwickelte Schlingpflanze, zwischen und über die wichtigsten Bausteine, die Substantive und Verben, zu wuchern' (Brown, 1973:249).

Hier zeigte Barbara genau dieselbe Entwicklung wie das Harvard Kind Adam, wenn auch zu einem früheren Zeitpunkt (Brown, 1973:271). Zwischen dem Alter von zwei und dreieinhalb Jahren erlernte Barbara die folgenden grammatischen Formen des Englischen:

Alter 2	Verlaufsform -ing Plural -s KOPULA AM, IS, ARE Artikel A, THE	I SINGING (ich singend) [1] BLUE SHOES (blaue Schuhe) HE IS ASLEEP (er schläft) [2] HE IS A DOCTOR (er ist ein Arzt)
Alter 3	Dritte Person, Singular -s Vergangenheits- endung -d Vollständige Ver- laufsform AM, IS, ARE + -ING Zusammengezogene Kopula Zusammengezogene Verlaufsform	HE WANTS AN APPLE (er möchte einen Apfel) I HELPED MUMMY (Ich half Mami) I AM SINGING (ich bin singend) HE'S A DOCTOR (er's ein Arzt) I'M SINGING (ich bin singend)

Das genaue Alter, mit dem Barbara jede dieser Formen erlernte, ist unbedeutend, da es zu große Unterschiede zwischen den einzelnen Kinder gibt. Wichtig und interessant ist die Reihenfolge, in der diese Formen auftreten. Diese Reihenfolge scheint bei allen englischsprechenden Kindern fast identisch zu sein. Roger Brown stellte fest, daß bei den untereinander nicht bekannten Harvarder Versuchskindern die Entwicklungsfolge dieser grammatischen Formen 'überraschend einheitlich' war. Es gab nur ein oder zwei kleinere Abweichungen: zum Beispiel erlernte Sarah das -ING der Verlaufsform nach dem Plural, während Adam und Eve sie vorher erwarben. Aber bei allen Kindern traten das Plural -s und das -ing der Verlaufsform vor der Vergangenheitsform, dem Singular -s der dritten Person und den Kopula AM, IS, ARE auf.

Noch überraschender ist vielleicht die Tatsache, daß bei allen drei Harvardkindern die Kopula AM, IS, ARE wie in I AM A DOCTOR (Ich *bin* ein Arzt) erschienen, bevor AM, IS und ARE als Teil der Verlaufsformkonstruktionen auftauchte wie in I AM SINGING (Ich *bin* singend). Genauso erschien auch die zusammengezogene Kopula wie in HE'S A BEAR (er's ein Bär) vor der verkürzten Verlaufsform HE'S WALKING (er's gehend). Dies ist eine wirklich erstaunliche Entdeckung. Obwohl man erwarten würde, daß Kinder im großen und ganzen die gleiche Entwicklung durchlaufen, gibt es doch keine offensichtlichen Gründe dafür, daß verschiedene englische Kinder so stark im Erwerb der einzelnen Formen übereinstimmen. Die möglichen Gründe dafür werden wir im siebten Kapitel erörtern.

---

1   Die Verlaufsform ist im Englischen sehr häufig und entspricht in ihrer Bedeutung etwa der deutschen Formulierung: Ich bin gerade dabei zu singen. [Anm. d. Übers.]

2   Als Kopula bezeichnet man 'Verbindungswörter'. wie z.B. IST in ER IST EINGESCHLAFEN. [Anm. d. Übers.]

Eine ähnliche Übereinstimmung der Reihenfolge wurde auch beim Erwerb von komplexeren Konstruktionen wie den Fragen und der Verneinung festgestellt. Für den Erwerb der W-Fragen (Fragen, die mit WAS, WARUM, WO, WER etc. beginnen) können wir ganz sicher annehmen, daß Barbara, wie Adam, Eve und Sarah durch drei Zwischenstufen laufen wird, bevor sie diese Fragen korrekt beherrscht (Klima und Bellugi, 1966). Als erstes stellte sie kurz nach ihrem zweiten Geburtstag das W-Wort bzw., da sie ein englischsprechendes Kind ist, das WH-Wort an den Anfang des Satzes:

WHAT	MUMMY	DOING?
(Was	Mami	macht?)
WHY	YOU	SINGING?
(Warum	du	singen?)
WHERE	DADDY	GO?
(Wo	Pappi	geht?)

Das zweite Stadium trat drei oder vier Monate später ein, als sie dem Hauptverb ein Hilfsverb wie CAN (können) oder WILL (werden) hinzufügte.

WHERE	YOU	WILL GO?
(Wo	du	wirst hingehen?)
WHY	KITTY	CAN'T SEE?
(Warum	Kitty	kann nicht sehen?)
WHY	YOU	DON'T KNOW?
(Warum	du	weißt nicht?)

Bevor sie dann das dritte Lebensjahr vollendete, bemerkte sie schließlich, daß das subjektivische Substantiv und das Hilfsverb vertauscht werden müssen und produzierte dann korrekte Sätze wie:

WHERE	WILL YOU	GO?
(Wo	wirst du	hingehen?)
WHY	CAN'T KITTY	SEE?
(Warum	kann Kitty nicht	sehen?)
WHY	DON'T YOU	KNOW?
(Warum	weißt du nicht?)	

Der Erörterung der erstaunlichen Feststellung, daß alle englischsprechenden Kinder demselben Muster folgen, wenden wir uns später zu. Wie bereits erwähnt, ist das tatsächliche Alter, in dem jedes Stadium erreicht wird, unbedeutend, wichtig ist allein die Reihenfolge.

Im Alter von dreieinhalb Jahren konnte Barbara wie die meisten Kinder, fast alle grammatischen Konstruktionen bilden und ihr Sprechen war verhältnismäßig gut verständlich, auch für Fremde. Ihre Konstruktionen zeigten allerdings weniger Abwechslung als die eines Erwachsenen. Sie neigte zum Beispiel dazu, nicht das vollständige Passiv zu benutzen wie THE MAN WAS HIT BY A BUS (Der Mann wurde von einem Bus angefahren), sie konnte sich aber ohne weiteres über die meisten Themen ganz angemessen unterhalten.

Als sie fünf Jahre alt war, machte es oberflächlich den Eindruck, als habe sie die Sprache fast perfekt erlernt. Dies war allerdings eine Täuschung, der Spracherwerb setzte sich weiterhin fort, wenn auch ungleich langsamer. Die Grammatik eines fünfjährigen Kindes unterscheidet sich von der eines Erwachsenen in einem überraschenden Ausmaß.

Normalerweise ist sich das Fünfjährige dieser Mängel aber nicht bewußt. In Verständnistests interpretieren die Kinder ohne Zögern alle Strukturen über die man sie befragt — oft sind diese Auslegungen aber falsch. 'Von ihrem Standpunkt aus verstehen sie unsere Sätze sehr wohl, nur verstehen sie sie falsch' (Carole Chomsky, 1969:2). Als Beweis dieser These, zeigte die Forscherin (Noam Chomskys Ehefrau) einer Gruppe von Fünf- bis Achtjährigen eine Puppe mit Augenbinde und sagte: "Is this doll hard to see or easy to see? (Ist diese Puppe leicht oder schwer zu sehen?)". Alle Fünf- und Sechsjährigen antworteten HARD TO SEE (Schwer zu sehen.), so auch einige der Sieben- und Achtjährigen. Typisch war die Antwort der sechsjährigen Lisa:

Chomsky: IS THIS DOLL EASY TO SEE OR HARD TO SEE?
(Ist diese Puppe leicht oder schwer zu sehen?)
Lisa: HARD TO SEE.
(Schwer zu sehen.)
Chomsky: WILL YOU MAKE HER EASY TO SEE?
(Mach', daß sie leicht zu sehen ist)
Lisa: IF I CAN GET THIS UNTIED!
(Wenn ich das aufknoten kann.)
Chomsky: WILL YOU EXPLAIN WHY SHE WAS HARD TO SEE?
(Erklärst du, warum sie schwer zu sehen war?)
Lisa: (zur Puppe) BECAUSE YOU HAD A BLINDFOLD OVER YOUR EYES! (Weil du eine Binde über den Augen hattest.)

Dieser spezielle Test ist von einigen Psychologen kritisiert worden. Ein Kind glaubt manchmal, wie ein Straußenvogel, daß andere es nicht sehen können, wenn seine eigenen Augen bedeckt sind. Es könnte nun sein, daß es sich in die Lage der Puppe versetzt, wenn es sagt, daß eine Puppe mit zugebundenen Augen schwer zu sehen ist. Ein weiterer Versuch dieser Art, bei dem Handpuppen mit einem Wolf und Enten benutzt wurden, enthielt folgende Sätze:

THE WOLF IS HARD TO BITE. (Der Wolf ist schwer zu beißen)
THE DUCK IS ANXIOUS TO BITE. (Die Ente ist begierig zu beißen)

Die Ergebnisse wurden durch den zweiten Versuch bestätigt (Cromer, 1970). Fünf- und sechsjährige Kinder sind sich nicht bewußt, daß Sätze wie DAS KANINCHEN IST GUT ZU ESSEN und DAS KANINCHEN IST BEGIERIG ZU ESSEN zwei grundlegend verschiedene Bedeutungen haben. Diese Kluft schließt sich aber allmählich während der nächsten vier oder fünf Jahre. Im Alter von zehn Jahren zeigte Barbara eine Beherrschung der Sprachstruktur, die mit der eines Erwachsenen vergleichbar war. Im Pubertätsalter war ihre sprachliche Entwicklung im großen und ganzen abgeschlossen. Sie wird ihr ganzes Leben lang einzelne Vokabeln hinzulernen, ihre grammatischen Regeln werden sich aber höchstens noch in ganz geringfügiger Weise ändern. Die 'kritische Phase', die die Natur für den Spracherwerb vorgesehen hatte, war vorbei.

Nun müssen wir uns kurz der Frage zuwenden, wie eng die Meilensteine der Sprachentwicklung mit der körperlichen und geistigen Entwicklung verbunden sind. Es gibt offensichtlich keine notwendige Beziehung zwischen der sprachlichen und der motorischen Entwicklung, da es zahlreiche Fälle gibt, in denen Kinder sprechen aber nicht laufen lernen und umgekehrt. Die Forscher sind sich allerdings darüber einig, daß bei normalen Kindern beides oft Hand in Hand geht. Sprachliche Meilensteine stehen oft in einer losen Verbindung mit körperlichen Meilensteinen. Der allmähliche Übergang vom Lallen zum Plappern vollzieht sich zum Beispiel ungefähr während der Zeit, in der das Kind zu sitzen beginnt. Ein Kind spricht einzelne Wörter bevor es anfängt zu laufen. Die Grammatik wird komplexer, wenn Hand- und Fingerkoordination sich entwickeln.

Die sprachlichen Meilensteine scheinen auch mit der kognitiven Entwicklung in Verbindung zu stehen, obwohl bei den Experten Uneinigkeit über die Intensität dieser Beziehung besteht. In einer Hinsicht folgt die Sprache der kognitiven Entwicklung in sehr einsichtiger Weise: 'Kann ein Kind das Wort HUND benutzen, um Hunde zu bezeichnen, so kann man daraus schließen, daß es das Konzept des 'Hundes' haben muß. . .; es ist tautologisch, daß die sprachliche Entwicklung eine kognitive voraussetzt in dem banalen Sinne, daß man kein Konzept ausdrücken kann, das man nicht besitzt' (Fodor, Bever und Garrett, 1974:463).

Darüberhinaus haben aber weitere Versuche eine wesentlich engere Beziehung zwischen beiden festgestellt. Insbesondere einige Psychologen haben die Meinung vertreten, daß die verschiedenen Stadien des kognitiven Wachstums, die der Genfer Psychologe Jean Piaget dargestellt hat, für den Spracherwerb von Bedeutung sind. So hat man darauf hingewiesen, daß vergleichende Konstruktionen (z.B. ICH BIN GRÖßER ALS DU) erst dann entstehen, wenn das Kind ein Stadium erreicht hat, in dem es erkennt, daß ein Liter Milch gleich bleibt, egal, ob man ihn in einen langen schmalen Behälter oder einen kurzen breiten Behälter schüttet (Sinclair-de-Zwart, 1969). Bis jetzt steht für diese Behauptung der Beweis aus. Wir können nur sicher sagen, daß für die kognitive Entwicklung und den Spracherwerb die Tendenz besteht, miteinander Schritt zu halten. Bis jetzt wissen wir noch nicht, ob diese Verbindung grundsätzlich notwendig ist. Es steht fest, daß dies ein interessanter Forschungsbereich ist, auf dem noch sehr viel Arbeit zu tun bleibt.

Fassen wir nun die Schlußfolgerungen zusammen. In diesem Kapitel haben wir gezeigt, daß die Sprache anscheinend alle Kennzeichen eines biologisch vorprogrammierten Verhaltens hat. Sie entsteht, bevor sie gebraucht wird. Die Entstehung kann weder durch äußere Ereignisse noch durch eine plötzliche Entscheidung von seiten des Kindes erklärt werden. Es gibt eine kritische Phase, die von der Natur für den Spracherwerb vorgesehen ist und direkte Unterweisung sowie intensives Üben haben verhältnismäßig wenig Erfolg. Der Spracherwerb schreitet entlang einer regelmäßigen Folge von Meilensteinen voran, die man lose zu anderen Aspekten der kindlichen Entwicklung in Beziehung setzen kann. Mit anderen Worten, es gibt einen inneren Mechanismus sowohl um ihn auszulösen als auch, um ihn zu regulieren.

Es wäre aber grundfalsch davon auszugehen, daß die Sprache ausschließlich durch innere Mechanismen reguliert wird. Diese Mechanismen bedürfen äußerer Anregungen, um richtig zu arbeiten. Das Kind braucht eine reichhaltige sprachliche Umwelt während der kritischen Spracherwerbsperiode.

Dies bedeutet, daß die im ersten Kapitel erwähnte Kontroverse *Anlage-Umweltbedingt* auf einer falschen Fragestellung beruht. Beide Parteien sind im Recht: die Natur löst das Verhalten aus und legt den Rahmen für seine Entwicklung fest, aber sorgfältiges Lernen ist notwendig, damit es zur vollen Blüte gelangt. Die Trennungslinie zwischen 'natürlichem' und 'erlerntem' Verhalten ist keineswegs so eindeutig wie man annahm. Mit anderen Worten, die Sprache ist ein 'natürliches' Verhalten, sie muß aber sorgfältig 'erlernt' werden, um voll zur Entfaltung zu kommen.

Obwohl es uns nun gelungen ist, die Frage des Angeboren-Seins etwas zu erhellen, haben wir noch nicht die Kernfrage beantwortet: *was* genau ist angeboren? Im ersten Kapitel haben wir erwähnt, daß Chomsky sich für eine 'reiche innere Struktur' aussprach. Woraus besteht seiner Ansicht nach diese Struktur? Diesem Thema wenden wir uns im folgenden Kapitel zu.

5. Kapitel

Der Entwurf im Gehirn

Welche grammatischen Informationen könnten angeboren sein?

> Es gibt sehr tiefsitzende und restriktive Prinzipien, die das Wesen der menschlichen Sprache bestimmen und die in der speziellen Natur des menschlichen Gehirns begründet sind.
>
> (Chomsky, Sprache und Geist)

Es fällt verhältnismäßig leicht zu zeigen, daß Menschen von Natur aus darauf eingerichtet sind, Sprache zu erlernen. Der schwierigere Teil der Aufgabe besteht darin, herauszufinden, was genau angeboren ist. Seit Jahrhunderten haben sich die Menschen darüber Spekulationen hingegeben. Vor zweitausend Jahren hatte der ägyptische Pharao Psammetich die Theorie, daß das erste Wort, das ein Kind aussprechen würde, wenn es völlig isoliert von den Menschen aufgewachsen ist, von der ältesten Sprache der Menschheit stammen müßte. Natürlich hoffte er, daß es Ägyptisch sein würde. Er erließ Anordnungen, daß zwei Neugeborene in völliger Isolation aufgezogen würden. Als die Kinder schließlich das Wort BEKOS sprachen, mußte Psammetich zu seiner Enttäuschung feststellen, daß dies das phrygische Wort für 'Brot' war. Widerstrebend zog er den Schluß, daß die Phryger eine ältere Tradition haben müßten, als die Ägypter.

Heute wird Psammetichs Theorie von niemandem mehr ernst genommen. Insbesondere, da die wenigen zuverlässigen Berichte von Kindern, die in Isolation aufwuchsen, zeigen, daß sie gar keine Sprache hatten, als man sie fand. Der berühmte französische Junge Victor de Aveyron, den man 1797 nackt auf der Suche nach Eicheln in den Wäldern von Caune fand, sprach nicht Phrygisch und auch keine andere Sprache. Er grunzte nur wie ein Tier.

Obwohl man Psammetichs Spekulationen mit Sicherheit ignorieren kann, muß man doch Noam Chomskys Gedanken über das Angeboren-Sein ernst nehmen. Wie wir schon erwähnt haben, meint er, daß zur Ermöglichung des Spracherwerbs ein Kind mit einer 'reichhaltigen inneren Struktur' ausgestattet sein muß. Die biologischen Tatsachen, die wir in den zwei letzten Kapiteln untersucht haben, unterstützen diese Behauptung. Aber was genau betrachtet Chomsky als angeboren? Mit seinen eigenen Worten "Was sind die frühesten Annahmen über die Natur der Sprache, die das Kind zur Spracherlernung mitbringt? Und wie detailliert und spezifisch ist das angeborene Schema..." (Chomsky 1973:44)

In diesem Kapitel wollen wir kurz die Gedanken darlegen, die Chomsky in dem inzwischen klassisch gewordenen sprachwissenschaftlichen Werk 'Aspekte der Syntaxtheorie', erschienen 1965 (deutsch 1969, in folg. zitiert nach der Aufl. 1973) ausführte.

Chomskys Ansichten über das Angeboren-Sein

Chomsky sieht seine Ausführungen über das Angeboren-Sein nicht als endgültig an. Er ist der Meinung, daß er bis jetzt nur den generellen Rahmen abstecken kann. "Im Moment können wir kaum an eine Hypothese über angeborene Schemata herankommen, die aussagekräftig, detailliert und spezifisch genug wäre, um den Fakten der Spracherlernung gerecht zu werden." (Chomsky 1973:44)".

Trotzdem sind Chomskys Vorstellungen konkret genug, um hier von Interesse zu sein — selbst wenn sie seiner Ansicht nach noch unvollständig sein mögen.

Chomsky geht aus von der grundlegenden Annahme, daß jeder, der eine Sprache erwirbt, nicht nur eine Ansammlung von zufälligen Äußerungen lernt, sondern eine Menge von 'Regeln' oder zugrundeliegenden Prinzipien zur Herstellung von Sprachmustern: "Derjenige, der die Kenntnis einer Sprache erworben hat, hat ein System von Regeln internalisiert, das Laut und Bedeutung auf eine besondere Art und Weise in Beziehung setzt." (Chomsky 1970, S. 49). Diese 'Regeln' und nicht die pure Wiederholung von alten Äußerungen, ermöglichen es dem Sprecher eine unendliche Zahl von neuen Äußerungen hervorzubringen. Wie wir im ersten Kapitel schon gesehen haben, ist die 'Kreativität' ein grundlegendes Merkmal der Sprache — die Leute gehen nicht einfach durch eine Liste von stereotypen Sätzen, wenn sie sprechen, sondern sie produzieren unausgesetzt neue Äußerungen, wie 'Mein Baby hat vier Marienkäfer verschluckt' oder 'Eklektizismus regt mich auf.' Wo kommen diese Regeln her? Wie entdecken die Sprecher sie? Irgendwie müssen Kinder ihre eigenen Regeln zusammenbasteln und aus dem Wust von Sprache um sie herum herauslösen. Dies ist eine beachtliche Aufgabe. Chomsky weist darauf hin, daß das Kind sich hier in einer ähnlichen Situation befindet wie der Sprachforscher, der einer unbekannten Sprache gegenüber steht. Beide, das Kind und der Forscher, sind umgeben von einem anscheinend unverständlichen Gewirr von Lauten, das sie irgendwie in den Griff bekommen müssen.

Betrachten wir zuerst wie sich eine Sprachforscherin in solch einer unbekannten Sprachsituation verhält. Sie beginnt möglicherweise damit, daß sie einfache lautliche Sequenzen erkennt, die sich auf einzelne Objekte beziehen, so wie BAUM, NASE, MEERAAL, ALL. Dieses Stadium ist aber vom Standpunkt des Satzbaus, der Syntax her, nicht sehr ergiebig. Wortlisten auswendig zu lernen, ist eine verhältnismäßig einfache Aufgabe, was schon durch die Leichtigkeit, mit der die Schimpansen Sarah und Washoe sie bewältigten deutlich wird. Auch Genie, dem kalifornischen Teenager, der Sprache nach der dafür kritischen Periode erwirbt, fällt es leicht Vokabular zu erlernen, aber die grammatischen Regeln bereiten ihr Schwierigkeiten. Für eine Sprachforscherin, die sich mit einer seltenen Sprache befaßt, wird es wahrscheinlich dann interessant, wenn sie sich wiederholende syntaktische Muster in ihren Daten entdeckt. Sobald sie diese entdeckt hat, beginnt sie Hypothesen darüber aufzustellen, welche Prinzipien wohl hinter diesen Mustern stehen. Wenn sie beispielsweise öfter die Äußerungen WOKKI SNIZZIT, WOKKI UGGIT und WOKKI SNIFFIT antrifft, könnte sie als erstes die Vermutung wagen, daß die Folge WOKKI immer vor einer Folge, die auf -IT endet stehen muß. Wenn sie aber später auf solche Äußerungen, wie LIKKIT WOKKI und UKKING WOKKI trifft, muß sie diese erste simple Theorie aufgeben und eine neue komplexere erstellen, die die neuen Daten berücksichtigt. Sie wird diesen Prozeß fortsetzen, ständig neue Theorien bilden und dann überprüfen, sie erneuern, wenn sie sich als nicht haltbar erweisen, bis sie im Idealfall eine Menge von Regeln erkannt hat, die allen möglichen Folgen in der Sprache, die sie untersucht, gerecht werden.
Chomsky zufolge konstruiert sich ein Kind seine internalisierte Grammatik in der gleichen Weise. Es sucht nach Regelmäßigkeiten in der Sprache, die es um sich herum hört und rät dann, welche Regeln diesen Mustern zugrundeliegen könnten. Die erste Vermutung wird sehr einfach sein, die zweite verbesserte Hypothese wird dann schon komplizierter, die dritte noch differenzierter sein. Schrittweise wird seine eigene innere Grammatik immer höher entwickelt werden, bis schließlich alle möglichen Äußerungen seiner Sprache von seinen verinnerlichten Regeln abgedeckt werden. Von Fodor (1966:109) wird die Situation deutlich beschrieben: "Wie ein Wissenschaftler sieht das Kind sich einer begrenzten Menge von Beobachtungen gegenüber, von denen einige sicherlich unsystematisch sind. Die Aufgabe besteht darin, die Regelmäßigkeiten in diesen Daten zu entdecken, die zumindest auch dann noch gelten, wenn beliebig viele neue Daten hinzukommen. Diese Extrapolation ist normalerweise die Formulierung einer Theorie, die es gleichzeitig ermöglicht, die systematischen Ähnlichkeiten unter den Daten auf den verschiedenen Abstraktionsebenen zu erkennen, die Ausscheidung einiger der Beobachtungsdaten, als unsystematisch erlaubt und automatisch generell festlegt, wie die möglichen zukünftigen Beobachtungen aussehen werden."

Sollte diese 'Hypothesenüberprüfungstheorie' über den Spracherwerb zutreffend sein, so müßte ein Kind mit einem angeborenen Mechanismus zur Hypothesenformulierung ausgestattet sein, der es ihm wie einem Miniaturwissenschaftler ermöglicht, immer komplexere Hypothesen aufzustellen:

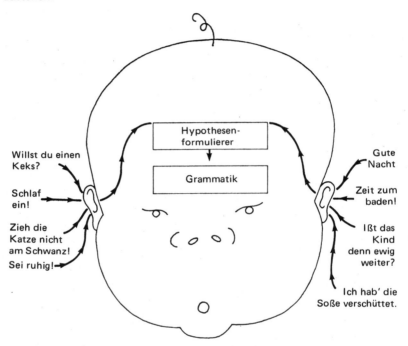

Es gibt jedoch auch zahlreiche Unterschiede zwischen dem Sprachwissenschaftler, der an einer unbekannten Sprache arbeitet und einem Kind, das zum ersten Mal Sprache erwirbt. Dem Sprachwissenschaftler steht viel mehr Hilfe zur Verfügung. Er kann zu einem Muttersprachler der Sprache, an der er arbeitet sagen, "Ist fußloser Tausendfüßler sinnvoll?" — "Ist es grammatisch zu sagen "Aẞ AUF ES?" — "Ist PFERDERENNEN zweideutig?" und so fort. Das Kind hat diese Möglichkeit nicht. Trotzdem besteht die überraschende Tatsache: Es ist das Kind, das die vollständige Grammatik erwirbt. Keinem Linguisten ist es bis jetzt gelungen, eine perfekte Grammatik für irgendeine Sprache zu schreiben. Das zeigt schon, daß ein innerer Hypotheseformulierer allein nicht genügt, um den Spracherwerb zu erklären. Dem Kind muß noch weit mehr Information zur Verfügung stehen. Es kann keine Information über eine spezielle Sprache sein, denn Kinder können alle Sprachen mit gleicher Leichtigkeit erlernen. Ein chinesisches Baby, das in England aufwächst, wird genauso leicht Englisch lernen, wie ein englisches Baby, das in China aufwächst Chinesisch lernen wird. Das eingebaute Sprachwissen muß deshalb, laut Chomsky, aus sprachlichen Universalien bestehen. Kinder können Sprache so schnell und so gut lernen, weil sie in groben Zügen schon 'wissen', wie Sprachen aussehen. Sie wissen, was eine mögliche Sprache ist und was nicht. Sie müssen nur herausfinden, *welcher* Sprache sie ausgesetzt sind.

Ein Kind ist vielleicht vergleichbar mit einem Pianisten, der ein Musikstück vom Blatt spielen will. Er weiß vorher, daß das Stück einen bestimmten Takt haben wird, er weiß aber erst, wenn er es sieht, ob es zweiviertel, dreiviertel oder vierviertel Takt ist. Er weiß vorher, daß die Noten innerhalb eines bestimmten Tonumfangs liegen müssen, er weiß aber nicht in welcher Folge oder Kombination sie auftreten werden.

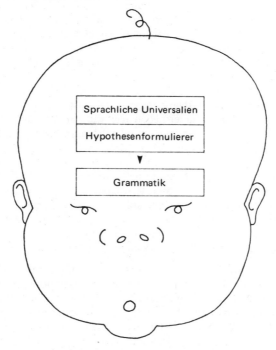

Es ist aber nicht sehr befriedigend, einfach leichthin von 'angeborenen linguistischen Universalien' zu sprechen. Welcher *Art* sind diese schattenhaften Phänomene?

Chomsky erklärt (1973), daß sprachliche Universalien in zwei Grundarten auftreten: 'substantielle' und 'formale'. Die substantiellen Universalien sind die 'Grundbausteine' der Sprache, die Substanz, aus der sie geschaffen ist, während die formalen Universalien sich mit der Form oder Gestalt der Grammatik befassen. Durch eine Analogie könnte diese Unterscheidung verständlicher werden. Nehmen wir an, daß Eskimos mit einem angeborenen Wissen über das Iglubauen ausgestattet wären, dann hätten sie zwei Arten von Wissen. Einerseits wüßten sie von vorneherein, daß die Substanz für die Iglus Eis und Schnee sein würde, genau, wie Drosseln automatisch wissen, daß ihre Nester aus Zweigen und nicht aus Ziegeln, Glas oder Würmern gebaut werden. Andererseits würde ein angeborenes Wissen um den Iglubau auch das Wissen einschließen, daß die Iglus rund sind, nicht quadratisch oder herzförmig oder wurstförmig, genau, wie Drosseln instinktiv runde Nester bauen und keine, die aussehen, wie eine Badewanne.

Zurück zu den substantiellen Universalien der menschlichen Sprache. Ein Kind könnte instinktiv wissen, welche Laute in einer Sprache möglich sind. Es würde automatisch Niesen, Aufstoßen, Händeklatschen und Trampeln als mögliche Sprachlaute ausschließen, aber B, O, G, L und so weiter akzeptieren. Es würde erkennen, daß LBLBLB kein mögliches Wort ist, daß aber LOB, LIEB, LEB, LAB sehr wohl möglich sind.

Das Konzept der substantiellen Universalien ist nicht ganz neu. Schon seit langem sind die Linguisten davon ausgegangen, daß alle Sprachen Substantive, Verben und Sätze haben, auch wenn die exakte Definition dieser Bezeichnungen noch umstritten ist. Schon seit langem haben die Linguisten versucht ein 'universelles phonetisches Alphabet' zusammenzustellen, das 'die Menge der möglichen Signale definiert, aus der die Signale für eine bestimmte Sprache genommen sind' (Chomsky, 1972a:121). Diese Idee ist nicht sehr überraschend, da alle Menschen über gleiche Stimmorgane verfügen. Revolutionärer und deshalb auch interessanter sind die formalen Universalien, die Chomsky vorschlägt. Wie gesagt, befassen sich diese mit der Form oder der Gestalt einer Grammatik und auch mit der Art und Weise in der die einzelnen Teile miteinander in Verbindung gesetzt sind.

Nach Chomsky wüßten Kinder im voraus, wie ihre innere Grammatik organisiert sein muß. Sie muß eine Reihe von phonologischen Regeln haben, um Lautmuster festzulegen und eine Reihe von semantischen Regeln, um den Sinngehalt zu erfassen, beide müssen verbunden werden durch eine Reihe von syntaktischen Regeln, die sich mit der Anordnung der Wörter befassen.

| Semantische Regeln | Syntaktische Regeln | Phonologische Regeln |

Weiterhin wäre den Kindern instinktiv klar, daß die Sprache bei ihren Regeln struktur-abhängige Operationen benutzt. Dies umfaßt, wie wir schon im ersten und zweiten Kapitel erwähnten, zwei Arten von Wissen. Als erstes, das Verständnis hierarchischer Strukturen — daß mehrere Worte an die Stelle eines Wortes treten können:

KÜHE	FRESSEN	GRAS	
GROßE BRAUNE KÜHE	HABEN	DAS GRAS	AUFGEFRESSEN

als zweites die Einsicht, daß jedes Kästchen eine Einheit darstellt, die verschoben werden kann:

DAS GRAS	IST	VON GROßEN BRAUNEN KÜHEN	AUFGEFRESSEN WORDEN
3	2	1	2

Dies ist allerdings eine Vereinfachung. In diesem Fall ist der Satz nicht nur umgestellt worden (unter Hinzufügung von IST, WORDEN, VON), denn eine solche Umstellung (und Hinzufügung von IST, WORDEN und VON) würde *DAS GRAS IST HABEN VON GROßEN BRAUNEN KÜHEN AUFGEFRESSEN WORDEN ergeben. Beobachtungen dieser Art haben Chomsky zu einem interessanten und umstrittenen Schluß veranlaßt. Er meint, daß nicht die Oberflächenstruktur GROßE BRAUNE KÜHE HABEN DAS GRAS AUFGEFRESSEN umgestellt wird, sondern eine 'tiefere' abstraktere Form dieses Satzes, in der Subjekt und Objekt klar unterschieden sind, die aber noch nicht passiv oder aktiv ist. Es ist eine neutrale Form, die irgendwo zwischen beiden liegt (obwohl es der einen näher zu stehen scheint als der anderen). Diese zugrundeliegende neutrale Form kann entweder zum Aktiv gewandelt oder transformiert werden, indem man eine Regel anwendet, die das Verb HABEN in Einklang bringt mit KÜHE oder zum Passiv, indem man das Subjekt und das Objekt vertauscht, VON und WORDEN einfügt und dann eine "Verbübereinstimmungstransformation" durchführt, damit das Hilfsverb mit dem neuen Subjekt GRAS übereinstimmt. In der folgenden Zeichnung ist die vereinfachte Tiefenstruktur als ein sogenanntes 'Baumdiagramm' dargestellt. Man beachte, daß im Gegensatz zur Realität die Bäume der Linguisten umgekehrt wachsen und die Äste sich nach unten hin verzweigen. Die grundlegende Unterscheidung in NP (Nominalphrase) und VP (Verbalphrase) steht für die traditionelle Unterscheidung von 'Subjekt' und 'Prädikat', z. B. VÖGEL/FLIEGEN. Danach ist die VP (in diesem Satz) aufgeteilt in V (Verb) und NP.

Chomsky nimmt an, daß jeder Satz eine 'innere' versteckte Tiefenstruktur und eine äußerlich erkennbare Oberflächenstruktur hat. Dies ist eine sehr

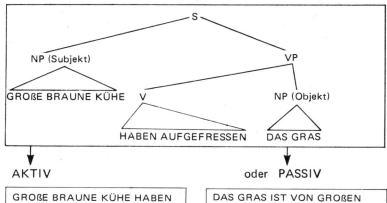

einfache und elegante Art, die Beziehung zwischen Satzpaaren, wie Aktiv und Passiv, zu erklären. Weitere Gründe für die Annahme, daß jeder Satz eine äußere und eine zugrundeliegende Struktur hat, wurden bereits im ersten Kapitel angeführt. (Es gibt noch weitere Argumente dafür, die aber technisch zu kompliziert sind, um noch in den Rahmen dieses Buches zu passen.) Die beiden Strukturebenen werden durch Regeln verbunden, die man Transformationen nennt. Chomsky schreibt "die Grammatik des Englischen wird für jeden Satz eine Tiefenstruktur hervorbringen und Regeln enthalten, die aufzeigen, in welcher Verbindung diese Tiefenstruktur mit der Oberflächenstruktur steht. Die Regeln, die die Verbindung zwischen Tiefen- und Oberflächenstruktur ausdrücken, werden 'grammatische Transformationen' genannt" (Chomsky, 1972a:166).

Gemäß dieser Anschauung können verschiedene Sätze, die an der Oberfläche ganz unterschiedlich aussehen, mit einer Tiefenstruktur in Verbindung gebracht werden. Die vier Sätze:

    KARL FING EIN KRÜMELMONSTER.
    EIN KRÜMELMONSTER WURDE VON KARL GEFANGEN.
    ES WAR EIN KRÜMELMONSTER, DAS KARL FING.
    WAS KARL FING, WAR EIN KRÜMELMONSTER.

sind alle auf eine ähnliche zugrundeliegende Struktur zurückzuführen (vgl. Zeichnung 1).

Andererseits können verschiedene Tiefenstrukturen Transformationen unterworfen werden, die sie an der Oberfläche gleich erscheinen lassen (vgl. Zeichnung 2).

Chomsky geht davon aus, daß Kinder irgendwie über Tiefenstrukturen, Oberflächenstrukturen und Transformationen Bescheid wissen.

Zeichnung 1   **Tiefenstruktur** (vereinfacht)

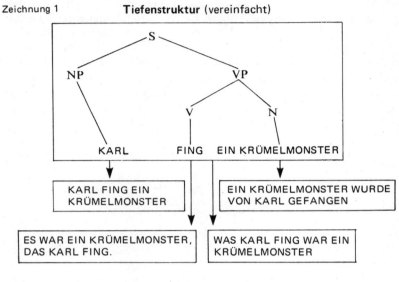

Zeichnung 2   **Tiefenstruktur**

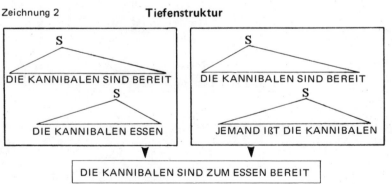

Sie sind sich darüber im klaren, daß sie für sich Tiefenstrukturen bilden müssen, die an der Oberfläche niemals in Erscheinung treten. Er geht noch weiter, indem er den Anspruch wagt, daß die Tiefen- oder Basisstrukturen für alle Sprachen gleich sein könnten: "So wäre es z.B. möglich, daß Basis-Strukturen von Sprache zu Sprache nur sehr geringfügig variieren können. (Chomsky in Lenneberg, 1972:535) — doch ist diese Theorie der 'universellen Tiefenstruktur' im Moment noch reine Spekulation.

Außerdem wüßten Kinder, daß es Beschränkungen für die Veränderungen der Tiefenstrukturen durch Transformationen gibt. Natürlich können die zugrundeliegenden Strukturen nicht willkürlich durcheinandergeschüttelt werden oder Teile nach Gutdünken ausgelassen oder hinzugefügt werden. Es scheint sehr genaue Bedingungen für die verschiedenen Möglichkeiten zu geben. Chomsky schreibt: "Die Regeln, denen die Veränderung der Tiefenstrukturen unterliegt, scheinen zu einer sehr beschränkten Klasse der denkbaren formalen Operationen zu gehören" (Chomsky, 1971:125).

So erscheint es naheliegend, daß nur 'bedeutungslose' Teile als Extras hinzugefügt werden können. Im Englischen scheint das Wort DO eine an sich bedeutungslose Dekoration des Satzes zu sein, im Deutschen lassen sich z.B. Konstruktionen mit ES (ES KAM DER WINTER) anführen.

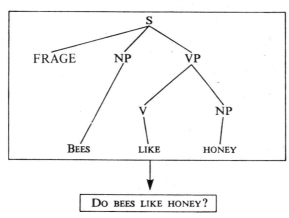

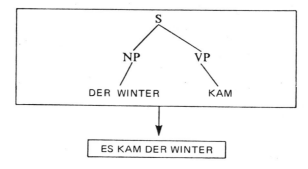

Genauso können nur Teile ausgelassen werden, die man leicht erraten kann:

Tiefenstruktur

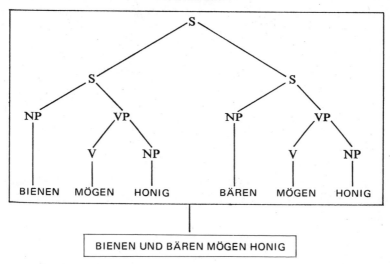

Kindern wäre diese Art der Bedingungen bekannt, ohne, daß sie darauf hingewiesen werden. Weiterhin verstünden sie einige sehr komplexe Beschränkungen der Umstellungsmöglichkeiten. Es scheint beispielsweise eine 'natürliche' Beschränkung gegen Umstellung von Einheiten nach rechts zu geben. Die Tiefenstruktur des Satzes:

    (DAß PAUL KRANK WAR)   ÄRGERTE LAVINIA

könnte genausogut umgestellt werden:

    ES ÄRGERTE LAVINIA   (DAß PAUL KRANK WAR).

Der Teilsatz DAß PAUL KRANK WAR könnte ohne weiteres nach rechts gestellt werden. Ein ähnlicher Satz zeigt aber, daß es eine Beschränkung dafür gibt, den Teilsatz nach rechts zu verschieben:

    (DAß PAUL KRANK WAR),   ZEIGTE, DAß ER ZUVIEL GEGESSEN HATTE

Verschiebt man DAß PAUL KRANK WAR nach rechts entsteht der unzulässige Satz:

    *ES ZEIGTE, DAß ER ZUVIEL GEGESSEN HATTE, (DAß PAUL KRANK WAR).

Ohne ersichtlichen Grund läßt sich DAß PAUL KRANK WAR nicht mehr nach rechts umstellen. Chomsky meint, daß Kinder diese Unzulässigkeiten instinktiv erfassen können.

Seltsamerweise können Teile wesentlich einfacher nach links gebracht werden. In einem Satz wie:

    HANSI HAT ZAK GEBETEN (EINIGE AVOKADOS) ZU KAUFEN.

könnte der Teilsatz mit AVOKADOS nach links gestellt werden:

    (WIEVIELE AVOKADOS) HAT HANSI ZAK GEBETEN ZU KAUFEN?

Er hätte auch noch nach links gestellt werden können, wenn der Satz viel länger ausgefallen wäre:

    HANSI HAT ZAK GEBETEN VIKTOR ZU SAGEN ALOYS ZU ÜBERREDEN (EINIGE AVOKADOS) ZU KAUFEN.

    (WIEVIELE AVOKADOS) HAT HANSI ZAK GEBETEN VIKTOR ZU SAGEN ALOYS ZU ÜBERREDEN ZU KAUFEN?

Hätte der ursprüngliche Satz aber gelautet:

    HANSI HAT ZAK GEBETEN (EINIGE AVOKADOS) UND (EINIGE AUBERGINEN ZU KAUFEN.

So hätte man den AVOKADO-Teilsatz nicht nach vorne stellen können:

    *(WIEVIELE AVOKADOS) HAT HANSI ZAK GEBETEN ZU KAUFEN UND (EINIGE AUBERGINEN)?

Kinder könnten automatisch wissen, daß man einen Teil nicht abtrennen und nach vorne stellen kann, wenn zwei Teile in dieser Art verbunden sind.

Eine weitere Information über die das Kind verfügen könnte, sind einige generelle Grundlagen der Anordnung der Regeln. Ein Satz, bei dem Tiefen- und Oberflächenstruktur stark differieren, benötigt vielleicht ein Dutzend oder noch mehr Regeln, um die beiden in Verbindung zu setzen. Das Kind könnte im voraus mit dem 'Wissen' über einige dieser Prinzipien ausgestattet sein, was das Austesten der Reihenfolge der Anordnung erspart.

Fassen wir bis hierher zusammen: Chomsky ist der Meinung, daß Kinder mit einem angeborenen Mechanismus zur Hypothesenformulierung ausgerüstet sind, der es ihnen ermöglicht zunehmend komplexere Theorien über die Regeln zur Erklärung der Sprache, die sie um sich herum hören, zu formen. Bei der Formulierung dieser Hypothesen, werden die Kinder durch ein eingebautes Wissen über sprachliche Universalien geleitet. Diese stellen den 'Entwurf' für die Sprache dar, damit das Kind in Umrissen schon weiß wie eine mögliche Sprache aussehen muß. Dies beinhaltet als erstes Informationen über die 'Bausteine' der Sprache wie beispielsweise die Menge der möglichen Laute. Als zweites umfaßt es die Information über die Art der Verbindungen der einzelnen Bestandteile der Grammatik untereinander und die formalen Beschränkungen dieser Regeln. Insbesondere nimmt Chomsky an, daß Kinder automatisch wissen, daß in der Sprache zwei

Ebenen der Syntax eine Rolle spielen, eine Tiefen- und eine Oberflächenebene, die miteinander durch 'Transformationen' verbunden sind. Mithilfe dieser Informationen kann das Kind aus dem Sprachgewirr um sich herum schnell die 'primären linguistischen Daten' aussortieren und Vermutungen über plausible Regeln anstellen, die sie erklären können.

Hier ergibt sich aber ein anderes Problem. Es könnte mehr als eine mögliche Menge von Regeln geben, die auf die Daten paßt. Wie trifft ein Kind die Auswahl? Nehmen wir ein einfaches, konstruiertes Beispiel, angenommen ein Kind hörte die folgenden Wörter:

MI-GOL	'Käse'	NO-POL	'Tintenfisch'
MI-KAN	'Milch'	NO-BAN	'Aal'
MI-GAG	'Jogurth'	NO-PAP	'Krebs'
NO-PAT	'Butter'	NO-PIT	'Hai'

Es wird dann nach Mustern suchen, die dem Gebrauch der Präfixe MI- und NO- zugrundeliegen. Es könnte die Vermutung anstellen, daß 'alle Milchprodukte, außer Butter mit MI- anfangen und alle Fische mit NO-'. Eine einfachere und bessere Hypothese, da es keine Ausnahmen gibt, wäre allerdings zu sagen: MI- tritt auf, wenn der nächste Laut G oder K ist und NO- steht vor P oder B. Wie können wir aber sichergehen, daß das Kind die bessere der beiden Hypothesen auswählen wird? Im Großen gesehen, wie können wir sicher sein, daß ein Kind sich nicht eine ganz falsche Grammatik aneignet? Vielleicht ist 'falsch' hier ein zu starkes Wort, denn die angeborenen Universalien, die wir schon erwähnten, sollten dafür sorgen, daß die innere Grammatik eines Kindes zumindest teilweise 'richtig' ist. Es wäre aber immer noch äußerst unzulänglich, wenn ein Kind eine Reihe zu komplizierter Hypothesen auswählen würde, um die Daten zu erklären. Mit anderen Worten, ein Kind hat nicht nur die Aufgabe für sich selbst Regeln zusammenzuzimmern, sondern auch zwischen eventuell mehreren verschiedenen Alternativgrammatiken zu entscheiden. 'Das Problem besteht darin, festzustellen, welche der unendlich vielen Grammatiken, die den universellen Beschränkungen über Form und Inhalt der linguistischen Regeln gerecht werden, die beste ist für die Sprache, aus der das Korpus genommen wurde' (Fodor, Bever und Garrett, 1974:472).

Um mit dieser Schwierigkeit fertig zu werden, müßten Kinder, so sagt Chomsky, außerdem noch mit einem Auswertungsinstrument ausgestattet sein, das es ihnen ermöglicht, unter den in Frage kommenden Grammatiken auszuwählen – das heißt, Kinder müssen irgendeinen Mechanismus haben (dessen Wesen noch völlig unklar ist), der es ihnen ermöglicht, eine Grammatik gegen die andere abzuwägen und die unzulänglichere abzulehnen. Dies ist wohl der unbefriedigendste von Chomskys Gedanken über das Angeboren-Sein. Viele Psycholinguisten sehen es als Wunschdenken an. Wer weiß, vielleicht haben einige Leute tatsächlich äußerst unzulängliche innere Grammatiken.

Nach Chomsky stellen diese drei Elemente — der Hypothesenformulierer, die linguistischen Universalien und der Auswertungsmechanismus — ein angeborenes Spracherwerbsinstrument (engl. Language Aquisition Device = LAD) dar. Manchmal im Englischen auch Language Aquisition System = LAS genannt. (Ein englischer Linguist bemerkte einmal sarkastisch, daß LAD 'Kerl' für Jungen und LAS 'Mädel' für Mädchen gelte.) Mithilfe von LAD könne jedes Kind jede Sprache verhältnismäßig leicht erlernen und ohne diese Ausstattung wäre der Spracherwerb unmöglich.

Dieses umfassende System des Angeboren-Seins steht in scharfem Gegensatz zu dem Standpunkt, der vor einigen Jahrzehnten allgemein verbreitet war, daß Kinder hinsichtlich der Sprache als 'unbeschriebenes Blatt' geboren werden. Folglich sehen einige Leute Chomsky als neumodisch und anmaßend als jemand, der beabsichtigt, die Welt mit neuen und unerhörten Vorschlägen zu schockieren. Aber Chomsky verneint dies, er weist darauf hin, daß er in die Fußstapfen der rationalistischen Philosophen des achtzehnten Jahrhunderts tritt, die an das Bestehen von 'angeborenen Ideen'

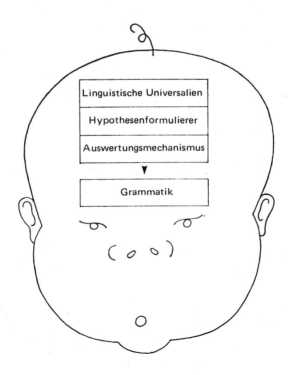

glaubten. Diese Philosophen nahmen 'über die peripheren Verarbeitungsmechanismen hinaus die Existenz angeborener Ideen und Prinzipien verschiedener Art an, die die Form der erworbenen Kenntnis auf weitgehend festgelegte und hochorganisierte Weise determinieren.' (Chomsky 1973:69) Descartes zum Beispiel, war der Ansicht, daß ein Kind, wenn es ein Dreieck sieht, durch ein unvollkommenes Dreieck vor seinen Augen sofort an ein richtiges Dreieck erinnert wird, da wir in uns schon die Vorstellung von einem wirklichen Dreieck tragen.

Die Diskussion über philosophische Vorläufer ist hier allerdings kaum relevant. Wichtig ist die Frage, hat Chomsky recht? Seine Vorschläge müssen nicht unbedingt unter dem Gesichtspunkt des 'Alles oder Nichts' gesehen werden. Er mag in mancher Hinsicht recht haben und in anderer nicht, so muß man sich mit seinen einzelnen Vorschlägen nacheinander befassen. Als erstes besteht die Frage, hat Chomsky recht mit der Annahme, daß ein Kind beim Spracherwerb eine Menge von Regeln internalisiert? Daß es nacheinander Hypothesen bildet, um die Daten zu verarbeiten, die es hört? Anders gesagt, sind die Äußerungen von Kindern strukturiert oder sind ihre frühen Sprechversuche nur umständliche Anstrengungen, die Sprache der Erwachsenen zu imitieren, bei denen die Worte einfach willkürlich aneinandergereiht werden?

Das ist die These Chomskys, die sich am leichtesten überprüfen läßt und die das Thema des nächsten Kapitels sein wird. Im siebten Kapitel befassen wir uns mit Chomskys Behauptung, daß Kinder instinktiv 'wissen', daß alle Sprachen eine Tiefen- und eine Oberflächenstruktur haben. Ist ein solches Vorwissen für den Spracherwerb wirklich unabdinglich, wie er sagt? Oder könnte man noch einige alternative Erklärungen finden?

6. Kapitel

Plappernde Kinder

Beachten Kinder 'Regeln' wenn sie sprechen lernen?

> Reden können sie nicht grad'heraus,
> Auch gehen können sie nicht geradeaus,
> Ihre Aussprache ist grauenhaft
> Und ihre Grammatik fehlerhaft
> Ogden Nash
> *Es muß an der Milch liegen*

Ogden Nash zufolge ist das Verhalten von Kindern und Betrunkenen gleich verwirrend. Mancher Linguist würde ihm da zustimmen. Hört man Kindern zu, so hat man den Eindruck, daß alles auf dem Kopf stünde. Dem Sprachforscher, der versucht kindliche Ergüsse zu entziffern, erscheinen die Probleme, die ein Kind mit der Erwachsenensprache hat, manchmal vergleichsweise minimal. Weit schwieriger als die Entzifferung ist die Interpretation der Äußerungen. Ein Autor bemerkte, daß die Arbeit über den Spracherwerb etwa so ähnlich ist, 'wie das Problem der Rekonstruktion eines Dinosauriers, während die Ausgrabung der Knochen noch nicht abgeschlossen ist. Es kann durchaus vorkommen, daß man, nachdem man verbunden hat, was man allen Ernstes für die Hinterbeine hielt, feststellen muß, daß es sich um die Kieferknochen handelte.' (McNeill, 1970 vii)

Deshalb sollten wir einige der Probleme skizzieren, die bei den Interpretationsversuchen der Linguisten zur Analyse der Kindersprache auftreten, bevor wir uns dem Hauptthema dieses Kapitels zuwenden: ob kindliche Äußerungen strukturiert sind und ob Chomskys Behauptung zutrifft, daß Kinder fortwährend Hypothesen über die Regeln der sie umgebenden Sprache bilden. Hierfür wollen wir uns mit Einwortäußerungen näher befassen.

Ba, qua, ha und andere Einwortäußerungen

Einwortäußerungen stellen einen Mikrokosmos der Schwierigkeiten dar, die für einen Linguisten bei der Untersuchung der Kindersprache entstehen. Stellen wir uns die folgende Situation vor. Angenommen ein Kind sagt BA, wenn es in der Badewanne ist, dann sagt es weiter BA, wenn man ihm ein Glas Milch gibt und spricht auch die Wasserhähne in der Küche mit BA an. Wie soll man dies verstehen? Es gibt mindestens vier verschiedene Erklärungen.

Die einfachste Erklärung wäre, daß das Kind einfach die Dinge benennt, um zu zeigen, daß es sie kennt, dabei aber das Wort BA zu sehr verallgemeinert hat. Das heißt, es hat den Namen BA für 'Bad' gelernt und fälschlicherweise angenommen, daß er für alles gilt, das Flüssigkeit enthält. Ein typisches Beispiel für diese Art der Verallgemeinerung beschrieb eine leidgeprüfte Mutter in einem Brief an eine Londoner Abendzeitung: "Mein Baby ist mondsüchtig. Sie sah den Mond letzte Woche um sechs Uhr am Himmel, seitdem hat sie immer zum Himmel gestarrt und nach dem Mond gerufen. Sie denkt nun, daß alles, was leuchtet der Mond ist; Straßenlaternen, Scheinwerfer, selbst die Spiegelung einer Glühbirne im Fenster. Den ganzen Tag höre ich nur Rufe nach dem Mond. Ich liebe mein Kind, aber ich schäme mich so. Wie kann man nur geduldig werden?"

Diese reine Verallgemeinerungstheorie ist wohl eine zu einfache Sicht dessen, was geschieht, wenn ein Kind BA sagt. Eine andere Erklärungsmöglichkeit wurde von dem berühmten russischen Psychologen Vygotsky (1893 - 1934) vorgeschlagen. Er meint, daß Kinder ihre Verallgemeinerungen in sehr verwirrender Weise anstellen. Sie scheinen sich jeweils nur auf einen Aspekt des Objekts zu konzentrieren. Ein oft zitiertes Beispiel ist der Fall eines Kindes, das das Wort QUA benutzte, um eine Ente, Milch,

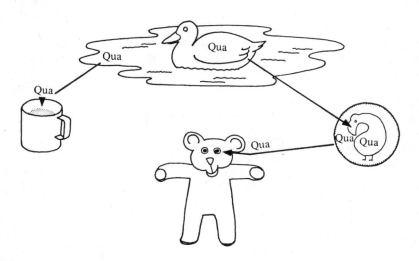

eine Münze und das Auge eines Teddybären zu bezeichnen. (Vygotsky, 1962:70). Ursprünglich bezog sich QUA 'quack' auf eine Ente im Teich. Das Kind nahm den Teich mit in die Bedeutung auf, indem es sich dann auf die Flüssigkeit konzentrierte, wurde QUA auch auf Milch ausgedehnt. Die Ente war aber nicht in Vergessenheit geraten, denn QUA wurde auch benutzt, um eine Münze, die einen Adler zeigte, zu bezeichnen. Eingedenk der Münze nannte das Kind dann jedes runde münzeähnliche Ding, wie das Auge eines Teddybärs QUA. Vygotsky nennt dieses Phänomen den 'Kettenkomplex', denn es wird eine Kette von Dingen geformt, die alle durch denselben Namen zusammenhängen. Sollte seine Theorie zutreffen, so können wir im Falle von BA annehmen, daß das Kind ursprünglich 'BAD' meinte, sich dann auf den flüssigen Bestandteil konzentrierte und das Wort auf 'Milch' ausdehnte. Dann erinnerte es sich an die Wasserhähne im Bad und bezeichnete auch die in der Küche mit BA.

Jedoch erscheint auch Vygotskys Kettenkomplex einigen Forschern eine zu einfache Erklärung zu sein. Ein dritter, weniger eindeutiger Standpunkt wird von David McNeill, einem Psychologen der Universität von Chicago vertreten. Er meinte, daß die Einwortäußerungen eine Entwicklungsstufe anzeigen, die weit über den eigentlich gesprochenen Laut hinausgeht. Er behauptet, daß ein Kind nicht nur Benennungsübungen macht, sondern, daß es Holophrasen äußert, einzelne Wörter, die für ganze Sätze stehen. So könnte BA zum Beispiel heißen 'Ich nehme gerade mein Bad' oder 'Mutti ist in die Badewanne gefallen'. Er rechtfertigt diese Behauptung dadurch, daß der falsche Gebrauch von Wörtern der Beweis für grammatische Beziehungen sei, die das Kind versteht, aber noch nicht formulieren kann. So sagte ein einjähriges Kind HA als etwas Heißes vor ihm stand. Einen Monat später sagte es HA zu einer leeren Kaffeetasse und einem abgeschalteten Küchenherd. Warum das? McNeill erklärt, daß 'das Kind durch den falschen Gebrauch des Wortes gezeigt habe, daß 'heiß' nicht nur eine Bezeichnung für heiße Dinge war, sondern etwas über Dinge aussagen sollte, die heiß sein konnten'. Es bezeichnete eine Eigenschaft (McNeill, 1970:24). Er meint auch, daß dasselbe Kind den Begriff des Ortes verstand, da es auf die leere Oberfläche eines Kühlschrankes zeigte, auf der normalerweise Bananen standen und NANA sagte. Er zieht den Schluß, daß 'es ständig ein Entstehen neuer grammatischer Beziehungen gibt, selbst wenn keine der Äußerungen je länger als ein Wort ist' (McNeill, 1970:23). So würde McNeill vielleicht sagen, daß BA für die Wasserhähne in der Küche und die Milch ein Verständnis für Lokalisation zeigte: 'Es gibt solche Hähne auch an der Badewanne.' 'Eine solche Flüssigkeit ist auch in der Badewanne'.

Vielen Forschern erscheint McNeills Behauptung, daß Kinder eine Vielzahl von grammatischen Beziehungen verstünden, und daß Einwortäußerungen embryonale Sätze seien, etwas zu phantasievoll. Seine Ideen enthalten jedoch ein Körnchen Wahrheit, daß nämlich Einwortäußerungen wesentlich mehr als nur einfache Benennungen sein könnten. Diese Idee wurde von Lois Bloom, einer Forscherin an der Columbia Universität untersucht, die noch eine weitere Erklärung für Einwortäußerungen anbietet (Bloom, 1973). Nach einer sorgfältigen Analyse der einzelnen Worte ihrer Tochter Allison, vertritt sie die Meinung, daß es keine einfache Antwort für das Interpretationsproblem geben könne, da die Bedeutung der Einwortäußerung vom Alter des Kindes abhänge. Als Allison mit sechzehn Monaten 'Mammi' sagte, schien sie nur zu meinen 'Das ist Mami!' Im Alter von neunzehn Monaten aber sah es so aus, als wolle sie eine Beziehung zwischen Mammi und der Umgebung ausdrücken, wenn sie auf die Tasse der Mutter zeigte und MAMMI sagte.

Bloom konnte aber nicht genau angeben, welche Art der Beziehung ausgedrückt werden sollte. Meinte Allison 'Das ist Mammis Tasse.' oder 'Mammi trinkt auch aus einer Tasse'? Aufgrund dieser inhärenten Zweideutigkeit scheut sich Bloom davor, bestimmte Bedeutungen für Worte wie BA anzugeben, die sich entweder auf Gegenstände oder auf Beziehungen zwischen Gegenständen beziehen. Sie zeigt sich optimistischer bei der Interpretation von Wörtern, wie NO, MORE (mehr) und A'GONE (alle alle), bei denen 'die Konzepte praktischerweise direkt an das eigentliche Wort in der Kindersprache gebunden sind' (Bloom, 1973:140). So zeigte Allison durch ihren Gebrauch der Wörter NO und A'GONE, daß sie die Vorstellung der Nichtexistenz begriffen hatte. Deshalb zieht Bloom den Schluß (wohl nicht allzu überraschend), daß einzelne Wörter grammatisch gesehen, wohl nicht sehr interessant sind. Ihre Bedeutung besteht darin, daß sie anzeigen, wie ein Kind seine Erfahrungen konzeptuell wiedergibt.

Dieser kurze Exkurs über Einwortäußerungen zeigte eine wichtige Tatsache: da die Daten so verwirrend sind, ist es nicht verwunderlich, daß es vor Meinungsverschiedenheiten auf dem Gebiet der kindlichen Sprachforschung nur so wimmelt. Alle Forscher sehen bis zu einem gewissen Grad nur das, was sie sehen wollen. Dies erklärt, warum es so außerordentlich unterschiedliche Ansichten über anscheinend einfache Fragen gibt.

Nachdem wir nun das Problem, das leicht entstehen kann, aufgezeigt haben, wenden wir uns wieder dem Hauptthema dieses Kapitels zu. Dies ist die Frage, ob Chomskys Annahme richtig ist, Kinder als Miniaturwissenschaftler anzusehen, die fortlaufend Hypothesen über die Regeln der Äußerungen, die sie hören, bilden? Kurz gesagt, haben Kinder ihre eigenen 'Grammatiken', die anders sind als die der Erwachsenen? Oder machen sie nur unzulängliche Versuche die Sprache der Erwachsenen zu kopieren? Zur Untersuchung dieser Fragen, befassen wir uns zunächst mit kindlichen Zweiwortäußerungen. Als zweites erörtern wir, wie sie sich mit schwierigeren Aspekten der Sprache wie Wortendungen und Verneinungen auseinandersetzen.

Zwei-und-zwei

Es gibt grundsätzlich zwei Arten der Analyse von Zweiwortäußerungen. Man kann entweder die 'Angenommen es spräche wie ein Marsmensch'-Technik oder die 'Erraten wir, was es sagen will' Methode anwenden. Im ersten Fall tritt der Sprachforscher der kindlichen Sprache so entgegen, wie er einer unbekannten Sprache entgegentreten würde. Nachdem er sich von allen Vorstellungen befreit hat, die durch sein bisheriges Wissen über die englische Sprache oder in unserem Falle, die deutsche Sprache, geschaffen wurden, schreibt er eine Grammatik, die einzig auf den Wortmustern basiert, die er in der Sprache des Kindes erkennen kann. Bei der zweiten Methode versucht der Wissenschaftler eine Interpretation der kindlichen Äußerung unter Zuhilfenahme seiner Kenntnis der Sprache und unter Berücksichtigung der Situation, in der die Äußerung getan wurde, zu liefern.

Bei den frühen Versuchen der Analyse von Zweiwortäußerungen benutzten Linguisten die 'Angenommen er spricht Marsianisch' Technik. Martin Braine (1963) von der Universität von Kalifornien in Santa Barbara, erstellte eine Liste aller Zweiwortäußerungen von drei Zweijährigen — Steven, Gregory und Andrew. Auf den ersten Blick erschienen die Ergebnisse reichlich verwirrend. Es gab eine Reihe unerklärlicher Folgen, wie MORE TAXI (mehr Taxi), ALLGONE SHOE (Schuh alle alle), ALLGONE STICKY (klebrig alle alle), NO BED (Nein Bett), BUNNY DO (Häschen mach'), IT DOGGIE (es Hundchen). Solche Äußerungen konnten unmöglich direkte Nachahmungen sein, da es höchst unwahrscheinlich ist, daß ein Erwachsener jemals MORE TAXI, ALLGONE SHOE oder BUNNY DO sagen würde. Außerdem würde direkte Nachahmung viel zuviel vom Gedächtnis des Kindes verlangen. Braine zählte bei einem Kind mehr als 2500 verschiedene Äußerungen. Sind es nur zufällige Aneinanderreihungen? Offensichtlich nicht. Zu seiner Überraschung mußte Braine feststellen, daß die Kombinationen anscheinend nicht wahllos waren. Einige Wörter traten immer nur an einer bestimmten Stelle auf und andere Wörter kamen nie alleine vor. Andrew, Steven und Gregory schienen ganz bestimmten, wenn auch primitiven Regeln zu folgen, wenn sie ihre Wörter zusammensetzten.

Sie verfügten über zwei verschiedene Wortklassen. Eine Klasse bestand aus wenigen Wörtern, wie ALLGONE, MORE, THIS, NO! Diese Wörter traten häufig auf, niemals standen sie allein und immer in einer bestimmten Position. Man nennt sie manchmal Pivots (engl. pivot = Träger, Stützpfeiler), da die Äußerung um sie herum aufgebaut zu sein scheint. Die zweite Klasse bestand aus wesentlich mehr Wörtern, die weniger häufig auftraten, dann aber in jeder Position und manchmal allein. Sie stimmten oft mit Erwachsenenwörtern, wie MILCH, SCHUHE, HÄSCHEN, etc. überein. Man nennt sie Wörter der offenen Klasse, da man ihnen unendlich viele hinzufügen kann.

Steven beispielsweise, benutzte stets WANT (will), GET (holen), THERE (da), IT (es) als Pivots an erster Stelle und DO (tun) als Pivot an zweiter Stelle. In der offenen Klasse hatte er viele Wörter, Namen wie BABY, CAR (Auto), MAMA, DADA, BALL, DOLL (Puppe), BUNNY, HORSIE (Pferdchen). Steven schien einer inneren Regel zu folgen, die lautete: 'Ein Satz besteht entweder aus einem Pivot der ersten Kategorie, gefolgt von einem Wort der offenen Klasse (P^1+O) oder aus einem offenen Klasse-Wort gefolgt von einem Pivot der zweiten Kategorie ($O+P^2$)':

Pivot 1	Offen	Offen	Pivot 2
WANT	BABY	BUNNY	DO
GET	BALL	DADDY	
THERE	BOOK		
IT	DADDY		

Einige andere Forscher, die unabhängig von dieser Untersuchung, die 'unbekannte Sprachen-Technik' angewandt hatten, bestätigten die Ergebnisse, da sie andere Kinder gefunden hatten, die ihre Wortkombinationen in derselben Art produzierten, wie Andrew, Steven und Gregory (Brown und Fraser, 1964; Miller und Ervin, 1964). Eine Zeitlang waren die Linguisten darüber recht aufgeregt. Sie dachten eventuell eine universelle erste Grammatik entdeckt zu haben, eine sogenannte Pivot-Grammatik. Aber leider ließ die Enttäuschung nicht lange auf sich warten. Einer nach dem anderen fanden die Forscher eine Reihe von Kindern, die nicht in dieses einfache Schema passten. Obwohl alle Kinder starke Präferenzen für bestimmte Wörter in einer bestimmten Position zeigten, waren diese Präferenzen doch nicht eindeutig genug, um als 'Regeln' angesehen zu werden. Außerdem benutzten einige Kinder sogenannte Pivotwörter wie MORE und NO allein, was mit Braines These, daß Pivotwörter nicht allein stehen können nicht übereinstimmte. Andere Kinder verzerrten das Bild dadurch, daß nur ein geringer Anteil ihrer gesamten Äußerungen Pivotkontruktionen waren.

Die größte Schwierigkeit für die Pivotgrammatiken besteht möglicherweise im Auftreten solcher Äußerungen wie, MUMMY SOCK (Mutti Strumpf), DADDY CAR (Papi Auto), KITTY BALL (Kitty Ball), die in der Sprache vieler Kinder vorkommen. Hier scheinen zwei Wörter aus der offenen Klasse hintereinander gestellt zu sein, ohne einen Pivot weit und breit! Braine versuchte dieses Problem dadurch zu erklären, daß O+O Konstruktionen ein zweites Stadium seien, das erst nach der P+O und der O+P Phase aufträte. Dies scheint aber nicht auf alle Kindern zuzutreffen. Natürlich macht es eigentlich nichts, wenn man feststellt, daß einige Kinder Sätze bilden, die entweder P+O, O+P oder O+O sein können. Es bringt uns aber nicht viel zu sagen, "Genausogut, wie Pivot Konstruktionen, können auch jede anderen zwei Wörter zusammen auftreten." Doch selbst, wenn solche nichtssagenden Erklärungen zulässig wären, ist es nicht unbedingt richtig anzunehmen, daß O+O Äußerungen willkürliche Hintereinanderstellungen sind. Es könnte mehr hinter ihnen stecken als es zuerst den Anschein hat und die Wörter könnten miteinander in sehr strukturierter Weise in Beziehung stehen. Es ist äußerst ungenügend, einen Satz wie DADDY CAR als O+O zu charakterisieren, da eine solche Beschreibung nicht unter mehreren möglichen Interpretationen unterscheiden kann:

1. Papi wäscht das Auto.
2. Das ist Papis Auto.
3. Papi liegt unter dem Auto.

Faßt man die Leistungen der Pivot-Grammatiken zusammen, so scheint es, daß sie nicht ganz so nützlich sind, wie man das vor einem Jahrzehnt noch erhoffte. Sie beschreiben nur die Regeln, die von einer geringen Zahl von Kindern benutzt werden — vielleicht genauer gesagt: sie charakterisieren nur einen geringen Teil dessen, was die meisten Kinder produzieren. Wollte man mit einer Pivot-Grammatik die Frage beantworten: "Sind Zwei-Wort-Äußerungen strukturiert?", wäre die Antwort: "Teilweise — Kinder benutzen Pivotkonstruktionen, ergänzen sie aber, indem sie anscheinend zwei Wörter der offenen Klasse willkürlich kombinieren."

Da viele Sprachwissenschaftler von den Pivot-Grammatiken enttäuscht waren, die aus der 'Angenommen es spräche wie ein Marsmensch' Technik entsprangen, haben sie in den letzten Jahren die zweite, die 'Erraten wir, was es sagen will' Methode, bevorzugt. Dies ist zeitraubender, da die Forscher nicht nur die Äußerungen selbst beachten müssen, sondern auch die Begleitumstände. Glücklicherweise steht das, was kleine Kinder sagen, meist in direkter Verbindung mit dem, was sie tun und sehen. "Wenn ein Erwachsener oder ein größeres Kind auf ein Fahrrad steigt, besteht keinerlei Notwendigkeit, jemanden, der zugesehen hat, darüber zu informieren, daß es getan wurde. Ein kleines Kind aber, das sich auf ein Dreirad setzt wird dieses oft 'ankündigen': Ich fahre Rädchen!" (Bloom, 1970:9).

Unter den Sprachwissenschaftlern hat wiederum Lois Bloom (1970) die sorgfältigste Untersuchung von Zweiwortäußerungen nach dieser Methode durchgeführt. Dies ging ihrer Arbeit über Einwortäußerungen voraus und war vor der Geburt ihrer eigenen Tochter Allison abgeschlossen. Sie führte sorgfältig Buch über die Handlungen, die die Äußerungen von drei Kindern, Kathryn, Eric und Gia begleiteten und hat überzeugende Erklärungen dessen geben können, was sie versuchten zu sagen. Zum Beispiel ist es ziemlich offensichtlich, was die einundzwanzig Monate alte Kathryn meinte, als sie bei zwei Gelegenheiten die Worte MOMMY SOCK sagte. Sie sagte es zum ersten Mal, als sie den Strumpf ihrer Mutter aufhob, was darauf hindeutete, daß sie sagen wollte: "Das ist Muttis Strumpf.". Es kam zum zweiten Mal vor, als ihre Mutter Kathryn die Kindersöckchen anzog, so wollte Kathryn wohl sagen: "Mutti zieht mir den Strumpf an." Die zweijährige Gia sagte LAMM OHR und meinte offensichtlich "Das ist das Ohr des Lamms", als ihre Mutter auf das Ohr eines Spielzeuglamms deutete und fragte. "Was ist das?" Sie sagte MÄDCHEN BALL, als sie ein Bild von einem Mädchen betrachtete, das mit einem Ball spielte und sie meinte wahrscheinlich: "Das Mädchen spielt mit dem Ball." Sie sagte FLIEGE DECKE, als sich eine Fliege auf ihrer Decke niederließ, was wahrscheinlich heißen sollte: "Auf meiner Decke sitzt eine Fliege."

Es gibt mögliche Einwände gegen diese Interpretationen. Legt Bloom nicht zu viel in diese Äußerungen hinein? Vielleicht sagte Gia nur 'Das ist ein Lamm und ein Ohr', 'Das ist ein Mädchen und ein Ball', 'Das ist eine Fliege und eine Decke'. Vielleicht brachte sie auch nur ein 'Thema' auf und lieferte dann einen 'Kommentar' dazu: 'Ich spreche über eine Fliege und sie steht in Verbindung mit meiner Decke', 'Ich beziehe mich auf ein Mädchen, das mit einem Ball zu tun hat'. Dies waren die Erklärungen, die man zuerst in der Mitte der sechziger Jahre gefunden hatte, um Zweiwortäußerungen zu deuten (Gruber, 1967). Wie können diese Möglichkeiten ausgeschlossen werden? Die Antwort ist die, daß die sehr beständige Wortstellung es unwahrscheinlich werden läßt, daß es sich hier um willkürliche Hintereinanderstellungen handelt. Immer wenn Gia anscheinend einen Ort benennen wollte, stellte sie das Objekt, dessen Aufenthaltsort sie beschrieb an die erste Stelle und den Ort an die zweite: FLIEGE DECKE 'Die Fliege ist auf der Decke', FLIEGE BAUSTEIN 'Die Fliege ist auf dem Baustein', BAUSTEIN TASCHE 'Der Baustein ist in der Tasche'. Wenn sie sich auf Subjekte und Objekte bezog, stellte sie das Subjekt voran, das Objekt als zweites: MÄDCHEN BALL 'Das Mädchen spielt mit dem Ball', MÄDCHEN FISCH 'Das Mädchen spielt mit dem Fisch'. Weiterhin drückte sie Besitz dadurch aus, daß sie den Besitzer voranstellte und den Besitz danach: LAMM OHR 'Das ist das Ohr des Lamms'. GIA BLAUÄUGLEIN 'Das ist Gias Puppe Blauäuglein'. Würde Gia Wörter nur zufällig aneinanderreihen, so würden wir auch DECKE FLIEGE oder OHR LAMM genauso oft erwarten, wie FLIEGE DECKE oder LAMM OHR. Besonders die Possessivsätze machen es höchst unwahrscheinlich, daß Gia eine 'Thema'-'Kommentar' Konstruktion benutzte. Im Falle von GIA BLAUÄUGLEIN wäre es sehr unpassend dies zu interpretieren als 'Ich spreche über mich selbst, Gia und will darüber einen Kommentar abgeben, daß ich eine Puppe Blauäuglein habe.'

Natürlich drückt Gia diese Beziehungen von Ort, Besitz und Subjekt-Objekt in derselben Reihenfolge aus, die auch in der Sprache der Erwachsenen auftritt. Das Wichtige hier ist aber, daß ihr anscheinend automatisch klar wird, daß man Beziehungen konsequent gleichmäßig ausdrücken muß, so wie es

Washoe, der Schimpansin, vielleicht nicht klar geworden war. Sie scheint zu erwarten, daß die Sprache aus sich wiederholenden Mustern besteht und scheint von Natur aus darauf ausgerichtet zu sein, diese Regelmäßigkeit oder Regeln zu suchen. Bevor wir aber schließlich die Behauptung aufstellen, daß Gias Äußerungen von Regeln beherrscht werden, müssen wir uns mit einer verwirrenden Ausnahme befassen. Warum sagte Gia sowohl BALL WERFEN, als auch WERFEN BALL, als sie Ballwerfen imitierte? Warum sagte sie sowohl BUCH LESEN als auch LESEN BUCH, als sie ein Buch anschaute? Sicherlich handelt es sich hier um eine solche willkürliche Aneinanderreihung, von der wir eben behaupteten, daß sie nicht existiere? Dieses Geheimnis wird durch eine eingehendere Beschäftigung mit Gias früheren Äußerungen aufgeklärt. In den allerfrühsten Zweiwortfolgen sagte Gia immer BALL WERFEN und BUCH LESEN. Sie hatte den falschen Schluß gezogen, daß die Namen von Personen und Dingen vor dem Handlungswort stehen müßten. Dies erklärt die 'richtigen' Äußerungen, wie MÄDCHEN SCHREIBEN und MUTTI ZURÜCK und auch 'Fehler', wie BALL WERFEN und RUTSCHBAHN GEHT, als sie Schlüssel auf die Rutschbahn legte. Bald kamen ihr Zweifel über die erste Regel und sie begann zu experimentieren, indem sie zuerst die eine Form benutzte, dann die andere. Nach einer kurzen Zeit der Fluktuation erwarb sie die Verb-Objekt Beziehung dauernd in der richtigen Weise als WERFEN BALL, LESEN BUCH.

Abschließend muß also die Antwort auf die Frage 'Sind Zweiwortäußerungen strukturiert?' 'Ja' lauten. Von dem Augenblick an (und möglicherweise auch schon vorher), in dem sie zwei Wörter zusammensetzen, scheint es den Kindern klar zu sein, daß die Sprache von Regeln beherrscht wird und nicht einfach eine willkürliche Ansammlung von Wörtern ist. Sie drücken jede Beziehung konsequent in der gleichen Weise aus, so wird zum Beispiel bei einer Täter-Tat Beziehung der Täter zuerst genannt und die Tat als zweites, wie in MUTTI KOMMT, KITTY SPIELT, KATHY GEHT. Die einzigen Ausnahmen treten dann auf, wenn eine falsche Regel zugrundegelegt wird, was zu Schwankungen führt. Von Anfang an sind Kinder in ihrer Sprache auch kreativ. Sie benutzen Kombinationen von Wörtern, die sie nie vorher gehört haben.

Die nächste Frage ist naheliegend: Was passiert in Sprachen, die keine festgelegte Wortstellung haben? Was machen die Kinder dann? Die Antwort ist bis jetzt noch nicht eindeutig. Ein Forscher kam zu dem Schluß, daß russische Kinder eine festgelegte Wortstellung auch dann benutzen, wenn es die Erwachsenen nicht tun (Slobin, 1966). Neuere Berichte aber sind widersprüchlich und die Forscher haben erhebliche individuelle Unterschiede beim Spracherwerb der Kinder in den einzelnen Sprachen festgestellt (Slobin 1973). Zweifellos ist hier noch mehr Forschung vonnöten.

Hier sollte man vielleicht eine weitere umstrittene Frage erwähnen. Inwieweit stellen Zweiwortäußerungen ein angeborenes linguistisches Wissen um die Eigenschaften eines Satzes dar? Wenn ein Kind WILL MILCH sagt, zeigt es dann irgendein angeborenes Verständnis der Verb-Objekt Beziehung? Dies ist die Ansicht des Psychologen David McNeill (dessen wohl etwas zu phantasiereiche Vorschläge über Einwortäußerungen schon behandelt wurden). McNeill meint, daß das Wissen um eine zugrundeliegende grammatische Struktur eines Satzes angeboren ist (McNeill; 1970). Er nimmt an, daß Kinder 'automatisch' zumindest die Subjekt-Prädikat Beziehung (z. B. MUTTI SINGEN), die Verb-Objekt Beziehung (z.B. WILL MILCH) und die Beziehung zwischen einem Modifikator und seinem Bezugswort (z. B. SCHÖNER STRUMPF) verstehen. Nach Analyse aller 'Pivot' Sätze, die er in der Literatur aufspüren konnte, meint er, daß fast alle sich nach einem dieser drei grammatischen Typen einteilen lassen. Somit ist seine Theorie nicht so sehr eine Ablehnung der Pivotgrammatik, sondern eher eine Neuinterpretation.

Doch neuere Arbeiten sind mehr von McNeills Ansichten abgerückt. So stellt ein Forscher fest, daß die Annahme, daß Kinder grammatische Beziehung in einer Weise verstehen, die mit dem Verständnis der Erwachsenen vergleichbar ist 'nur aus dem Vertrauen auf unser Wissen um die Erwachsenensprache entspringt' (Bowerman, 1973:187). Bei diesen frühen Äußerungen mag nicht so sehr die grammatische Beziehung zwischen den Worten wichtig sein, als vielmehr die zugrundeliegende Bedeutung, die sie ausdrücken (Slobin, 1970; Wells, 1974). Man hat festgestellt, daß Kinder aus sehr verschiedenen Teilen der Welt während des Zweiwortstadiums sehr ähnliche Dinge sagen (vgl. Tabelle umseitig).

Möglicherweise verfügt das Kind über ein Verständnis der Vorstellungen, die es ausdrückt – Ort, Besitz, Wunsch usw. –, bevor es lernt, wie man diese sprachlich ausdrückt. Dies stellt die Sprachwissenschaftler vor ein Problem. Wie soll eine Grammatik aussehen, die das Verständnis des Kindes von diesen Vorstellungen miteinbezieht? Bedeutung und Syntax scheinen so intensiv miteinander verwoben zu sein, daß es nicht leicht fallen dürfte, sie zu entwirren. Schlimmer noch, es steht nicht fest, inwieweit das Sprachverständnis eines Kindes seiner Sprachproduktion voraus ist. Seine zugrundeliegende Grammatik oder linguistische 'Kompetenz' könnte seiner 'Performanz' – dem was es wirklich von sich gibt, weit voraus sein.

Dies hat vielerlei Diskussionen ausgelöst. Niemand ist sich ganz sicher darüber, wie man dem Problem beikommen könnte. Sollten Grammatiken vor allem auf der 'Bedeutung' fußen, wobei die ausgedrückten Vorstellungen den Rahmen der Grammatik darstellen? Dies ist eine Ansicht, die jetzt immer mehr Anhänger findet. Oder sollten wir syntaktische Kategorien

	Deutsch	Englisch	Russisch	Finnisch	Samoa
Ortsangaben	BUCH DA (da Buch)	THERE BOOK (da Buch)	TOSYA TAM (Tosya da)	TUOSSA RINA (da Rina)	KEITH LEA (Keith da)
Verneinung	KAFFEE NEIN	NO WASH (nein waschen)	VODY NET (Wasser nein)	EI SUSI (nein Wolf)	LE'AI (nein essen)
Besitzanzeige	MEIN BALL	MY SHOE (mein Schuh)	MAMI CHASHKA (Mamas Tasse)	TÄTI AUTO (Tantes Auto)	
Verlangen, Wunsch	BITTE APFEL	WANT GUM (will Kaugummi)	YESCHE MOLOKO (mehr Milch)		LOLE A'U (Bonbon mein)
Modifizieren, Qualifizieren	MILCH HEISS	PRETTY DRESS (schönes Kleid)	PAPA BOL'SHOY (Papa groß)	TORNI ISO (Turm groß)	FA'ALI'I PEPE (stures Baby)
Frage	WO BALL	WHERE BALL (wo Ball)	GDE PAPA (wo Papa)	MISSÄ PALLO (wo Ball)	FEA PUNAFU (wo Punafu)
Beschreibung eines Ereignisses oder einer Situation (Handelnder + Handlung)	PUPPE KOMMT	BAMBI GO (Bambi gehen)	MAMA PRUA (Mama laufen)	SEPPO PUTOO (Seppo fallen)	PA'U PEPE (fallen Puppe)

(Beispiele aus einer vollständigeren Liste von Slobin)

aufgrund unseres Wissens über die Sprache der Erwachsenen festlegen? Entscheiden wir uns für ersteres, stehen wir vor dem Problem zu entscheiden, wann und wie ein Kind später zum Gebrauch eines syntaktischen Rahmens übergeht, der nicht unbedingt mit dem konzeptionellen Rahmen in Einklang steht. Entscheiden wir uns für letzteres, so gehen wir eventuell von einer grammatischen Entwicklungsstufe aus, die das Kind noch nicht erreicht hat. Bis jetzt ist die Frage noch lange nicht entschieden. (Brown, 1973; Bloom, 1970; Schlesinger, 1971; Bowerman, 1973; Schaerlaekens, 1973, Bloom, Lightbown und Hood, 1975). Alles, was man bis jetzt sagen kann, ist vielleicht, daß sich Linguisten und Psychologen gegenseitig helfen müssen — und aus eben diesem Grund ist dies eines der vielversprechensten Gebiete der Psycholinguistik, die im Augenblick diskutiert werden.

Somit haben wir bis jetzt gezeigt, daß die Kindersprache im Zweiwortstadium von Regeln bestimmt wird, insofern als Kinder Beziehungen wie die zwischen Handelndem und Handlung, Ort und Besitz gleichmäßig ausdrücken. Wir konnten allerdings nicht zeigen, daß es sich hier um eigentlich und hauptsächlich syntaktische Beziehungen handelt, die ausgedrückt werden. Somit müssen wir uns späteren Aspekten des Spracherwerbs zuwenden, um Chomskys Behauptung, daß Kinder fortwährend Hypothesen über die grammatischen Regeln ihrer Sprache aufstellen, zu überprüfen. Dies wäre dann die Entwicklung der Wortendungen und komplexeren Konstruktionen, wie die Regeln für die Verneinung im Englischen.

Der Fall des Wug

Dies ist ein Wug

Jetzt ist da noch einer.
Es sind zwei.
Es sind zwei . . .??

'Wuge' würde man wohl sagen, wenn man die Regeln der Pluralbildung im Deutschen kennt ('Wugs' im Englischen). Dies war auch die Antwort, die fast einstimmig von einer Gruppe von Kindern gegeben wurde, die diesen Test machten. Der Forscher wollte beweisen, daß sie nicht einfach beim Hören jeden Plural auswendig gelernt hatten, sondern, daß sie eine innere Regel aufgenommen hatten, die sie auch auf Wörter anwenden konnten, die sie noch nie gehört hatten (Berko, 1958).

Nicht nur mit den englischen Wugs wurden die Kinder richtig fertig, denn niemand sollte sagen können, daß sie das Wort mit 'bugs' (Käfer) verwechselten. Auf einem anderen Bild war ein Mann zu sehen, der auf der Decke stand, dazu die Worte: "Das ist ein Mann, der bingen kann. Er bingt jetzt gerade. Gestern hat er dasselbe getan. Gestern ––––– er?" – "Bingte" sagten fast alle der getesteten Kinder. Zugegebenermaßen erzielten sie bessere Ergebnisse bei Worten, die ihnen schon bekannt waren. Mehr Kinder wußten den richtigen Plural zu 'Glas', als den eines erfundenen Wortes wie 'Tas' (im Englischen handelt es sich um 'glass' und 'tass', die sich im Amerikanischen reimen). Aber niemand kann bezweifeln, daß sie Regeln anwandten, die sie sich selbst zurechtgelegt hatten.

Ein noch deutlicheres Beispiel für die inneren Regeln der Kinder ist die Entwicklung von Formen der unregelmäßigen Verben, wie KOMMEN und KAM, GEHEN und GING, BRECHEN und BRACH. Wie schon in Kapitel 4 angeführt, beginnen die Kinder damit, daß sie die richtigen unregelmäßigen Formen der Vergangenheit erwerben, KAM, GING, BRACH. Einige von ihnen werden sehr früh erworben, da es sich um sehr häufige Wörter handelt (Ervin, 1964; Slobin 1971a). Man könnte annehmen, daß man durch Übung zur Vollendung kommt und diese Wörter in ihrer richtigen Form beibehalten würden. Aber ganz und gar nicht. Sobald die Kinder die regelmäßigen Vergangenheitsformen für solche Wörter, wie SPIELTE, HÖRTE und HOLTE erlernen, benutzen sie die richtigen unregelmäßigen Formen nicht mehr, sondern beginnen die verallgemeinerten Formen KOMMTE, GEHTE und BRECHTE anzuwenden. Wenn sie dann die unregelmäßigen Verben wieder erlernen, so produzieren sie zuerst halb-reguläre Formen, die eine normale Endung haben, wie RANNTE, DURFTE (englische Beispiele: lost (verlor), left (verließ) (Slobin, 1971a). All dies weist darauf hin, daß Kinder stark dazu neigen, Regeln zu suchen und anzuwenden, zumindest soweit es Substantiv- und Verbendungen im Englischen und Deutschen betrifft.

Es mag vielleicht nicht überraschend erscheinen, daß Kinder den Plural und die Vergangenheitsformen verallgemeinern können. Denn schließlich reimen sich ja die meisten Wortendungen. Es ist bekannt, daß Kinder sich für Reime begeistern und sie erfinden oft kleine Gedichte wie "Da in der

Küche stehen Tische, drauf' liegen viele Fische, Igitt ganz frische, fiese Fische'." So ist eine Erweiterung der Pluralendung -e von Tische und Fische auf Wuge nicht sehr überraschend. Im Englischen handelt es sich um die Endung -s.

Welches andere Beweismaterial für 'Regeln' können wir beibringen? Wir können feststellen, daß von dem Augenblick an, an dem Kinder drei oder mehr Worte zusammenstellen, sie ein instinktives Bewußtsein einer hierarchischen Struktur zeigen, die Erkenntnis, daß mehrere Wörter dieselbe strukturelle Rubrik füllen können, wie ein einziges:

| DIESE | BLUME |
| DIESE | EINE BLAUE BLUME |

| SETZE | HUT | AUF |
| SETZE | DEN ROTEN HUT | AUF |

Sie sind sich auch dessen bewußt, daß jede Rubrik als ein Ganzes fungiert, das innerhalb bestimmter Konstruktionen umgestellt werden kann:

WO	DER ROTE HUT?	
DER ROTE HUT	VERLOREN	
SETZE	DEN ROTEN HUT	AUF

Anders gesagt, sie verstehen, daß die sprachlichen Operationen strukturabhängig sind — die Eigenschaft der Sprache, die unserem erfundenen Marsmenschen im ersten Kapitel so viele Schwierigkeiten bereitete.

Doch sehen die oben aufgeführten Sätze nun genauso aus wie die Sätze von Erwachsenen, abgesehen davon, daß einige Worte ausgelassen wurden? Das bedeutet, daß wir mehr Beweise brauchen, um Chomskys Behauptungen zu überprüfen, daß Kinder mit einer Anzahl von inneren 'Regeln' arbeiten, die nicht den Regeln der Erwachsenen entsprechen. Mehrere Forscher haben sich auf die Suche nach diesen Beweisen gemacht und es sieht so aus, als hätten sie Erfolg gehabt. Ursula Bellugi von der Harvard Universität schreibt: "Wir sind auf verschiedene Zeiträume gestoßen, während derer die Sätze des Kindes systematische Abweichungen von der Erwachsenensprache zeigen, so als seien sie gemäß anderer Regeln konstruiert worden." (Bellugi, 1971:95). Sie und Edward Klima analysierten die Entwicklung von Verneinungen und Frageformen bei der Untersuchung der Äußerungen des nun schon berühmt gewordenen Harvard Trios Adam, Eve und Sarah (Klima und Bellugi, 1966). Wie schon in Kapitel 4 festgestellt wurde, waren diese Familien einander völlig unbekannt und voneinander unabhängig, jedes Kind verfügte über eine andere Satzmenge als 'input' (Eingabe). Trotzdem durchliefen die Kinder überraschend ähnliche Stadien in ihrer Entwicklung auf die Erwachsenenkonstruktionen hin. Genau, wie Chomsky es voraussagte, scheinen die Kinder Hypothesen zu erstellen, um die Regelmäßigkeiten in der Sprache, die sie um sich herum hörten, zu erklären. Die Entwicklung der verneinten Sätze, die unten erklärt wird, zeigt dies ganz deutlich.

Zuerst schienen Adam, Eve und Sarah eine primitive Regel anzuwenden 'Stelle NO oder NOT (NEIN oder NICHT) an den Anfang des Satzes'.

Verneinung	Satz
NO Nicht	WANT STAND HEAD Kopf stehen will
NO Nicht	FRASER DRINK ALL TEA Fraser alle Tee trinken
NO Nicht	PLAY THAT das spielen

Aber diese Regel hielt sich nicht lange. Als nächstes kam die Erkenntnis, daß die Negation 'innerhalb' und nicht vor dem Satz steht. Die Kinder erdachten eine neue Regel, die besagte "Stelle die Negation nach der ersten Nominalphrase und vor den Rest des Satzes."

NP	Neg	Rest des Satzes
HE Er	NO nicht	BITE YOU dich beißen
THAT Das	NO nicht	MUMMY Mutti
I Ich	CAN'T kann nicht	CATCH YOU dich fangen
I Ich	DON'T nicht	SIT ON CROMER COFFEE sitzen auf Cromers Kaffee

In diesem Stadium schienen CAN'T und DON'T (Zusammensetzungen aus CAN + NOT (= kann nicht) und DO + NOT (= tue nicht)) wie Alternativen zu NO behandelt zu werden. Den Kindern war nicht klar, daß sie aus zwei Bestandteilen zusammengesetzt waren. Für sie waren CAN'T und DON'T einfache negative Einheiten, die man für NO oder NOT einsetzen konnte. Allerdings war dieses Einsetzen nicht völlig systemlos.

Genauso, wie im Englisch der Erwachsenen nie CAN-ING (z. B. *I CAN SINGING) oder DON'T-ING (z. B. *I DON'T SMOKING) vorkommt, so sagten auch die Kinder niemals *I CAN'T CATCHING YOU (Ich kann dich nicht fangend) oder *I DON'T CRYING (Ich nicht weinend). Sie hatten begriffen, daß CAN'T und DON'T niemals vor Verben auftreten, die auf -ing enden.

Das nächste Stadium begann, als die Kinder erkannten, daß CAN'T und DON'T zwei verschiedene Elemente enthielten, CAN + NOT, DO + NOT. Dies wurde dadurch nachweisbar, daß CAN und DO in der Sprache der Kinder in nicht-verneinten Sätzen aufzutreten begannen. Dies führte zu einer weiterentwickelten Verneinungsregel, laut derer die Negation in die dritte Spalte des Satzes eingefügt wurde, nach dem Nomen und Hilfswort (Auxiliar) oder Bindewort (Kopula) und vor dem Rest des Satzes.

NP	AUX (od. Kop.)	Verneinung	Rest des Satzes
PAUL Paul	CAN kann	N'T nicht	HAVE ONE einen haben
YOU Du	DO (tust)	N'T nicht	WANT SOME SUPPER willst Abendessen
I Ich	DID (tat)	N'T nicht	SPILLED IT verschüttete es
YOU Du	DID (tatst)	N'T nicht	CAUGHT ME fingst mich
I Ich	AM bin	NOT nicht	A DOCTOR Arzt
THAT Das	WAS war	NOT nicht	ME ich

Der Unterschied zwischen dieser und der regulären Erwachsenenregel ist, daß die Kinder noch nicht gesehen hatten, daß die Zeit nur einmal ausgedrückt werden muß. Ein letztes Stadium trat ein, als die Kinder solche Sätze wie YOU DIDN'T CAUGHT ME (Du tatst mich nicht fingst) umänderten in YOU DIDN'T CATCH ME (Du tatst mich nicht fangen).

So hatten also Adam, Eve und Sarah jeder für sich, beim Erwerb der Verneinung dieselben Zwischenstufen durchlaufen:

1. Verneinung + Satz	
NO WANT STAND HEAD	(Nicht will stehen auf dem Kopf)
2. NP + Verneinung + VP	
HE NO BITE YOU	(Er nicht dich beißen)
3. NP + Aux + Verneinung + Rest des Satzes	
I DID N'T CAUGHT IT	(Ich (tat) es nicht fing)

Jede dieser Stufen kann als Hypothese zur Erklärung der Regeln der Verneinung im Englischen gewertet werden.

Die Erste ist eine sehr einfache Hypothese. Die Zweite ist schon etwas weniger einfach und die Dritte ist fast dieselbe Regel wie sie von den Erwachsenen benutzt wird. Die Aussage von Klima und Bellugi ist gerechtfertigt, "Uns schien es so, als hätte die Sprache der Kinder ihre eigene Systematik und als wären ihre Sätze nicht nur fehlerhafte Kopien der Sätze der Erwachsenen" (Klima und Bellugi, 1966:191).

So scheint denn Chomsky recht damit zu haben, daß er in einem Kind einen Miniaturwissenschaftler sieht, der fortlaufend Hypothesen zur Erklärung seiner Daten aufstellt. Aber es gibt hier einen bedeutenden Unterschied. Wenn ein Wissenschaftler eine Hypothese fallen läßt, so gibt er sie völlig auf und arbeitet nur noch mit der neuen, die er überprüft. Kinder verhalten sich nicht so. Die Stadien folgen nicht klar und direkt aufeinander — sie überschneiden sich in hohem Maße. Wie Klima und Bellugi feststellen: "Kennzeichnend für die Kindersprache sind die Überbleibsel der Elemente eines vorhergehenden Systems" (Klima und Bellugi, 1966:194). Zum Beispiel produzierten die Kinder neben Sätzen, wie I AM NOT A DOCTOR (Ich bin kein Arzt), IT'S NOT COLD (Es is' nicht kalt) und THAT WAS NOT ME (Das war ich nicht) immer noch solche, wie THIS NOT ICE CREAM (Dies keine Eiskrem), I NOT CRYING (Ich nicht weinen) und PAUL NOT TIRED (Paul nicht müde).

Diese Art von Schwankungen ist in allen Teilen der Kindersprache feststellbar. Zum Beispiel schreibt Roger Brown, daß die Kinder im Falle der Wortendungen nicht 'abrupt vom Stadium des totalen Fehlens zum Stadium des zuverlässigen Vorhandenseins übergehen. Es gibt immer eine erhebliche Zeitspanne, unterschiedlicher Länge, während der die Produktion — wo notwendig, auf Wahrscheinlichkeit beruht.' (Brown, 1973:257). Als er die Sprache des Mädchens Sarah untersuchte, stieß er auf außerordentliche Schwankungen in ihrem Gebrauch des Suffixes -ING. Im Alter von zwei Jahren benutzte sie es zu 50 % richtig in Sätzen, wie I (AM) PLAYING (Ich (bin) spielend). Sechs Monate später war der korrekte Gebrauch auf 20 % zurückgegangen. Einen Monat später schnellte er auf 80 % hinauf, ging dann wieder zurück auf ungefähr 45 %. Sie war über drei Jahre alt, bevor -ING konstant und richtig in allen Äußerungen auftrat.

Nicht nur die Sprachproduktion unterliegt solchen Schwankungen, sondern auch das Sprachverständnis. Richard Cromer testete das Verständnis von Kindern bei solchen Konstruktionen, wie THE WOLF IS TASTY TO BITE; THE WOLF IS HAPPY TO BITE; THE DUCK IS HORRIBLE TO BITE. (etwa: Der Wolf ist gut zu essen; Der Wolf ist wild zu essen; Die Ente ist schrecklich zu essen). Er benutzte Handpuppen und forderte die Kinder auf,

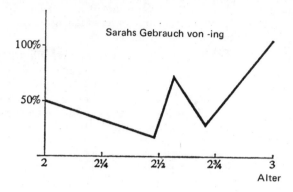

ihm zu zeigen, wer wen auffraß. Zu seiner Überraschung mußte er feststellen, daß Kinder 'in ihren Antworten vom einen auf den anderen Tag sehr inkonsequent sein können.' (Cromer, 1970:405).

Worauf sind diese erstaunlichen Unregelmäßigkeiten zurückzuführen? Es mag dafür mehr als einen Grund geben. Erstens, Kinder machen Fehler. Genauso wie Erwachsene grammatische Fehler machen wie 'Das habe ich mir verbietet lassen.' anstatt 'verbeten' oder 'verbieten lassen' passiert dieselbe Sache auch Kindern. Dies bedeutet aber nicht, daß die Äußerungen nur ein willkürliches Durcheinander von Wörtern sind. Regeln sind vorhanden, trotz Fehlleistungen. Ein zweiter Grund für die Unterschiede könnte auch wechselnde Aufmerksamkeit sein. Es könnte sein, daß Kinder sich auf einen Aspekt der Sprache auf einmal konzentrieren wollen. Wenn Sarah sich in einem Monat mit den Regeln für den Plural befaßt, vernachlässigt sie vielleicht das -ING zeitweise. Wie es ein Schüler ausdrückte, der Latein lernte: "Wenn ich die Verbendungen richtig mache, kann man doch nicht auch noch erwarten, daß die Substantive richtig werden."

Doch können Fehler und wechselnde Aufmerksamkeit nicht völlig die außerordentlich großen Schwankungen bei Sarahs Gebrauch des -ING erklären. Den Sprachwissenschaftlern ist klar geworden, daß Unregelmäßigkeiten ein normales Übergangsstadium sind, während die Kinder von einer Hypothese zur nächsten voranschreiten. Sie scheinen aufzutreten, wenn die Kinder bemerkt haben, daß die 'alte' Regel falsch oder teilweise falsch ist und sie eine neue formuliert haben, aber immer noch nicht genau wissen, in welchen Fällen sie die ältere primitivere Regel aufgeben sollen (Cromer, 1970). Cromer sagt, daß z. B. Kinder, wenn sie einen Satz hören, wie DIE ENTE IST BEREIT ZU BEIßEN, von einer Regel ausgehen, die besagt 'Das erste Substantiv im Satz beißt'. Wenn sie älter werden, wird ihnen

klar, daß diese einfache Annahme nicht immer zutrifft. Sie sind sich allerdings nicht ganz sicher, warum oder wann ihre Regel versagt. So beginnen sie mit einer zweiten Regel zu experimentieren 'Manchmal ist es das erste Substantiv im Satz, das beißt aber nicht immer.'
Wenn Kinder zu einer Schlußfolgerung gekommen sind, die nur teilweise zutrifft, können sie sehr verwirrt werden. Teilweise richtige Regeln produzieren oft die richtigen Ergebnisse aber aus den falschen Gründen, wie in solchen Sätzen: I DON'T WANT IT (Ich will es nicht haben), wo das DON'T als ein einziges negatives Element behandelt wird. Ein weiteres Beispiel für die Verwirrung, die eine teilweise zutreffende Regel auslöst, wird beim Gebrauch des Pronomens IT (es) des Harvard Kindes Adam deutlich. ER produzierte 'seltsame' Sätze, wie MUMMY GET IT LADDER (Mutti hol' es Leiter), SAW IT BALL (Gesehen es Ball) neben richtigen Sätzen, wie GET IT (Hol es), PUT IT THERE (Stell' es da hin.). Er schien IT mit demselben Verhalten auszustatten, wie THAT, (dies, jenes, das) das entweder allein auftreten kann oder verbunden mit einem Substantiv: BRING ME THAT (Bring mir das), BRING ME THAT BALL (Bring mir jenen Ball).

Bring me	it	(ball)
Bring mir	es	(Ball)
Bring me	that	(ball)
Bring mir	jenen	(Ball)

( ) Klammern kennzeichnen fakultative Elemente.

Aber dies war nicht der einzige falsche Schluß, den Adam zog. Er war auch der Meinung, daß IT zwingend mit einem 's' (für is) auftrat, wenn es am Anfang des Satzes stand, so produzierte er IT'S FELL (Es ist fiel), IT'S HAS WHEELS (Es ist hat Räder) und auch das oberflächlich richtige IT'S BIG (Es ist groß). Möglicherweise trat dieser Irrtum auf, weil Adams Mutter sehr viele Sätze benutzte, die mit IT'S (Es ist) anfingen . . . IT'S RAINING (Es regnet), IT'S COLD (Es ist kalt), usw. Wenn Adams 'komische' Regeln zur Hälfte richtige Ergebnisse brachten, ist es nicht überraschend, daß er Zeit brauchte, um zu entscheiden, wann sie aufzugeben sind.
Hieraus müssen wir schließen, daß die Kinder beim Sprechen nicht nur einfach die Äußerungen der Erwachsenen kopieren. Sie scheinen grammatischen Regeln zu folgen, die sie sich selbst zurechtgelegt haben und die systematische Abweichungen von der Erwachsenensprache aufweisen. Im großen und ganzen hat Chomsky wohl recht, wenn er bei Kindern einen angeborenen Mechanismus zur Hypothesenbildung vermutet, der es ihnen ermöglicht zunehmend komplexere Theorien über die Regeln aufzustellen, die der Sprache ihrer Umwelt zugrundeliegen. Gleich Wissenschaftlern überprüfen Kinder laufend neue Hypothesen. Wie wir aber gesehen haben, trifft

der Vergleich mit dem Wissenschaftler in einem wesentlichen Punkt nicht zu. Wenn Wissenschaftler eine Hypothese einmal verworfen haben, vergessen sie sie und konzentrieren sich auf eine neue. Kinder dagegen, scheinen eine Zeit des Experimentierens und der Unentschlossenheit zu durchlaufen, während der zwei oder mehrere Hypothesen sich überschneiden oder Schwankungen unterliegen: jede Regel schwankt für lange Zeit, manchmal Monate, bevor sie schließlich angenommen oder endgültig aufgegeben wird.

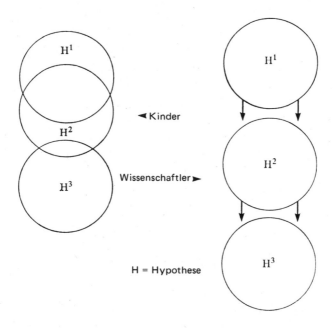

Jetzt können wir die wichtigsten Schlußfolgerungen aus diesem Kapitel zusammenfassen.
Trotz der Schwierigkeiten aufgrund der Interpretation der Daten, haben wir festgestellt, daß Chomsky im wesentlichen recht hat, wenn er annimmt, daß Kinder 'gepolt' sind auf einen angeborenen hypotheseerstellenden Mechanismus. Sie 'wissen' automatisch, daß die Sprache Regeln unterliegt und sie machen aufeinander aufbauende Hypothesen über die Regeln, die der Sprache, die sie um sich herum hören, zugrundeliegt. Chomskys Vermutung erweist sich als unzutreffend, insoweit als er anscheinend die Tatsache nicht berücksichtigt, daß die Hypothesen anders, als die von Wissenschaftlern, sich überschneiden und schwanken.

Obwohl wir sehen können, daß Kinder einer Art von Regel im Zweiwortstadium folgen, ist es allerdings nicht klar, wie man diese Regeln in eine Grammatik fassen kann. Semantik und Syntax scheinen in äußerst komplexer Art miteinander verschlungen zu sein und die einzige Hoffnung für eine Aufschlüsselung von all diesem liegt wohl darin, daß Psycholinguisten aus beiden Lagern — sprachwissenschaftlich und psychologisch — bei ihrer Forschung über diese Frage zusammenarbeiten.

Letztendlich haben wir jedoch immer noch nicht das Problem gelöst, wie ein Kind seine Muttersprache erlernt. Im nächsten Kapitel befassen wir uns mit der Frage, ob Chomskys Annahme zutrifft, daß Kinder von ziemlich festumrissenen Tatsachen ausgehen, die irgendwie angeboren sind — oder ob es andere Möglichkeiten gibt, die Sprachentwicklung zu erklären.

7. Kapitel

Die Sache austüfteln

Wie erlernen Kinder Sprache?

Lehre dein Kind seine Zunge zu zügeln, es wird noch früh genug sprechen lernen.

Benjamin Franklin

Chomsky zufolge erlernen Kinder die Sprache so gründlich und schnell, weil sie im voraus wissen wie Sprachen aussehen. Er argumentiert, daß sie mit einer angeborenen Kenntnis der sprachlichen Universalien ausgestattet sind.

Bisher war es nicht schwer zu zeigen, daß Kinder einen Schimmer davon haben, wie Sprachen aussehen. Wie wir im letzten Kapitel feststellten, scheinen die Kinder zu 'wissen', daß die Sprache von Regeln beherrscht wird — daß eine endliche Anzahl von Prinzipien die enorme Zahl der Äußerungen, die sie um sich herum hören, beherrschen. Sie haben auch ein instinktives Bewußtsein darüber, daß die Sprache hierarchisch aufgebaut ist — das Wissen, daß mehrere Worte dieselbe strukturelle Lücke füllen können, wie ein einzelnes Wort. Ein Kind könnte sagen:

	ICH MAG	TEDDY
oder	ICH MAG	MEINEN TEDDY
oder	ICH MAG	MEINEN ALTEN BLAUEN TEDDY

Weiterhin ist den Kindern klar, daß die Sprache strukturabhängig Operationen benutzt, so daß jede 'Spalte' eines Satzes sich wie eine Einheit verhält, die umgestellt werden kann, wie in

WO	MEIN TEDDY?	
NIMM	MEINEN TEDDY	NICHT WEG
	MEIN TEDDY	HIER

Allerdings erklärt ein angeborenes Wissen, daß Sprache von Regeln beherrscht ist, daß sie hierarchisch strukturiert ist, und daß sie strukturabhängige Operationen benutzt, zusammen mit einer angelegten Fähigkeit hierüber Hypothesen aufzustellen, bei weitem nicht den gesamten Spracherwerb. Insbesondere müssen wir noch genau erfahren, 'wie' die Kinder die Sprachfähigkeit so effizient entwickeln. Wir möchten auch gerne herausfinden, 'warum' englische Kinder so bemerkenswert ähnliche Entwicklungsabläufe bei ihrem Spracherwerb zeigen, dasselbe gilt natürlich auch für deutsche Kinder. Das sind Rätsel, die nicht einfach mit einer vagen Erklärung über 'Angeborene Programmierung' hinweggefegt werden können. Wir müssen die Frage gründlicher untersuchen.

Bernhard der Behälter und Veronika die Verarbeiterin

Zwei Arten von Erklärungen sind angeführt worden, um das Geheimnisvolle des Spracherwerbs aufzuklären. Als erstes, gibt es Chomskys 'Inhalts'- Erklärung. Als zweites, wurde eine alternative Verarbeitungs-Erklärung vorgeschlagen. Welcher Unterschied besteht zwischen beiden? Kurz gesagt, die Inhalts-Erklärung besagt, daß das Gehirn eines Kindes natürlicherweise in erheblichem Umfang detaillierte Informationen über die Sprache beinhaltet. Die Verarbeitungs-Erklärung dagegen meint, daß die Kinder ein eingebautes System zur Rätsellösung haben, welches es ihnen ermöglicht die linguistische Daten, auf die sie stoßen, zu verarbeiten.

Wir haben Chomskys Inhaltsvorschlag im 5. Kapitel schon kurz umrissen. Seine wichtigste Behauptung besteht darin, daß Kinder irgendwie 'wissen', daß alle Sätze eine Tiefen- und eine Oberflächenstruktur haben, und daß dieses Wissen es ihnen ermöglicht, abstrakte Tiefenstrukturen abzuleiten, die nirgendwo an der Oberfläche in Erscheinung treten. Er meint weiterhin, daß den Kindern irgendwie die universellen Bedingungen, denen die linguistischen Regeln unterliegen, bekannt sind.

Allerdings wird die Theorie Chromskys, daß Kindern große Brocken spezifischen Wissens über die Sprache angeboren sind, von einigen angefochten. Diese Forscher stehen auf dem Standpunkt, daß anstatt im vorhinein mit Kenntnissen ausgestattet zu sein, die Kinder mit einer Art von Verarbeitungsmechanismus geboren werden, der sie befähigt, linguistische Daten zu analysieren (Derwing, 1973; Slobin, 1971 b). Sie meinen, daß 'das Gehirn des Kindes auf irgendeine vorbestimmte Art darauf eingerichtet ist, die Art von Strukturen, die die menschliche Sprache kennzeichnen, zu verarbeiten. . . Dies bedeutet nicht, daß das grammatische System selbst als angeborenes Wissen vorhanden ist, sondern daß das Kind angeborenerweise über Mittel verfügt, Information zu verarbeiten um innere Strukturen aufzustellen, und daß wenn diese Fähigkeiten auf die Sprache, die es hört, angewendet werden, das Kind eine Grammatik seiner Muttersprache erstellen kann'. (Slobin, 1971b:56).

Die Kernfrage ist diese: ist das Kind mit einem kompletten Satz linguistischer Universalien ausgerüstet, wie Chomsky meint? Oder ist es ausgerüstet mit einer besonderen Technik zur Durchführung der linguistischen Analyse? Ist sein Kopf vollgestopft mit Informationen? Oder mit einem Apparat zur Rätsellösung? Haben wir es mit Bernhard dem Behälter oder mit Veronika der Verarbeiterin zu tun?

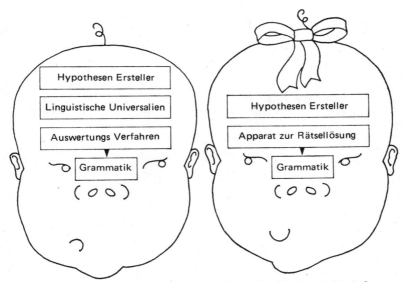

Bernhard der Behälter oder Veronika die Verarbeiterin?

In beiden Fällen, der Inhalts- wie der Verarbeitungstheorie, wird das Kind wohl am Ende dieselbe Anzahl linguistischer Universalien erhalten. Im zweiten Falle sind sie aber das Ergebnis eines eingebauten analytischen Vorganges. Sie sind nicht von Anfang an vorhanden.

Da das Endergebnis in beiden Fällen dasselbe sein kann, wird manchmal behauptet, daß die beiden Standpunkte fast nicht voneinander zu unterscheiden seien und als die beiden Seiten ein und derselben Medaille angesehen werden sollten. Geoffrey Sampson (1975:129) zum Beispiel meinte, daß wir es hier mit einer 'Unterscheidung ohne Unterschied' zu tun hätten. Er stützt sein Argument darauf, daß die Entwicklung der Sprache in gewissem Sinne wie das Wachstum der Zähne ist. 'Ich habe dreißig Zähne, obwohl ich mein Leben ohne irgendwelche Zähne anfing. Sollte ich also sagen, daß mein genetischer Plan eine Eintragung über (unter anderem) ein Gebiß mit dreißig Zähnen beinhaltet oder eher, daß mein Körper von Natur aus darauf eingerichtet war, die Nahrung, die ich seit der Empfängnis erhielt, so zu verarbeiten, daß das Wachstum von dreißig Zähnen verursacht wurde? Beide Argumentationsweisen scheinen gleichermaßen angemessen; und auch wenn man das Thema vom Erwerb der Zähne zum Erwerb der Sprache wechselt, wird die Verarbeitungs/Inhalts Unterscheidung keineswegs wesentlicher.'

Doch ähneln sich die beiden Ansichten nicht so sehr wie Sampson meint, denn jede Theorie verlangt nach einer anderen Art von Universalien. Chomskys Inhaltstheorie setzt voraus, daß diese Universalien sogenannte 'starke linguistische Universalien' sind, eine Reihe von Universalien, die der Sprache eigen sind und mehr oder weniger unabhängig von der allgemeinen Intelligenz. Andererseits sind bei der Verarbeitungstheorie nicht unbedingt mehr als nur 'schwache linguistische Universalien' notwendig, eine Reihe von Universalien, die sich mit logischem Denken und anderen geistigen Fähigkeiten überschneiden. Dies ist eine wichtige Unterscheidung.

Wir werden uns nacheinander mit jeder dieser Theorien befassen und beginnen mit Chomskys Inhaltstheorie. Zu Anfang wollen wir feststellen, wie Kinder Konstruktionen erwerben, die gemäß einem Modell der Transformationsgrammatik von 1965 erfordern, daß die Kinder auf eine abstrakte Tiefenstruktur, die auf der Oberfläche nicht in Erscheinung tritt, schließen. Dies mag uns Aufschluß darüber geben, ob Chomsky zurecht annimmt, daß Kinder 'erwarten', daß die Sprache auf zwei Ebenen angeordnet ist.

Gibt es Bernhard den Behälter wirklich?

Wir versuchen herauszufinden, ob Kinder automatisch 'wissen', daß sie Tiefenstrukturen vermuten müssen, die nicht an der Oberfläche auftreten. Hierzu werden wir insbesondere drei Konstruktionen des Englischen untersuchen: die Verlaufsform, das Passiv und die WH-Fragen Bildung. Um sich jede dieser Konstruktionen aneignen zu können, so meint Chomsky, muß das Kind zuerst die Tiefenstruktur entdecken.

Als erstes wollen wir uns mit der Verbform, die als Verlaufsform bekannt ist, befassen. Sie ist eine sehr häufige Verbform im Englischen und beschreibt eine gerade stattfindende Handlung:

    POLLY IS SNORING   (Polly schnarcht. Wörtlich: Polly ist schnarchend)

    ARTHUR IS WHISTING   (Arthur pfeift. Wörtlich: Arthur ist pfeifend.)

Dies ist eine 'unterbrochene' Konstruktion, die einem Sandwich ähnelt, bei dem zwischen die beiden Brotlagen etwas anderes gesteckt wurde, denn die grammatische Folge IS . . . ING, die den Verlauf anzeigt, wird vom Verb unterbrochen:

```
POLLY   | IS |   SNOR    | ING |
ARTHUR  | IS |   WHISTL  | ING |
```

Es wird deutlich, daß IS . . . ING sich wie eine einzige Einheit verhält, denn wenn eine stattfindende Handlung beschrieben wird, kommt niemals das eine ohne das andere vor. Im Englischen gibt es keine Sätze, wie

    *POLLY IS SNORE
or   *ARTHUR WHISTLING[1]

Hier muß man feststellen, daß die Form IS (AM, ARE) nicht immer in Verbindung mit -ING im Englischen auftritt. Sie steht alleine, wenn sie die sogenannte 'Kopula' oder Bindewort darstellt, wie in

  HE IS A MENACE (Er ist eine Bedrohung.)
  I AM ILL.   (Ich bin krank.)

Wenn aber AM (IS, ARE) Teil einer Verlaufsform sind, muß immer ein -ING am zugehörigen Verb auftreten.
In einer 'klassischen' Transformationsgrammatik, wird IS . . . ING als eine Einheit in der Tiefenstruktur behandelt:

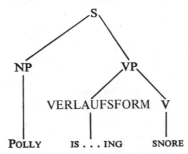

Falls dies die richtige Analyse ist, dann muß ein Kind, um die Verlaufsform zu erlernen, aus dem Oberflächlichen IS SNORING schließen, daß die richtige Tiefenanalyse dieser Kette IS . . . ING SNORE ist. Mit anderen Worten, wenn es auf eine Oberflächenkonstruktion mit der Form

  I X J
  IS SNOR–ING

trifft, muß es darauf gefaßt sein, dies als

---

[1] Vergleichbar mit der Perfektkonstruktion im Deutschen:
Martha *hat ge*schnarcht. Unmöglich sind: *Martha hat schnarchen und *Martha geschnarcht. Anm. d. Übers.

(I   J)   (X)
IS—ING   SNORE   zu analysieren.

Fodor meint, daß Kinder 'narürlicherweise' darauf eingerichtet seien, diese Art der Sandwichkonstruktion zu erkennen. Er schlägt vor, daß ein Kind an die Sprachlernsituation herantritt mit der Instruktion, daß wann immer eine Ausgangssituation mit der Beschreibung IXJ auftritt, eine der bevorzugteren Hypothesen für die syntaktische Analyse diejenige ist, daß ihre Grundstruktur (IJ) enthält und die Transformation aus der gerade beschriebenen Operation besteht. (Fodor, 1966:16).

Ist Fodors Behauptung zutreffend, daß eine Analyse von IXJ als (IJ) (X) eine 'bevorzugtere Hypothese' ist? Anders gesagt, fällt es Kindern leicht, mit solchen Unterbrechungen fertig zu werden? Sehen wir uns an, wie die Harvard-Kinder Adam, Eve und Sarah sich mit der Verlaufsform auseinandersetzten (Brown, 1973).

Alle Harvard-Kinder benutzten den -ING Teil der Verlaufsform schon früh. Sowohl Adam als auch Eve erwarben es früher als jede andere Endung. Aber sie ließen den IS (AM, ARE, etc)-Teil aus:

WHAT COWBOY DOING?   (Was macht der Cowboy)
WHY YOU SMILING?   (Warum lachst du)

Von diesem eindeutigen Muster gab es zwei Ausnahmen: ein Kind produzierte die Sätze:

I'M TWIST HIS HEAD.   (Ich bin seinen Kopf umdrehen)
I'M PLAY WITH IT.   (Ich bin damit spielen)

Eine sorgfältige Analyse zeigte jedoch, daß diese Sätze möglicherweise folgendes bedeuten sollten:

I'M GOING TO TWIST HIS HEAD (Ich werde seinen Kopf umdrehen)
I'M GOING TO PLAY WITH IT   (Ich werde damit spielen)

Somit waren dies keine wirklichen Ausnahmen, die einzige andere Unregelmäßigkeit kam von Adam, der einmal unerklärlicherweise sagte:

DEY ARE STAND UP   (Sie sind stehen auf).

Davon abgesehen, ließen alle drei Kinder das IS aus, fügten aber das -ING ein.

Die vollständige IS . . . ING Konstruktion trat erst nach einer langen Verzögerung auf. In Adams und Sarahs Sprache betrug der zeitliche Abstand mehr als zwölf Monate. Es entsteht der Eindruck, daß sie ein ganzes Jahr lang die Verbindung zwischen IS und -ING nicht sahen. Und es gibt anscheinend nichts an sich Schwieriges an den phonetischen Formen AM,

IS, ARE. Dies wird deutlich anhand der Tatsache, daß bei allen drei Kindern die Kopula IS (AM, ARE) wie in

    HE IS A COWBOY   (Er ist ein Cowboy)

einige Zeit vor dem AM, IS, ARE der Verlaufsform auftrat.
Welche Schlüsse lassen sich daraus ziehen? Wir haben entdeckt, daß es keine *bevorzugte* Analyse ist, das IJ (IS . . . ING) als eine unterbrochene Einheit in einer Folge IXJ (IS SINGING) zu erkennen, sondern daß diese Analyse die letzte Möglichkeit darstellt. Adam, Eve und Sarah schrieben das -ING sehr früh der Verlaufsform zu, wurden aber durch das vorausgehende IS verwirrt. Sie waren weit davon entfernt, eine Tiefenstruktur zu vermuten, die sich von der Oberflächenstruktur unterschied und deshalb wurden sie durch diese Sandwichkonstruktion völlig durcheinandergebracht. Unterbrechungen scheinen den natürlichen Intuitionen der Kinder über das Wesen der Sprache entgegenzustehen. Zumindest scheint dies bei der Harvard-Studie der Fall zu sein. Man muß hier übrigens beachten, daß wir im Augenblick nicht die Frage aufwerfen, ob die Kinder eine Tiefenstruktur nach Chomsky erwerben, *nachdem* sie sich die vollständige Verlaufsform angeeignet haben. Es gilt nur zu beweisen, daß bis jetzt Kinder nicht von Natur aus darauf vorbereitet zu sein scheinen, nach zwei Strukturebenen zu suchen.

Bei den Passivformen ergeben sich ähnliche Schwierigkeiten für Chomskys Vorschläge. Im Englischen und Deutschen ist es eine Konstruktion, die relativ spät erworben wird. Bis zu einem Alter von fünf oder sechs Jahren, neigen die Kinder dazu, Passivformen falsch als Aktivformen zu interpretieren, wenn es keine Hinweise aus dem Kontext gibt. Zum Beispiel,

    DER LIEFERWAGEN WURDE VON DEM BUS GERAMMT.

wird wohl meist interpretiert als:

    DER LIEFERWAGEN RAMMTE DEN BUS.

Aber

    DER LIEFERWAGEN WURDE VOM FEUERWEHRMANN GESTEUERT

wird möglicherweise richtig verstanden, denn es ist unwahrscheinlich, daß Lieferwagen Feuerwehrleute herumsteuern (Slobin, 1966a). Die Kinder neigen nicht dazu, spontan Passivformen zu produzieren und schneiden bei Tests, die Passivformen erfragen, schlecht ab (Fraser, Bellugi und Brown, 1963; Hayhurst, 1967). Doch ist diese Spätentwicklung nicht unbedingt negativ für Chomskys Ansicht. Das Passiv tritt in normalen englischen sowie deutschen Unterhaltungen wesentlich seltener auf als das Aktiv, somit ist es nicht besonders überraschend, wenn die Kinder die Auseinandersetzung mit der Bewältigung des Passivs auf später verschieben.

Man muß zwei verschiedene Arten von Passivsätzen beachten. Erstens gibt es die 'vollständigen' Passive, bei denen der Akteur oder das 'logische Subjekt', die Person, die die Handlung tatsächlich vornahm, ausgedrückt ist wie in:

DER SCHNEEMENSCH WURDE VON EINEM VERRÜCKTEN SKIFAHRER UMGERANNT:

Zweitens gibt es die 'kurzen' Passive, bei denen der Akteur nicht genannt ist wie in

DER SCHNEEMENSCH WURDE UMGERANNT.

Sollte Chomsky recht behalten und eine Tiefenstruktur, die das Passiv und das Aktiv miteinander in Verbindung setzt, erschlossen werden müssen, so können wir eine grundlegende Feststellung im voraus treffen. Passivsätze, die der zugrundeliegenden Struktur am nächsten sind, werden zuerst auftreten. Dies bedeutet, daß die vollständigen Passive mit Akteur sich früher entwickeln müßten als die kurzen Passive ohne Akteur, da der Akteur oder das 'logische Subjekt' in der Tiefenstruktur immer ausgedrückt ist.

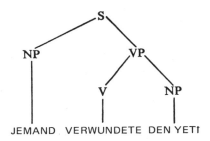

Tiefenstruktur (vereinfacht) von

JEMAND VERWUNDETE DEN SCHNEEMENSCHEN
DER SCHNEEMENSCH WURDE VON JEMANDEM VERWUNDET.

Unglücklicherweise für Chomskys Theorie tritt in Wirklichkeit das Passiv ohne Akteur als erstes auf. Kinder produzieren Sätze wie

DER HUND WURDE ÜBERFAHREN

bevor sie sagen

DER HUND WURDE VON EINEM BUS ÜBERFAHREN.

Mit anderen Worten, die Kinder erlernen die 'kurzen' Passivformen so, als handele es sich um eine Konstruktion ähnlich der Kopula + Adjektiv-Folge (Hayhurst, 1967; Derwing, 1973; Watt, 1970):

Kopula + Adjektiv	Kurzes Passiv
DER OFEN WURDE KALT	DER OFEN WURDE UMGESTOßEN
DER FISCH WURDE KALT	DER FISCH WURDE GEGESSEN

Die Passivformen mit genanntem Akteur entwickeln sich später und der Akteur wird anscheinend als fakultatives Extra behandelt, ähnlich wie andere adverbiale Phrasen, die in den Satz eingefügt werden können.

DER SCHNEEMENSCH WURDE	IN EINER FALLE VON EINEM JÄGER LETZTEN SAMSTAG	GEFANGEN

Es gibt keinerlei Hinweise darauf, daß die Kinder zum Erwerb des Passivs zuerst eine abstrakte, zugrundeliegende Struktur entdecken müßten, die ihn mit dem Aktiv verbindet. Die Aktiv- und Passivformen werden getrennt voneinander erlernt und erst in einem späteren Stadium miteinander in Verbindung gebracht. Urteilt man von den Passivformen ausgehend, so scheint es, daß die Kinder während der Zeit, in der sie den Hauptteil ihrer Sprache erwerben, nicht nach Tiefenstrukturen Ausschau halten. Ganz im Gegenteil scheinen sie sich hinsichtlich ihrer möglichen Existenz in gesegneter Unwissenheit zu befinden.

Auch durch die Entwicklung der Wh-Fragen (Fragen, die im Englischen mit WHAT, WHO, WHT, etc. beginnen, im Deutschen WAS, WER, WARUM) wird Chomskys Theorie in Verlegenheit gebracht. Alle Erwachsenen können einen Satz, wie

CLEMENTINE HAT EIN YAK GEKAUFT

mit der dazugehörigen Frage

WAS HAT CLEMENTINE GEKAUFT?

in Verbindung setzen.

Nach Chomsky sind diese Sätze wahrscheinlich auf ähnliche zugrundeliegende Strukturen zurückzuführen:

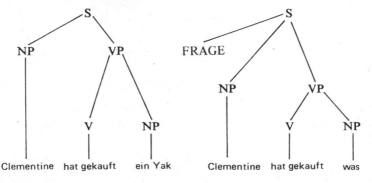

Tiefenstruktur (vereinfacht) von

    CLEMENTINE HAT EIN YAK GEKAUFT
    WAS HAT CLEMENTINE GEKAUFT?

Sollten Kinder auf eine Tiefenstruktur Bezug nehmen, so würden wir erwarten, daß sie ein Stadium durchlaufen, in dem sie sagen:

    CLEMENTINE HAT GEKAUFT WAS?

was der Tiefenstruktur näher liegt. Als wir uns aber die Entwicklung der W-Fragen im vierten Kapitel anschauten, fanden wir keine Anzeichen für ein solches Zwischenstadium. Kinder setzen von Anfang an das W-Wort an den Satzanfang:

    WAS COWBOY MACHT?

Es stimmt, daß sie eine zweite Phase durchlaufen, die aussieht wie ein Zwischenstadium zwischen Tiefenstruktur und Oberflächensatz:

    WAS ER KANN ESSEN?
    WARUM KITTY KANN NICHT AUFSTEHEN?

In diesen Sätzen müssen ER und KANN sowie KITTY und KANN noch umgestellt werden zu KANN ER und KANN KITTY. Doch dies ist äußerst dürftiges Beweismaterial, um daraus zu schließen, daß das Kind plötzlich für sich eine Tiefenstruktur entwickelt habe. Dabei tut das Kind wohl nichts weiter als seine ursprüngliche Hypothese beizubehalten 'Fragen werden gebildet, indem man ein W-Wort an den Satzanfang stellt', während es gleichzeitig der Struktur des Ausgangssatzes das Hilfsverb 'KANN' hinzugefügt hat. Abschließend läßt sich sagen, daß es keinerlei Beweise dafür gibt, daß Kinder Fragen auf eine Tiefenstruktur wie die von Chomsky vorgeschlagene, zurückführen.

Vielleicht sollte man hier eine Warnung einfügen über die Zweideutigkeit und Ungenauigkeit mit der einige Autoren davon sprechen, daß Kinder 'Transformationen erwerben'. Sobald ein Kind fähig ist die beiden folgenden Sätze in Beziehung zu setzen:

    MEIN DINOSAURIER Aß EIN KOKOSPLÄTZCHEN
    WAS HAT MEIN DINOSAURIER GEGESSEN?

sagen einige Autoren, daß es 'die Fragetransformation erworben hat'. Was sie wirklich meinen ist, daß das Kind Fragen bilden kann. Genaugenommen ist es aber nur zutreffend von einem 'Transformationserwerb' zu sprechen, wenn wir beweisen können, daß das Kind auf eine Tiefenstruktur zurückgeht, auf die die Transformation angewendet werden kann. Wie wir zu zeigen versuchen, ist dies nicht der Fall. Wir sind zu dem Schluß gekommen, daß es nicht notwendig ist eine Tiefenstruktur abzuleiten, um sprechen zu können. Die Kinder begreifen Konstruktionen wie das Passiv und W-Fragen, indem sie die Oberflächenmuster lernen und wie man diese verändert. Immer noch ist die Frage offen, ob zu einem späteren Zeitpunkt die Erwachsenen oder ältere Kinder über eine Tiefenstruktur nach Chomsky verfügen. Der Erwerb solcher zugrundeliegender Strukturen könnte Monate oder selbst Jahre später erfolgen. Dies könnte geschehen durch 'induktive' Ableitung von seiner schon erworbenen Menge von Oberflächenstrukturen. . . . Das Kind erlernt zuerst nur die Oberflächenstrukturen, die es beobachten kann und nur im Nachhinein konstruiert es von diesen aus eine ökonomischere und effizientere Menge von Regeln' (Schlesinger, 1967:398).

Zusammenfassend müssen wir feststellen, daß Chomskys Annahme, daß ein Kind bei der Beschäftigung mit der Sprache erwartet, zwei Strukturebenen vorzufinden, wohl falsch ist. Das Kind erwartet nur reguläre Oberflächenstrukturen. Trifft es diese nicht an, so ist es verwirrt wie im Falle der Verlaufsform. Nach langer Verzögerung erst wird ihm schließlich klar, daß hier unterbrochene Elemente vorliegen. Weiterhin gibt es keinerlei Beweise dafür, daß ein Kind gezwungenermaßen Tiefenstrukturen erwirbt, die Verbindungen herstellen, um das Passiv und W-Fragen zu erlernen. Das Kind erlernt Oberflächenstrukturen. Ob es *später* diese Oberflächenstrukturen mit Chomskys Tiefenstrukturen in Verbindung setzt, ist eine Frage, die in einem späteren Kapitel behandelt wird.

Wie funktioniert Veronika die Verarbeiterin?

In ihrer extremen Form haben wir Chomskys sogenannte Inhaltstheorie zurückgewiesen, die Annahme, daß Kinder mit großen Stücken detaillierter Information über sprachliche Universalien geboren werden. Wenden wir uns nun der alternativen Verarbeitungstheorie zu, die besagt, daß Kinder anstatt einer Vorausinformation eine Art von Verarbeitungsmechanismus besitzen, der sie befähigt, linguistische Daten zu analysieren und zu verarbeiten.

Eine Verarbeitungstheorie nimmt an, daß ein Kind eine Reihe von vielleicht unbewußt angewandten 'Strategien' oder 'Vorgehensweisen' hat, die es dann ins Spiel bringt, wenn es sprechen lernt. Bittet man einen Erwachsenen irgendeine geistige Leistung zu vollbringen, so wird er sich automatisch 'Strategien' oder Pläne ausdenken, um diese Leistung erreichen zu können. Angenommen er spielt ein Erinnerungsspiel, bei dem man von den Gegenständen auf einem Tablett so viele wie möglich in Erinnerung behalten muß. Eine mögliche Strategie für dieses Spiel könnte der Befehl an uns selbst sein 'Nimm die größten Gegenstände als Angelpunkte'. Der Spieler könnte sich dann merken, daß an der oberen linken Ecke eine Milchflasche ist, eine Grapefruit in der Mitte und eine Haarbürste rechts.

Danach könnte er zu sich sagen 'Merke Dir die Sachen um die Milchflasche herum im Uhrzeigersinn.', dann 'Merke Dir die Sachen um die Grapefruit herum im Uhrzeigersinn'. Und so weiter, bis er sich alles auf dem Tablett gemerkt hat. Kinder könnten sich unbewußt solche Strategien zurechtlegen im Zusammenhang mit dem Erlernen der Sprache.

Sollten solche Operationsprinzipien bestehen, wie sehen sie aus und wie können wir sie feststellen? Leider können wir Kinder nicht fragen, "Wie findest du das alles heraus? Wie puzzelst du dir eine Grammatik zurecht?" Trotzdem ist es mit ein wenig Phantasie nicht unmöglich herauszufinden, welche sprachlichen Aspekte die Kinder schwer finden und welche ihnen leicht fallen. Dies kann Hinweise darauf geben, in welcher Weise ein Kind natürlicherweise eingerichtet ist, um Sprachlernprobleme anzugehen. Dafür gibt es hauptsächlich drei Methoden. Als erstes können wir uns ansehen, in welcher Reihenfolge die Konstruktionen erworben werden und prüfen, ob wir dabei irgendwelche Strategien entdecken können. Als zweites, können wir uns mit den Fehlern befassen, die Kinder machen. Als drittes, können wir die Sprache von zweisprachigen Kindern analysieren. Sehen wir uns alle diese Methoden etwas genauer an.

Die Untersuchung der Reihenfolge, in der Kinder bestimmte Konstruktionen erwerben, ist vielleicht die am wenigsten ergiebige von diesen drei Möglichkeiten. Sie vermag uns keinen direkten Einblick in die Strategien des Kindes zu vermitteln. Die Reihenfolge des Erwerbs könnte das Ergebnis einer Reihe anderer Faktoren unabhängig von der sprachlichen Kompliziertheit sein. Eine Möglichkeit wäre, daß sie die Häufigkeit widerspiegelt mit der die Formen von den Eltern gebraucht werden. Eine weitere besteht darin, daß sie auf die gedankliche Komplexität der verschiedenen ausgedrückten Gedanken schließen läßt. In verschiedenen Studien hat man versucht dies aufzudecken. Roger Brown untersuchte den Erwerb von einer Reihe von grammatischen Endungen und Funktionswörtern durch die Harvard-Kinder Adam, Eve und Sarah (1973) und eine Doktorantin der London School of Economics, Gisela Szagun, hat eine Studie über den Erwerb der Zeiten durch englische und deutsche Kinder erstellt (1975). Beide versuchen abzuschätzen welche relative Bedeutungen bei der Reihenfolge des Erwerbs der linguistischen Komplexität, gedanklichen Komplexität und Häufigkeit des elterlichen Gebrauchs zukam.

Mit der Häufigkeit kann man sich wohl am leichtesten befassen. Sowohl Brown als auch Szagun kommen etwas überraschenderweise zu dem Schluß, daß die Häufigkeit, mit der die Eltern die verschiedenen Formen benutzen, nicht besonders wichtig ist. Brown sagt, daß obwohl es eine Binsenwahrheit ist, daß Kinder keine Konstruktionen entwickeln, die sie normalerweise nicht hören, er doch 'bereit ist zu schließen, daß die Häufigkeit keine bedeutende Variable darstellt'. (Brown 1973:368). Szagun schreibt, daß alle Kinder, die sie untersuchte, das Perfekt (ich bin gekommen) vor dem Imperfekt (ich kam) benutzen, obwohl die Eltern eine leichte Bevorzugung des Imperfekts zeigten.

Ganz so schnell können wir nicht mit dem zweiten Faktor, der gedanklichen Komplexität fertig werden. Sie ist nicht sehr einfach zu messen, deshalb sind sich die Psycholinguisten nicht sicher, wieviel Bedeutung man ihr beimessen sollte. Es scheint jedoch, daß wir ihre Wichtigkeit in bezug auf den Erwerb der Zeiten nicht unterschätzen dürfen. Anscheinend beginnen die Kinder damit, daß sie Verbformen benutzen, die eine stattfindende Handlung in der Gegenwart beschreiben - das heißt, eine Form, die zutrifft zur Zeit des Sprechens, wie MUTTI WÄSCHT (engl. MUMMY (IS) WASHING). Von dieser Beschäftigung mit der Gegenwart gehen sie dann über auf die nächste Vergangenheit und die nächste Zukunft, z.B. ES FIEL bezieht sich auf ein Glas Milch, das vor kurzem fallengelassen wurde und ICH WERD' IHM GLEICH EINE RUNTERHAUEN wurde gesagt, während das Kind durchs Zimmer lief, um dem Hund einen Klaps zu verabreichen. Eve in der Studie von Roger Brown benutzte HAFTA (Zusammenziehung von Have to= muß), um eine unmittelbare Absicht auszudrücken, wie bei I HAFTA EAT MY ICE CREAM (Ich muß mein Eis essen) und I HAFTA PEE-PEE JUST TO PASS THE TIME AWAY (Ich muß Pipi machen, nur um die Zeit totzuschlagen). Nach dem Stadium der nächsten Vergangenheit und Zukunft fangen die Kinder an, über die weiter zurückliegende Vergangenheit und Zukunft zu sprechen, wie in

      WIR SPERRTEN ONKEL DAVID AUS
oder VATI FING EINE MAUS.

die sich beide auf Vorgänge bezogen, die vor Tagen oder Wochen stattfanden.

Diese auswärts gerichtete Entwicklung des Ausdrucks der Zeiten, spiegelt sich anscheinend in der benutzten Form der Zeiten wider. Dies könnte erklären, warum das -ING der Gegenwartsverlaufsform so früh auftritt und mag auch der Grund dafür sein, daß die von Szagun untersuchten deutschen Kinder das Perfekt vor dem Imperfekt benutzten, obwohl oberflächlich betrachtet viel einfacher ist; denn das Perfekt im Deutschen drückt eine erst kurz vergangene Handlung aus.

Da einige Aspekte der Sprachentwicklung wie auch der Erwerb der Zeiten eindeutig mit der kognitiven (verstandesmäßigen) Entwicklung in Verbindung stehen, sind einige Psychologen zu der extremen Ansicht gelangt, daß die kognitive Entwicklung allein den Spracherwerb erklärt. Wenn Kinder ein jeweiliges kognitives Stadium erreichen fühlen sie ein starkes Verlangen, diese Erkenntnisse in Worten auszudrücken. Doch diese Ansicht ist etwas zu vereinfachend. Die kognitive Entwicklung vermag zwar zu erklären, warum die Verlaufsform der Gegenwart (MUMMY IS WASHING) vor der einfachen Vergangenheit (MUMMY WASHED = Mutti wusch) auftritt aber nicht, warum englische Kinder zuerst sagen MUMMY WASHING anstatt MUMMY IS WASH oder sogar die vollständige richtige Form MUMMY IS WASHING. Es scheint wahrscheinlich, daß für diese Vorgänge linguistische Faktoren ausschlaggebend sind.

Ist es uns denn nun möglich, irgendwelche Sprachlernstrategien zu definieren, nachdem wir die anderen möglichen Faktoren herausgefiltert haben? Ja — wir können eine vorläufige Hypothese über die Aspekte des Spracherwerbs aufstellen, die nicht durch die kognitive Entwicklung zu erklären sind. Zum Beispiel können wir fünf unabhängige Hypothesen erstellen, um die späte Entwicklung der vollständigen Verlaufsform deutlich zu machen sowie die Tatsache, daß sich das IS der Verlaufsform erst ungefähr ein Jahr nach dem -ING entwickelt. Wir können diese Hypothesen als 'angeborene' Befehle formulieren, die das Kind sich selbst unbewußt geben mag, wenn es versucht, linguistische Daten zu analysieren:

1. Schreibe jedem Bedeutungselement nur eine Form zu.
2. Sprachliche Elemente sollten nicht unterbrochen werden.
3. Merke, daß die Form der Wörter systematisch und sinnvoll verändert werden kann.
4. Beachte die Wortendungen.
5. Rechne damit, daß Wörter durch Suffixe (angehängte Silben) verändert werden können.

Natürlich sind dies im Moment reine Hypothesen. Es scheint aber noch zusätzliche Beweise zu ihrer Unterstützung zu geben. Zum Beispiel scheint Befehl 2 (Sprachliche Elemente sollten nicht unterbrochen werden) durch die Art, in der Kinder Relativsätze (Nebensätze, die durch Relativpronomen, wie WER, WELCHE, DAS eingeleitet werden) entwickeln, untermauert zu werden. Sätze, bei denen der Relativsatz den Hauptsatz unterbricht, entwickeln sich später, als diejenigen, in denen der Relativsatz auf den Hauptsatz folgt. Zum Beispiel Sätze dieser Art:

    YOGI SAH EINEN TINTENFISCH (, DER ZWANZIG BEINE HATTE)

entwickelt sich vor Sätzen, wie:

    DER TINTENFISCH (, DER ZWANZIG BEINE HATTE) ENTKAM.

Darüberhinaus neigen Kinder dazu einen Satz so abzuändern, daß der Relativsatz den Hauptsatz nicht unterbricht, wenn man sie auffordert, solche Sätze zu wiederholen. Ein Kind, das den Satz

    DIE EULE (, DIE BONBONS FRIßT) LÄUFT SCHNELL

wiederholen sollte, wiederholte ihn als:

DIE EULE FRIßT EIN BONBON UND SIE LÄUFT SCHNELL
(Slobin und Welsh, 1967)

So scheint auch der Befehl 4 (achte auf Wortendungen) unbewußt befolgt zu werden, selbst wenn die Kinder es nicht mit speziellen Flexionsendungen zu tun haben. Wenn englische Kinder zwei Wörter verwechseln, so stimmt meistens der letzte Teil: THE LION AND THE LEPRECHAUN für 'The lion and the unicorn' (Der Löwe und der Gnom, bzw. Der Löwe und das Einhorn) ICE CREAM TOILET für 'Ice cream cornet' (Eiskremtoilette bzw. Eiskremtüte) (Aitchison, 1972). Im Deutschen können wir dies vielleicht mit Sätzen, wie 'Der Löwe und das Nashorn' anstatt 'Der Löwe und das Einhorn' und 'Bonbonblüte' anstatt 'Bonbontüte' deutlich machen. Es ist recht bekannt, daß Kinder oft die erste Silbe eines Wortes weglassen oder verwechseln, besonders, wenn sie nicht betont ist, wie im Englischen bei RITACK, RIDUCTOR, RIFECTION anstatt 'attack', 'conductor' und 'infection' (Angriff, Schaffner, Infektion) (Smith, 1973:172). Dies geschieht jedoch nicht nur, weil die Silbe unbetont ist. Es liegt auch daran, daß die Silbe am Wortanfang steht. Im Tschechischen, wo Anfangssilben betont sind, werden die nicht betonten Endsilben von den Kindern besser behalten, wie ein Forscher berichtet (Pacesova, 1968, wiedergegeben in Slobin, 1973). Ein weiterer Beweis dafür, daß Wortendungen einprägsamer sind als Vorsilben oder Dinge, die vor einem Wort stehen, wird durch die Tatsache geliefert, daß englische Kinder Präpositionen auslassen, die für den Satz unabdingbar sind (MUMMY GARDEN = Mutti Garten) und das noch zu einem Zeitpunkt zu dem sie schon begonnen haben die richtigen Wortendungen zu benutzen (DADDY SINGING = wörtl. Vati singend).

Es ist jedoch vielleicht gefährlich, zuviele Schlüsse allein aus der Reihenfolge des Erwerbs zu ziehen. Deshalb wollen wir uns nun einer zweiten Methode zuwenden, mit der wir Operationsvorgänge erkennen können — durch die Analyse der Fehler der Kinder. Wir können uns sowohl die spontanen Fehler wie auch die Fehler, die bei Wiederholungstests gemacht werden, ansehen. Natürlich muß man die Wiederholungstests mit Vorsicht betrachten, da sie manchmal vielleicht lediglich zeigen, daß ein Kind nicht mit allen Informationen, die in einem Satz enthalten sind, fertig werden kann. Ein Kind wird meist einen Satz, in den zuviel hineingepresst wurde, vereinfachen. Zum Beispiel:

    DER ALTE GRAUE WOLF JAGTE KANINCHEN

wird wohl als

    DER ALTE WOLF JAGTE KANINCHEN

wiederholt werden.

(Smith, 1967)

Unter Beachtung dieses Vorbehalts können aber Fehler in Wiederholungstests wie spontane Fehler auch, ein nützlicher Hinweis auf die Aspekte der Sprache sein, die einem Kind schwierig vorkommen.

Die Ähnlichkeit der Fehler, die unabhängig voneinander von Kindern, die Englisch lernen gemacht werden, ist beeindruckend. Sie 'machen nicht nur dieselben Arten von Fehlern; sie machen sie sogar bei den gleichen Wörtern. Die Ähnlichkeiten zwischen diesen Kindern, trotz der Unterschiede ihrer Heimatdialekte, sind zu umfassend, um unbeachtet zu bleiben' (Cazden, 1972:48). Diese Art der Einheitlichkeit weist darauf hin, daß bestimmte Erwartungen der Kinder bezüglich dessen, wie eine Sprache aussieht, nicht erfüllt werden. Sie scheinen ein Verfahren anzuwenden, das bei ihrer Analyse von Englisch nicht zutrifft.

Es ist zum Beispiel ein sehr häufiger Fehler von fast allen englischsprechenden Kindern, daß sie dazu neigen Passive als Aktive auszulegen:

DIE EINTAGSFLIEGE WURDE VON DEM DINOSAURIER GEJAGT

wird wahrscheinlich als

DIE EINTAGSFLIEGE JAGTE DEN DINOSAURIER

interpretiert. Und ein Satz wie:

DER FLOH WAR SCHWER ZU SEHEN

wird wohl verstanden als:

FÜR DEN FLOH WAR ES SCHWER ZU SEHEN.

Die Kinder scheinen davon auszugehen, daß das Englische einer einheitlichen Subjekt-Verb-Objekt Wortstellung folgt. Das Operationsprinzip, durch das sie zu dieser Strategie gekommen sind, ist wohl die Annahme, daß die Wortstellung wichtig ist und in einem konsequenten Bezug zur Bedeutung steht. Mit anderen Worten, die Kinder folgen der grundlegenden Verfahrensregel: 'Achte auf die Reihenfolge der Wörter. 'Weiterhin versuchen die Kinder bei Wiederholungstests einem oberflächlichen verwirrenden Satz die Subjekt-Verb-Objekt Reihenfolge aufzuzwingen. Zum Beispiel:

THE BOY THE CHAIR HIT WAS DIRTY (Der Junge, den der Stuhl traf, war schmutzig)

wird wiederholt als:

BOY HIT THE CHAIR WAS DIRTY (Junge traf den Stuhl war schmutzig)''
(Slobin und Welsh, 1973).

Weitere Unterstützung findet diese Strategie in der Beobachtung, daß Kinder selbst in Sprachen, in denen die Wortstellung unbedeutend ist, in einigen Fällen versuchen eine einheitliche Reihenfolge in ihren Äußerungen beizubehalten (Slobin 1966). Slobin schreibt: "Eines der frühesten und dominierendsten Verfahrensprinzipien bezieht sich auf die Aufmerksamkeit, die der Reihenfolge von Elementen in einer Äußerung gewidmet wird. Es entsteht der Eindruck, daß eine der Grundeinstellungen, die das Kind für die Aufgabe der grammatischen Entwicklung mit sich bringt, diejenige ist, daß die Stellung der Elemente in einer Äußerung mit der ihr zugrundeliegenden semantischen Beziehung verbunden ist" (Slobin, 1973: 197).

Ein weiterer häufiger Fehler (der schon einige Male in diesem Buch erwähnt wurde) ist der Gebrauch von allzu regelmäßigen Formen unregelmäßiger Verben oder Substantive durch die Kinder. Ein Kind neigt dazu, GEHTE anstatt GING, NEHMTE anstatt NAHM, STUHLE anstatt STÜHLE zu sagen, totz häufigen Hörens der richtigen Formen. Dies untermauert ein Verfahrensprinzip, das wir schon angeführt haben: "Schreibe jedem Bedeutungselement nur eine Form zu." So könnte es sein, daß ein Kind, wenn es der Meinung ist, daß es eindeutig eine Pluralendung -s (im Deutschen vielleicht nicht ganz so eindeutig -e) und eine Vergangenheitsendung -d (deutsch -te) erkannt hat, es dies zuversichtlich für alle Plurale und Vergangenheitsendungen verallgemeinert — und dann solche Formen wie STUHLE, GEHTE und NEHMTE bildet.

Trotz der Erklärung möglicher Erwerbsstrategien, die durch Fehler geliefert werden, ist es doch die dritte Methode, die Untersuchung zweisprachiger Kinder, die die zuverlässigsten Hinweise auf ihre Verfahrensweisen zu geben scheint. Ein Pionier dieser Methode war Dan Slobin 1973), ein Psychologe der Universität von Kalifornien in Berkeley. Sie schließt die verwirrende Möglichkeit aus, daß das Kind eventuell nur Schwierigkeiten hat mit den Vorstellungen, die es ausdrücken will. Slobin weist darauf hin, daß Kinder, die beim Aufwachsen zwei Sprachen lernen, normalerweise parallele Konstruktionen nicht gleichzeitig in beiden Sprachen erlernen. Zum Beispiel, erwerben Kinder, die Ungarisch und Serbokroatisch als gleichberechtigte Muttersprachen erlernen, ungarische Ortsangaben (Lokative), wie IN DEN KASTEN HINEIN, AUF DEM TISCH, lange bevor sie die entsprechenden serbokroatischen Lokative produzieren. Eindeutig kann es sich hier nicht um eine Schwierigkeit in der Vorstellung von Ortsangaben handeln, da die ungarischen Lokative unter den richtigen Bedingungen gebraucht werden. Daraus läßt sich schließen, daß den serbokroatischen Lokativen linguistisch gesehen, irgendeine Schwierigkeit zueigen ist. Sie müssen irgendwie den natürlichen Erwartungen des Kindes über seine Sprache widersprechen, da seine Verfahrensmechanismen nicht die richtige Analyse liefern. Sehen wir uns nacheinander die ungarischen und serbokroatischen Beispiele an. Der ungarische Lokativ zum einen wird durch Suffixe gebildet, die an ein Substantiv angehängt werden. Jede Ortsangabe HINEIN, AUF, IN und so weiter ist jeweils eine einzige unverwechselbare Silbe, die an das Hauptwort angehängt wird.

z.B. HAJÓBAN 'Boot - in, im Boot'
      HAJÓBÓL 'Boot -heraus, aus dem Boot (aussteigen).'

Zum anderen nun die serbokroatischen Lokative, die bei weitem nicht so eindeutig sind. Das serbokroatische Wort U kann entweder 'hinein' oder 'in' bedeuten. Man kann den Unterschied feststellen, indem man die Endung des folgenden Substantivs betrachtet:

U KUĆU 'in das Haus hinein'
U KUĆI 'im Haus'

Die Situation wird weiterhin dadurch kompliziert, daß die Substantivendungen nicht nur im Zusammenhang mit dieser Präposition benutzt werden, sondern auch noch andere Verwendungen haben. Was noch schlimmer ist, eine andere Präposition K 'auf etwas zu' von der man annehmen könnte, daß sie dieselbe Wortendungen haben müßte wie U, hat tatsächlich eine ganz andere Endung. Im Serbokroatischen treffen wir also auf ein und dieselbe präpositionale Form mit verschiedenen Bedeutungen und mit mehreren Substantivendungen. Wir finden ferner Präpositionen mit ähnlicher Bedeutung aber mit verschiedenen Wortendungen; noch dazu werden diese Endungen auch für verschiedene andere Zwecke eingesetzt. Kein Wunder, daß die Kinder durcheinandergeraten!

Außer die etwas offensichtliche und naive Feststellung zu treffen, daß der ungarische Lokativ 'einfacher' sei, als der serbokroatische, können wir auch noch etwas weiter gehen. Als erstes sehen wir, daß der 'einfache' ungarische Lokativ durch regelmäßige Substantivendungen ausgedrückt wird. Dies ist wiederum eine Stärkung für die drei Verfahrensweisen, die wir schon erwähnten: 'Merke, daß die Form der Wörter systematisch und sinnvoll verändert werden kann'; 'Beachte die Wortendungen' und 'Rechne damit, daß Wörter durch Suffixe verändert werden können'. Dagegen stehen die 'schwierigen' serbokroatischen Lokative, die sowohl eine Präposition, als auch eine Substantivendung haben, um eine einzige örtliche Vorstellung auszudrücken, im Widerspruch zu mindestens zwei der wahrscheinlichen Erwartungen, die (wie wir früher schon feststellten) die Kinder hinsichtlich des Spracherwerbs hegen: 'Schreibe jedem Bedeutungselement nur eine Form zu' und 'Sprachliche Elemente sollten nicht unterbrochen werden'. Kurz gesagt, es sieht so aus, als erfüllten die ungarischen Lokative die Erwartungen der Kinder und als widersprächen die serbokroatischen Lokative ihnen.

Bis jetzt haben wir uns mit drei Methoden befaßt, mit denen man erkennen kann, welche sprachlichen Aspekte den Kindern Schwierigkeiten bereiten: wir können die Reihenfolge der Erwerbs betrachten, wir können die kindlichen Fehler analysieren und wir können die Sprache von Zweisprachigen untersuchen. Als Ergebnis haben wir eine Reihe von 'Selbstinstruktionen' aufgestellt, die ein Kind unbewußt für die Aufgabe des Spracherwerbs mitbringen könnte:

1. Schreibe jedem Bedeutungselement nur eine Form zu.
2. Sprachliche Elemente sollten nicht unterbrochen werden.
3. Merke, daß die Form der Wörter systematisch und sinnvoll verändert werden kann.
4. Beachte die Wortendungen.
5. Rechne damit, daß Wörter durch Suffixe verändert werden können.
6. Beachte die Reihenfolge der Wörter.

Aber das ist nur ein Anfang. Slobin hat einige weitere vorläufige Thesen über die Operationsweisen von Kindern aufgestellt (1973). Doch muß noch erheblich mehr Forschungsarbeit mit zweisprachigen Kindern und mit anderen Sprachen als Englisch, geleistet werden, bevor wir guten Gewissens ein universales Bündel von Erwerbsstrategien formulieren können.

Fassen wir zusammen: in diesem Kapitel versuchen wir, genau zu verfolgen, wie ein Kind die Grammatik aus den Daten herauszieht, die es um sich herum hört. Chomskys Annahme, daß ein Kind mit dem Wissen ausgestattet sei, daß die Sprache auf zwei Ebenen angeordnet ist — einer Tiefenebene und einer Oberflächenebene — scheint nicht zuzutreffen. An die Stelle von 'Bernhard dem Behälter', einem Kind, dessen Gehirn das Wissen um sprachliche Universalien enthält, sollten wir vielleicht eine 'Veronika die Verarbeiterin' setzen — ein Kind dessen Gehirn mit einem Mechanismus zur Aufgabenlösung ausgestattet ist.

Veronika die Verarbeiterin geht an die Sprache heran wie an ein Rätsel, das gelöst werden muß. Um die Lösung zu finden, benutzt sie eine Reihe von eingebauten 'Operationsverfahren' oder Strategien, die ihr angeben, wie sie vorgehen muß. Wie genau diese Strategien aussehen, ist bis jetzt noch nicht klar — obwohl es uns möglich war, einige Rahmenvorschläge zu formulieren, wie 'Beachte die Reihenfolge der Wörter — Beachte die Wortendungen'.

Bernhard der Behälter und Veronika die Verarbeiterin sind nicht nur unterschiedliche Beschreibungsweisen derselben Sache — Bernhards sprachliche Universalien sind nur an die Sprache gebunden und stehen in keinerlei Beziehung zur allgemeinen kognitiven Entwicklung, während Veronikas Universalien wahrscheinlich mit anderen Aspekten der Intelligenz in Verbindung stehen. Doch sowohl Bernhard als auch Veronika müssen einen Prozeß durchlaufen, bei dem sie fortlaufend Hypothesen aufstellen, um die Daten zu erklären, die sie um sich herum hören. Wie Slobin schreibt: "Während wir uns darüber uneins sein können, inwieweit dieser Prozeß der Grammatikentwicklung eine sehr detaillierte angeborene Sprachfähigkeit verlangt, kann es doch keinen Zweifel darüber geben, daß der Prozeß ein vielfältiges strukturiertes und aktives kindliches Gehirn voraussetzt' (Slobin 1973:208).

Obwohl wir nun unsere Erörterung des Spracherwerbs abgeschlossen haben, bleibt eine Frage immer noch offen. Welche Art von Grammatik hat jemand, der den Erwerb der Sprache beendet hat? Mit anderen Worten, wie sieht die innere Grammatik eines Erwachsenen aus? Ist es eine Transformationsgrammatik? Dies ist die Frage, mit der wir uns als nächstes befassen. Zuvor machen wir aber noch einen kurzen Exkurs, indem wir folgendes Thema behandeln: wieso kam Chomsky überhaupt auf die Vorstellung von einer Transformationsgrammatik?

8. Kapitel

Himmlisch entrückte Unverständlichkeit

Warum der Vorschlag einer Transformationsgrammatik?

"Wenn mir das auch nur einer von ihnen erklären kann", sagte Alice, "dann will ich Hans heißen. Meiner Meinung nach ist darin keine Spur von Sinn.".... "Wenn es keinen Sinn hat", sagte der König, "können wir uns sehr viel Mühe sparen, denn dann brauchen wir ihn gar nicht erst zu suchen. Und doch, ich weiß nicht," fuhr er fort, "einigen Sinn kann ich, glaube ich, doch darin entdecken."

Lewis Carroll
Alice im Wunderland

Sprachwissenschaftlern und insbesondere Transformationalisten wird manchmal der Vorwurf gemacht, sie seien 'zu abstrakt' und 'zu weit weg von der Realität'. So verdammte zum Beispiel ein Kritiker 'diese himmlisch entrückte Unverständlichkeit, die die Sphäre ist, in der der wahre Jünger der Linguistik normalerweise schwebt und tanzt' (Philip Toynbee, Observer). Dabei versuchen fast alle Linguisten, nicht nur die Psycholinguisten, festzustellen, wie die geistige 'Grammatik' eines Sprechers aussieht — die verinnerlichten Regeln, die es jemandem ermöglichen seine Sprache zu verstehen und zu sprechen. Wie Chomsky schreibt: "Der Linguist, der die Grammatik einer Sprache konstruiert, schlägt damit tatsächlich eine Hypothese über dieses internalisierte System vor" (Chomsky, 1970, S. 49).

So taucht zwangsläufig folgende Frage auf: wenn die Linguisten wirklich versuchen, Theorien über ein internalisiertes System aufzustellen, warum sind sie dann auf etwas gekommen, das so komplex und abstrakt ist wie die Transformationsgrammatik? Sicherlich gibt es andere Arten von Grammatik, die nicht so seltsam anmuten? Einige der Gründe, warum eine Transformationsgrammatik formuliert wurde, haben wir in Kapitel 1 erwähnt, doch die Frage wird hier unter einem anderen Gesichtspunkt erörtert werden.

Jupiters Stabinsekten

Angenommen ein Raumschiff mit englischsprechenden Menschen wäre auf dem Jupiter gelandet. Als Bewohner fanden sie auf dem Planeten eine Art von grünen Stabinsekten vor, die sich untereinander verständlich machten, indem sie sich hinsetzten und mit ihren stabförmigen Zehen wackelten. Die Englischsprecher konnten die Zehenwackelsprache auf dem Jupiter leicht lernen. Es war eine Zeichensprache wie die vom Washoe, bei der Zeichen für Wörter standen, ohne augenscheinliche Strukturierung. Somit war die Kommunikation kein großes Problem. Doch der Kaiser des Jupiter begann diese Fremden stark zu beneiden, die herumlaufen und sich gleichzeitig unterhalten konnten. Sie mußten nicht anhalten, sich hinsetzen und mit den Zehen wackeln. So entschloß er sich Englisch zu lernen.

Zuerst nahm er an, daß das eine einfache Aufgabe sei. Er befahl seinen Dienern alle Sätze festzuhalten, die die Englischsprecher sprachen, zusammen mit deren Bedeutung. Jeden Morgen schloß er sich in seinem Büro ein und lernte alle Sätze auswendig, die am Tage zuvor aufgezeichnet worden waren. Unermüdlich führte er diese Übung ungefähr ein Jahr lang durch, er lernte brav jeden Satz, den die Fremden sprachen. Da er ein Bewohner der Jupiters war, hatte er keine natürliche Fähigkeit zu verstehen wie eine Sprache funktioniert. So entdeckte er nicht, daß bestimmte Muster hinter den Worten steckten, er lernte sie nur einfach auswendig. Schließlich fand er, daß er genug wüßte, um sein Wissen bei einer Unterhaltung mit den Engländern zu überprüfen.

Das Ergebnis war eine Katastrophe. Es schien als hätte er nicht die Sätze erlernt, die er anwenden mußte. Als er die Engländer fragen wollte, ob sie Seeigelsuppe mochten, war der naheliegendste Satz, an den er sich erinnern konnte 'Die Suppe schmeckt aber komisch. Welche Suppe ist das?' Als es regnete und er wissen wollte, ob der Regen den Fremden vielleicht schaden würde, war sein geeignetster Satz 'Es regnet, können wir hier Gummistiefel und Schirme kaufen?'

Er begann an der Aufgabe, die er sich selbst gestellt hatte, alle englischen Sätze auswendig zu lernen, zu zweifeln. Würde es jemals ein Ende geben? Er verstand, daß jeder Satz aus Einheiten zusammengesetzt war, die Wörter genannt wurden, wie MARMELADE, SECHS, HELFEN, BLASE, die immer wieder auftauchten. Obwohl er nun die meisten Wörter, die vorkamen wiedererkannte, traten sie doch immer in neuen Kombinationen auf, deshalb schien die Zahl der neuen Sätze niemals abzunehmen. Was noch schlimmer war, einige der Sätze waren extrem lang. Er erinnerte sich an einen, in dem ein Englischsprecher über einen gefräßigen Jungen gesprochen hatte: 'Alexander aß zehn Würstchen, vier Marmeladekuchen, zwei Bananen, ein Plunder, sieben Baisers, vierzehn Orangen, acht Scheiben Toast, vierzehn Äpfel, zwei Eisbecher und drei Amerikaner und dann wurde ihm schlecht'. Verzweifelt fragte sich der Kaiser, was wohl mit dem Satz geschehen wäre, wenn es Alexander nicht schlecht geworden wäre. Wäre er ewig weitergegangen? Ein anderer Satz bereitete ihm Kummer. Ein

Englischsprecher hatte ihn aus einer Zeitschrift vorgelesen, es war die Zusammenfassung der vorangegangenen Episoden eines Fortsetzungsromans: 'Virginia, die als Gouvernante in einem alten Schloß in Cornwall arbeitete, verliebt sich in den Sohn Charles ihres Arbeitgebers, der eine Dorfschönheit liebt, die Linda heißt, die nur Augen hat für Philip den Neffen des Fischers, der verrückt ist nach seiner Halbschwester Phyllis, die den hübschen jungen Bauern Tom liebt, der sich nur um seine Schweine kümmert'. Wahrscheinlich gingen dem Autoren die Personen aus, die er beschreiben konnte, dachte sich der Kaiser, sonst wäre der Satz wohl immer noch länger geworden.

So hatte der Kaiser schon selbständig zwei grundlegende Tatsachen über die Sprache erkannt. Es gibt eine endliche Anzahl von Elementen, die in einer mathematisch gesehen, enormen Anzahl von Variationen zusammengesetzt werden können. Es ist grundsätzlich unmöglich alle Sätze auswendig zu lernen, da es linguistisch keine Grenze für die Länge eines Satzes gibt. Unzählige 'Teil'sätze können an den Ausgangssatz angehängt werden, ein Vorgang, den man 'Verbinden' (conjoining) nennt:

Teilsätze können aber auch in den Ursprungssatz eingefügt oder eingebettet werden:

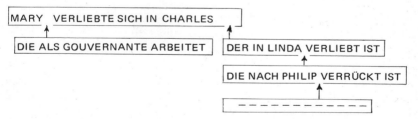

Diese Eigenschaft der Sprache wird REKURSIVITÄT genannt, vom Lateinischen 'noch einmal durchlaufen' — man kann dieselbe Regel wiederholt auf einen Satz anwenden, ein Vorgang, der (theoretisch) ewig weitergeführt werden könnte. In Wirklichkeit würde man allerdings einschlafen, sich langweilen oder einen rauhen Hals bekommen. Aber dies sind keine sprachlichen Gründe für das Aufhören. Dies bedeutet, daß niemals eine bestimmte Anzahl von Äußerungen für eine Sprache zusammengestellt werden kann.

Der Kaiser des Jupiter zog schließlich den Schluß, daß es unmöglich sei, alle englische Sätze auswendig zu lernen. Es wurde ihm klar, daß es auf die Muster ankam, die den Äußerungen zugrundelagen.

Wie sollte er aber dahinterkommen wie diese aussahen? Eine Möglichkeit wäre eine Liste aller englischen Wörter zu machen, die er gesammelt hatte und dann festzustellen, wo im Satz jedes von ihnen vorkam. Er begann damit, stieß aber fast unmittelbar auf Probleme. Er hatte das Gefühl, daß in manchen Sätzen ein Fehler steckte, aber er wußte nicht genau in welchen. War 'Ich schluck habe schluck mein Gott Schluckauf' ein wohlgeformter Satz dieser Sprache oder nicht? Und wie steht es mit 'Ich meine, daß das was, ich glaube, ich sagen wollte folgendes war'?

Sein nächstes Problem war, daß er Lücken in den Mustern fand. Er wußte nicht, welche zufällig waren, und welche nicht. Zum Beispiel stieß er auf vier Sätze mit dem Wort ELEFANT:

> DER ELEFANT TRUG ZEHN LEUTE.
> DER ELEFANT VERSCHLUCKTE ZEHN BRÖTCHEN
> DER ELEFANT WOG ZEHN TONNEN
> ZEHN LEUTE WURDEN VON DEM ELEFANTEN GETRAGEN.

Aber er stieß nicht auf

> ZEHN BRÖTCHEN WURDEN VON DEM ELEFANTEN VERSCHLUCKT
> ZEHN TONNEN WURDEN VON DEM ELEFANTEN GEWOGEN.

Warum nicht? Waren diese Lücken zufällig? Oder waren diese Sätze ungrammatisch? Der Kaiser wußte es nicht und wurde sehr niedergeschlagen. Er hatte eine weitere wichtige Erkenntnis gewonnen: Sammlungen von Äußerungen muß man mit Vorsicht begegnen. Sie stecken voller Fehlstarts und Versprecher und sie stellten nur eine kleine Auswahl aller möglichen Äußerungen dar. Sprachwissenschaftlich ausgedrückt hieße das, die *Performanz* eines Sprechers ist wahrscheinlich ein willkürlicher Auszug, gespickt mit Fehlern und gibt nicht unbedingt zuverlässige Hinweise auf seine *Kompetenz*, das internalisierte Bündel von Regeln, die dahinterstehen.

Der Kaiser sah ein, daß er die Hilfe der Fremden selbst brauchte. Er nahm den Kapitän des Raumschiffes gefangen, es war ein Mann namens Noam. Es sagte ihm, daß man ihn freiließe, sobald er die Regeln des Englischen niedergeschrieben habe. Offensichtlich waren sie Noam bekannt, denn er konnte sprechen.

Noam war verblüfft. Er bat den Kaiser inständig um Verständnis, er wies darauf hin, daß eine Sprache zu sprechen, eine Fähigkeit sei, wie gehen, wobei man wissen müßte, wie man etwas tut. Solches Wissen war nicht notwendigerweise bewußt. Er versuchte zu erklären, daß die Philosophen auf der Erde einen Unterschied zwischen zwei Arten des Wissens machten: Wissen, daß und wissen, wie. Noam wußte, daß Jupiter ein Planet ist und Tatsachenwissen dieser Art war bewußtes Wissen. Anderseits wußte er, *wie* man spricht und *wie* man geht, obwohl er keine Ahnung hatte, wie man dieses Wissen anderen mitteilen könne, da er die notwendigen Handlungen ausführte, ohne sich bewußt zu sein wie er dies eigentlich bewerkstelligte.

Aber der König war unnachgiebig. Noam würde erst befreit werden, wenn er ausführliche Regeln niedergeschrieben hätte, die dem System entsprachen, das er in seinem Kopf internalisiert hatte.

Noam dachte nach. Wo könnte er anfangen? Nach langem Nachdenken erstellte er eine Liste von allen englischen Wörtern, die ihm einfielen, dann gab er sie einem Computer ein mit dem Befehl, sie in allen möglichen Variationen zu kombinieren. Zuerst sollte er alle Wörter, eins nach dem anderen ausdrucken, dann alle möglichen Kombinationen von zwei Wörtern, dann drei Wörter, dann vier Wörter und so fort. Der Computer begann die Wörter laut Programmierung auszugeben, und beim Vier-Wort-Durchgang spuckte er Wortfolgen aus, wie:

HUND HINEIN HINEIN VON
AUF AUF AUF AUF
GOLDFISCHE KÖNNTEN KATZEN ESSEN
DER ELEFANT MOCHTE BRÖTCHEN
UNTER ÜBER VON DAS
LERCHEN KÜSSEN SCHNECKEN SCHLECHT

Noam hatte gefolgert, daß der Computer früher oder später jeden englischen Satz produzieren würde.

Noam teilte dem Kaiser nun mit, daß der Computer mit Regeln programmiert sei, die ihn theoretisch befähigten jeden möglichen englischen Satz zu produzieren. Dem Kaiser schien es verdächtig, daß die Aufgabe so schnell erfüllt sein solle. So wurden seine Befürchtungen dann auch bestätigt, als er andere Fremde befragte. Die anderen sagten, daß obwohl Noams Computerprogramm theoretisch *alle* englischen Sätze hervorbringen könne, es doch sicherlich nicht ausschließlich *die* Sätze des Englischen hervorbringe. Da es dem Kaiser darum ging, ein System zu finden, das der inneren menschlichen Grammatik entsprach, mußte Noams Programm zurückgewiesen werden, da Menschen solche Sätze, wie:

HUND HINEIN HINEIN VON   einfach nicht akzeptieren.

Es war auch höchst unwahrscheinlich, daß sie

GOLDFISCHE KÖNNTEN KATZEN ESSEN   oder
LERCHEN KÜSSEN SCHNECKEN SCHLECHT   akzeptieren würden.

Obwohl doch grammatisch eigentlich nichts wirklich falsch war an ihnen: es handelte sich um zufällige Tatsachen hinsichtlich der Ernährungsgewohnheiten von Goldfischen und dem Liebesverhalten von Lerchen, die nicht in der Grammatik eingeschlossen sein müssen.

Also machte sich Noam wieder an die Arbeit und dachte intensiv nach. Es wurde ihm klar, daß alle Sätze reine 'Wortketten' waren: sie wurden zusammengesetzt durch aufgereihte Wörter, eines immer hinter dem anderen, dabei war die Folge, in der sie auftraten, teilweise vorhersagbar. Zum Beispiel mußte auf einen Artikel wie DER, DIE oder DAS (engl. THE) entweder ein Adjektiv, wie GUT, KLEIN oder ein Substantiv, wie BLUME, KÄSE oder manchmal ein Adverb, wie SORGFÄLTIG folgen. Wie in dem Satz

DAS SORGFÄLTIG ERNÄHRTE KIND SCHRIEB OBSZÖNE SCHMIEREREIEN AUF DIE WÄNDE.

Vielleicht, so dachte er, enthielt sein Kopf ein Netz von Assoziationen, so daß jedes Wort irgendwie mit den Wörtern, die im Satz auf es folgen konnten, verbunden war. So ging er daran eine Grammatik zu entwerfen, die mit einem Wort anfing, welches dann eine Auswahl unter mehreren anderen verursachte, welches dann wiederum zur nächsten Auswahlentscheidung fortschritt, bis der Satz vollständig war:

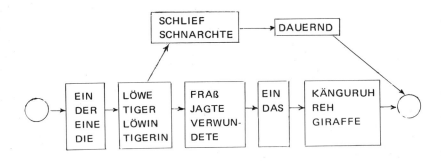

Dies einfache System konnte nun die Erklärung für eine ganze Reihe von Sätzen liefern:

EIN LÖWE FRASS EIN KÄNGURUH
DIE TIGERIN JAGTE DIE GIRAFFE

und so weiter. Wenn er dies weiterhin ausarbeiten würde, so könnte es eventuell irendwann alle möglichen englischen Sätze beinhalten.

Er legte es dem König vor, der es wiederum den anderen Engländern zeigte. Sie wiesen auf einen vernichtenden Fehler hin. Ein solches System konnte unmöglich die Erklärung für die inneren Regeln eines Sprechers sein, da Englisch wie auch alle anderen Sprachen, Sätze enthält, in denen Wörter voneinander abhängig sind, die nicht direkt hintereinander stehen. Es gibt z.B. englische Sätze, wie

    THE LIONESS HURT HERSELF   (Die Löwin verletzte sich (weibl.))

(Vergleiche im Deutschen: Ich verletze mich) Wenn jedes Wort nur immer das nächstfolgende bestimmen würde, könnte man das Wort, das nach HURT (verletze) kommt nicht mit LIONESS (Ich) in Verbindung bringen und es könnte genausogut heißen:

    *THE LIONESS HURT HIMSELF   (*Die Löwin verletzte sich (männl.)
    *Ich verletzte sich)

Ähnlich wäre es mit Sätzen, die mit EITHER (entweder) beginnen. EITHER BILL STOPS SINGING OR YOU FIND ME EARPLUGS (Entweder hört Bill auf zu singen oder jemand muß mir Ohrstopfen beschaffen). Auch sie würden nicht in dieses System passen, da es kein Element gäbe, daß das ODER herbeiführen könnte. Außerdem waren in diesem einfachen von links nach rechts Modell alle Wörter gleichwertig und standen miteinander in derselben Verbindung, wie Perlen an einer Halskette. Doch in der Sprache behandeln die Sprecher Wortgruppen als zusammengehörig:

    DAS KLEINE ROTE HUHN / GING LANGSAM / DEN WEG ENTLANG / NACH WÜRMERN SUCHEND.

Jede Grammatik, die ein Spiegel des inneren Regelsystems eines Sprechers sein wollte, mußte diesem Faktum Rechnung tragen.

So wurde es Noam also klar, daß eine angemessene Grammatik allermindestens zwei Bedingungen erfüllen mußte. Erstens: sie mußte *alle* und *nur* die Sätze des Englischen beschreiben und erklären können. In der linguistischen Terminologie würde man sagen, daß sie *beobachtungsadäquat* sein muß. Zweitens: sie muß dies in einer Art tun, die den Intuitionen eines Muttersprachlers entspricht. Eine solche Grammatik nennt man *beschreibungsadäquat*.

Noam beschloß, sich in einem dritten Versuch auf ein System zu konzentrieren, das die Tatsache berücksichtigte, daß Sätze in Wortgruppen, die zusammengehören, unterteilt sind. Er kam zu dem Schluß, daß die Lösung in einem mehrschichtigen, nach unten verzweigten System bestand. Oben, in die Mitte seines Blattes schrieb er S, was 'Satz' bedeuten sollte. Dann zeichnete er zwei Äste, die davon abzweigten und den kürzesten möglichen englischen (und auch deutschen) Satz darstellen (wenn man Befehle unbeachtet läßt).

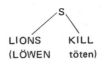

Dann wurde jeder Ast zu einem längeren Ausdruck erweitert, durch den er ersetzt werden konnte:

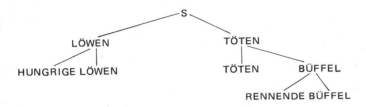

Offensichtlich gab das Baumdiagramm die hierarchische Struktur der Sprache wieder, die Tatsache, daß ganze Wortgruppen strukturmäßig einem einzigen Wort entsprechen konnten. Es veranschaulichte die Tatsache, daß HUNGRIGE LÖWEN als einzelne Einheit fungierte, wie es bei TÖTEN RENNENDE nicht der Fall ist.

Der Kaiser des Jupiter war höchst erfreut. Zum ersten Mal konnte er ungefähr erahnen, wie die Sprache funktionierte. 'Ich will ein bißchen Suppe . . . ein bißchen Seetang-Suppe . . . ein bißchen kochend heiße Seetang-Suppe', murmelte er vor sich hin und ihm wurde die Bedeutung von Noams neuen System klar.

Die anderen Engländer lobten das neue System auch, aber widerwillig. Sie gaben zu, daß das Baumdiagramm sehr gut paßte auf Sätze, wie

HUNGRIGE LÖWEN TÖTEN RENNENDE BÜFFEL.

Aber sie erhoben einen Einwand. War sich Noam bewußt, wieviele Bäume nötig wären, um die gesamte Sprache zu beschreiben? Und war er sich darüber im Klaren, daß Sätze, die Sprecher für eng zusammengehörig hielten, ganz andere Bäume haben würden? Zum Beispiel hätte

HUNGRIGE LÖWEN TÖTEN RENNENDE BÜFFEL

einen ganz anderen Baum als

RENNENDE BÜFFEL WERDEN VON HUNGRIGEN LÖWEN GETÖTET

Und ein Satz wie

    LATERNENPFÄHLE ABZUHACKEN IST EIN SCHRECKLICHES VERBRECHEN

hätte einen ganz anderen Baum als

    ES IST EIN SCHRECKLICHES VERBRECHEN LATERNENPFÄHLE ABZUHACKEN.

Und was noch schlimmer war, hatte Noam denn schon bemerkt, daß Sätze, die Muttersprachler für sehr unterschiedlich hielten, genau denselben Baum hatten?

    DER JUNGE WAR BEREIT ZU BETRÜGEN.

hatte genau denselben Baum, wie

    DER JUNGE WAR SCHWER ZU BETRÜGEN.

Sicherlich konnte Noam ein System erdenken, in dem die Sätze, die Sprecher für ähnlich hielten, in Verbindung gebracht werden konnten und diejenigen, die man für unähnlich hielt, getrennt werden konnten.

Nach vielem Grübeln wurde es Noam klar, daß er die Zahl der Bäume einschränken und auch gleichzeitig die Intuition der Sprecher über die Ähnlichkeit mancher Sätze berücksichtigen könnte, wenn er davon ausginge, daß ähnliche Sätze zum selben Ausgangsbaum gehörten. Aktiv und Passiv zum Beispiel könnten auf einen Baum zurückgeführt werden, der weder aktiv noch passiv war.

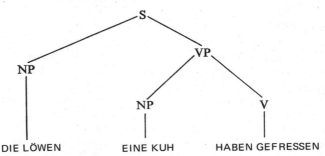

Dann konnte dieser 'Tiefenstrukturbaum' durch Operationen, die man Transformationen nennt in verschiedene Oberflächenstrukturbäume überführt oder 'transformiert' werden. Sollte etwa ein Aktivsatz gebildet werden, so sind die Wörter nicht in der richtigen Reihenfolge und wir müssen eine Verb-Übereinstimmungstransformation durchführen, damit das Verb die richtige Form hat und zu dem vorhergehenden Substantiv passt. So erhalten wir

> DIE LÖWEN HABEN EINE KUH GEFRESSEN

und nicht das ungrammatische

> *DIE LÖWEN HAT EINE KUH GEFRESSEN

Aber für den Passivsatz muß die Wortstellung erneut geändert werden, HABEN muß gegen SEIN ausgetauscht und die Elemente VON (mit Kasusänderung zum Dativ) und WORDEN müssen eingefügt werden, bevor die Verb-Übereinstimmungstransformation vorgenommen wird, sonst wird der Satz zu

> *EINE KUH HABEN GEFRESSEN WORDEN VON DEN LÖWEN

anstatt des korrekten

> EINE KUH IST VON DEN LÖWEN GEFRESSEN WORDEN.

Noam sah, daß er mit Hilfe desselben Prinzips auch die Ähnlichkeit von

> LATERNENPFÄHLE ABZUHACKEN IST EIN SCHRECKLICHES VERBRECHEN

und

> ES IST EIN SCHECKLICHES VERBRECHEN LATERNENPFÄHLE ABZUHACKEN

in den Griff bekommen konnte. Auch der Unterschied zwischen

> DER JUNGE WAR BEREIT ZU BETRÜGEN

und

> DER JUNGE WAR SCHWER ZU BETRÜGEN

konnte dadurch erklärt werden, daß die Sätze auf unterschiedliche Tiefenstrukturen zurückzuführen waren.

Der Kaiser des Jupiters war begeistert von Noams letztem Versuch, und auch die anderen Engländer stimmten zu, daß Noam anscheinend eine sehr gute Lösung gefunden hatte. Es sah so aus, als habe er ein eindeutiges, wirtschaftliches System entwickelt, um alle und nur die Sätze des Englischen, bzw. des Deutschen, zu beschreiben und auch die Intuitionen der Sprecher über das Funktionieren ihrer Sprache einzubeziehen. Ein weiterer bedeutender Vorteil war, daß dieses System möglicherweise für Französisch, Chinesisch, Türkisch, Hopi oder jede andere Sprache in der seltsamen menschlichen Welt benutzt werden konnte.

Trotz allem war der Kaiser doch etwas verwirrt. Hatte ihm Noam wirklich erklärt, wie man Sätze tatsächlich *produzierte?* Oder hatte er ihm nur einen Plan gezeichnet wie die verwandten Sätze im Kopf eines Engländers, bzw. Deutschen gespeichert waren? Noam antwortete sehr ausweichend, als man ihn danach fragte. Er sagte, daß obwohl es schon zutreffe, daß dies nur ein Plan sei, dieser doch wichtige Auswirkungen darauf habe, wie die Sätze produziert und erkannt werden. Der Kaiser wurde durch diese Feststellung äußerst verwirrt. Doch er beschloß, daß Noam erstklassige Arbeit geleistet hatte und deshalb freigelassen und reich belohnt werden sollte. Der Kaiser sagte sich aber im Geiste, daß er, sobald er mehr Zeit haben würde, intensiver darüber nachdenken müsse, inwiefern Noams Erklärungen etwas über die Art und Weise aussagten, in der Menschen Sätze produzieren und erkennen.

Fassen wir nun zusammen, welche Erkenntnisse der Kaiser des Jupiter über die Wesensart der menschlichen Sprache gewonnen hatte sowie über die Art von 'Grammatik', die sie beschreiben und erklären konnte. Als erstes entdeckte er, daß es prinzipiell unmöglich ist, alle Sätze einer Sprache auswendig zu lernen, da es keine linguistische Begrenzungen für die Länge der Sätze gibt.

Als zweites fand er heraus, daß jeder Sammlung von Äußerungen mit äußerster Vorsicht zu begegnen ist. Darin sind Versprecher enthalten und sie stellt nur einen willkürlichen Ausschnit aus der Menge aller möglichen Äußerungen dar. Deshalb ist es wichtig, sich auf das Regelsystem zu konzentrieren, auf dessen Basis ein Sprecher operiert, also auf seine 'Kompetenz', nicht so sehr auf eine willkürliche Sammlung seiner Äußerungen, seine 'Performanz'. Als drittes, wurde dem Kaiser klar, daß eine gute Grammatik nicht nur beobachtungsadäquat sein muß, d.h., daß sie alle möglichen Sätze einer Sprache beschreibt. Sondern sie muß auch beschreibungsadäquat sein, d.h., die Intuitionen eines Muttersprachlers über seine Sprache widerspiegeln. Dies bedeutet, daß ein einfaches, von links nach rechts laufendes Modell, in dem jedes Wort durch das vorhergehende ausgelöst wurde, nicht funktionierte. Es war nicht beobachtungsadäquat, da es nicht berücksichtigte, daß nicht nebeneinanderstehende Wörter auch voneinander abhängig sein konnten. Außerdem war es nicht beschreibungsadäquat, da es zu Unrecht davon ausging, daß alle Wörter gleichgestellt seien und aneinandergereiht, wie Perlen auf einer Kette, denn tatsächlich ist die Sprache ja hierarchisch aufgebaut, wobei Wortgruppen zueinander gehören.

Als viertes bemerkte der Kaiser, daß ein hierarchisch angeordnetes von oben nach unten gehendes Sprachmodell ein vernüftiger Vorschlag war, aber nicht die Sätze miteinander in Verbindung setzte, von denen Sprecher glaubten, daß sie eng verbunden seien, wie

LATERNENPFÄHLE ABZUBRENNEN IST EIN SCHRECKLICHES VERBRECHEN.

und

ES IST EIN SCHRECKLICHES VERBRECHEN LATERNENPFÄHLE ABZUBRENNEN.

Andererseits kombinierte es fälschlicherweise Sätze, wie

    DER JUNGE WAR BEREIT ZU BETRÜGEN

und

    DER JUNGE WAR SCHWER ZU BETRÜGEN

die ganz unterschiedlich zu sein schienen. So kam er endlich zu der Überzeugung, daß das brauchbarste System eine Transformationsgrammatik der Sprache sei, bei der den Sätzen, die man als ähnlich empfand, dieselbe Tiefenstruktur zueigen war. Er glaubte, daß alle Sätze sowohl eine verborgene Tiefenstruktur wie auch eine offensichtliche Oberflächenstruktur hatten, die ganz verschieden aussehen konnten, und er war überzeugt, daß diese beiden Ebenen durch Vorgänge, die man Transformationen nannte, verbunden waren.

Doch blieb es dem Kaiser unklar, was dieses Modell einer inneren Grammatik damit zu tun hatte, wie die Menschen Sätze produzierten und verstanden. Er hatte das Gefühl, daß Noam sich in diesem Punkt sehr unklar ausgedrückt hatte.

Einiges von dem, was der erfundene Kaiser des Jupiter feststellte, sind die Erklärungen, die Noam Chomsky in seinem frühen, zwar dünnen aber sehr einflußreichen Werk 'Strukturen der Syntax' (1957, deutsch 1973) gibt. Dort setzt er auseinander, warum ein von links nach rechts vorgehendes oder 'finites Zustandsmodell der Sprache' unzulänglich ist. Dann begründet er die Notwendigkeit einer Transformationsgrammatik. Doch er läßt sich keineswegs erschöpfend darüber aus, wie eine Transformationsgrammatik mit unserem tatsächlichen Sprachgebrauch in Verbindung steht. Sehen wir uns Chomskys Ansichten über dieses Thema an.

Sprachliches Wissen

Chomsky ist der Überzeugung, daß die Grammatik, die er vorgeschlagen hat, 'das Sprecher-Hörer-Wissen einer Sprache ausdrückt'. Dieses Wissen ist latent oder 'unausgedrückt' und 'braucht dem Benutzer der Sprache durchaus nicht unmittelbar zugänglich zu sein' (Chomsky 1973:36).

Die Vorstellung von einem unausgedrückt oder latenten Wissen ist etwas sehr Vages und scheint mehr zu beinhalten, als Chomsky beabsichtigte. Es scheint sich auf zwei Arten von Wissen zu erstrecken. Auf der einen Seite besteht es aus dem Wissen darüber, *wie* man Äußerungen produziert und versteht. Dabei muß man ein Regelsystem anwenden, aber ein Bewußtsein über diese Regeln wird nicht notwendigerweise vorausgesetzt — genauso, wie eine Spinne richtig ein Netz spinnen kann ohne ein Bewußtsein über die Prinzipien, denen sie folgt. Andererseits bedeutet die Kenntnis einer Sprache aber auch die Fähigkeit, verschiedene Feststellungen über diese Sprache zu treffen. Ein Sprecher kennt nicht nur die Regeln, er weiß auch etwas über dieses Wissen. Zum Beispiel können Sprecher sehr schnell zwischen wohlgeformten und abwegigen Sätzen unterscheiden. Ein Deutschsprechender würde ohne Zögern

    HEINZ IßT VIEL LIEBER KAVIAR ALS SARDINEN

akzeptieren, aber sehr schnell

    *HEINZ KAVIAR ALS SARDINEN VIEL LIEBER IßT   ablehnen.

Außerdem können erwachsene Sprecher einer Sprache Beziehungen zwischen Sätzen erkennen. Sie 'wissen', daß

    WELKENDE BLUMEN SEHEN TRAURIG AUS

in enger Beziehung steht mit

    BLUMEN, DIE WELKEN, SEHEN TRAURIG AUS

und daß

    ES ÜBERRASCHTE UNS, DAß BERT DEN TINTENFISCH GANZ VERSCHLUCKTE

etwas zu tun hat mit

    DAß BERT DEN TINTENFISCH GANZ VERSCHLUCKTE, ÜBERRASCHTE UNS.

Darüberhinaus können sie auch Sätze unterscheiden, die oberflächlich betrachtet, gleich aussehen aber tatsächlich ganz verschieden sind, wie bei

    DAMENKRAULEN KANN UNTERHALTEND SEIN

(Ist es unterhaltend Damen zu kraulen oder ist es unterhaltend der Schwimmdisziplin 'Damenkraulen' zuzusehen?) oder

    DAS SCHIEßEN DER JÄGER WAR SCHOCKIEREND

(Woher weiß man, wer schießt? Die Jäger oder jemand auf die Jäger?) Es scheint keinen Zweifel darüber zu geben, daß eine Transformationsgrammatik diese zweite Art von Wissen einbezieht, dieses Bewußtsein des Sprechers über die sprachliche Struktur. Man hat tatsächlich Intuitionen oder Kenntnisse über die Dinge wie sie sie eben beschrieben wurden, und es sieht so aus als würde die Transformationsgrammatik dies auch beschreiben. Es ist aber noch gänzlich unklar wie die Transformationsgrammatik zu der ersten Art von Wissen steht — dem Wissen wie man die Sprache benutzt. Obwohl Chomsky meint, daß die innere Grammatik eines Sprechers wichtige Auswirkungen auf seine Sprachproduktion und sein Sprachverständnis hat, stellt er doch klar, "diese generative Grammatik stellt von sich aus keine Vorschrift dar für den Charakter und das Funktionieren eines Modells der Perzeption oder eines Sprechvorganges". (Chomsky 1973:20)

Und er nennt jeden Versuch, die Grammatik direkt mit Produktions- und Verständnisprozessen in Beziehung zu setzen sogar 'absurd' (Chomsky, 1972:486).

Mit Chomsky Worten 'Wir machen somit einen grundlegende Unterscheidung zwischen *Sprachkompetenz* (competence; die Kenntnis des Sprecher-Hörers von seiner Sprache) und *Sprachverwendung* (performance; der aktuelle Gebrauch der Sprache in konkreten Situationen)." (Chomsky 1973:14)

Wir wollen dies anders ausdrücken. Jeder, der eine Sprache beherrscht, ist fähig drei Dinge zu tun:

1. Sätze produzieren oder 'kodieren' 2. Sätze verstehen oder 'dekodieren'	Sprachverwendung
3. Sprachliches Wissen speichern	Sprachwissen

Wir meinen, daß eine Transformationsgrammatik unzweifelhaft (3) einschließt aber von (1) und (2) unabhängig ist oder mit diesen nur indirekt verbunden.

Sprachverwendung	Sprachwissen

Dies ist eine äußerst verwirrende Sachlage. Ist es denn möglich, daß das Sprachwissen ganz unabhängig ist von der Sprachverwendung? Wenn nicht, was könnte es dann bedeuten, wenn man sagt, daß die beiden indirekt verbunden sind? Dies ist Gegenstand des nächsten Kapitels.

9. Kapitel

Das Problem mit dem Klotz am Bein

Brauchen wir eine Transformationsgrammatik, um zu sprechen?

> 'Ich habe drei Fragen beantwortet und das ist genug,'
> sagte der Vater, 'bild' dir nichts ein!
> Meinst du, ich kann ihn mir den ganzen Tag anhören, diesen Unfug?
> Verschwinde oder ich mach 'dir Beine!'
>
> Lewis Carroll
> *Old Father William*

Im letzten Kapitel haben wir festgestellt, daß eine Transformationsgrammatik anscheinend das abstrakte Wissen eines Sprechers über seine Sprache auf ziemlich zufriedenstellende Weise wiedergibt. Aber es ist noch nicht klar geworden, in welcher Beziehung das Wissen zum Gebrauch steht. Auf den ersten Blick sieht es so aus, als seien beide weit voneinander entfernt. Als erstes lehnt es Chomsky ab, daß das sprachliche Wissen direkt mit dem Verständnis und der Produktion unserer Sprache in Zusammenhang steht. Als zweites können Kinder, wie wir im 7. Kapitel sahen, offensichtlich sehr gut sprechen lernen, *ohne* die Art von Intuitionen, die in der Transformationsgrammatik enthalten sind. Sie können, zum Beispiel sehr wohl aktive und passive Sätze benutzen, ohne die beiden notwendigerweise miteinander in Beziehung zu setzten.

Dies führt uns zu einer grundlegenden und etwas überraschenden Frage: ist eine Transformationsgrammatik vielleicht völlig *unbedeutend* für das Sprachverständnis? Wollen wir sagen, daß der Gebrauch der Sprache, der aus kodieren und dekodieren besteht, vom sprachlichen Wissen getrennt werden muß?

Würden wir diese Frage einem Vollblutlinguisten stellen, so antwortete er wahrscheinlich: 'Natürlich sind sprachliches Wissen und Sprachverwendung nicht völlig voneinander getrennt, sie müssen nur getrennt untersucht werden, da sie miteinander in einer indirekten Beziehung stehen.'

Sollten wir jedoch nicht locker lassen und sagen, 'Was genau meinen Sie mit einer 'indirekten Beziehung?', würde er wahrscheinlich sagen: 'Also, nun hören Sie auf mich mit unsinnigen Fragen zu löchern. Die Beziehung zwischen Sprachverwendung und sprachlichem Wissen geht mich nichts an. Ich will es ganz deutlich machen. Alle normalen Leute scheinen ein latentes Wissen über ihre Sprache zu haben. Wenn es dieses Wissen gibt, so ist es meine Aufgabe als Sprachwissenschaftler, es zu beschreiben. Aber es ist nicht meine Sache Ihnen auseinanderzusetzen, wie dieses Wissen gebraucht wird. Das überlasse ich den Psychologen.'

Für einen Psychologen ist das ein sehr unbefriedigender Zustand. Ihn interessieren gleichermaßen Sprachverwendung und Sprachwissen. Tatsächlich kommt es ihm sehr seltsam vor, daß sich jemand nur auf den einen und nicht den anderen dieser Faktoren konzentrieren kann, da sie ihm in einem engen Zusammenhang zu stehen scheinen. Deshalb werden wir in diesem Kapitel kurz untersuchen, welche Versuche die Psycholinguisten in den letzten fünfzehn Jahren gemacht haben, um die Beziehung zwischen einer Transformationsgrammatik und der Art wie jemand Sätze produziert und versteht, aufzudecken. Zu Beginn, werden wir uns mit den ersten psycholinguistischen Experimenten über diese Frage befassen, die in den frühen sechziger Jahren durchgeführt wurden.

Die Jahre der Illusionen

Als die Theorien von Chomsky in den frühen sechziger Jahren auf das Gebiet der Psychologie vordrangen, machten sie einen nachhaltigen Eindruck. Sofort begannen die Psychologen die Bedeutung einer Transformationsgrammatik für unsere Verarbeitung von Sätzen zu prüfen. Wie vorauszusehen war, wollten sie zuerst einmal feststellen, ob zwischen beiden ein Zusammenhang bestand.

Zu dieser Zeit wurden zwei unterschiedliche aber ähnliche Standpunkte formuliert. Der erste wird manchmal 'Entsprechungshypothese' (Korrespondenzhypothese) genannt, der zweite 'Theorie der Ableitungskomplexität' (die englische Bezeichnung lautet: 'derivational theory of complexity', daher die Abkürzung DTC).

Verfechter der Korrespondenztheorie sahen eine große Entsprechung zwischen der Form einer Transformationsgrammatik und den Operationen, die jemand anwendet, wenn er Sprache produziert oder versteht. Sie vertraten die Meinung, daß "die Abfolge von Regeln, die bei der grammatischen Ableitung eines Satzes benutzt wird . . . Schritt für Schritt der Abfolge psychologischer Vorgänge entspricht, die ausgeführt werden, wenn jemand den Satz verarbeitet" (Hayes, 1970:5). Man nahm an, daß jemand, der einen Satz hervorbringen will, zuerst einmal die Tiefenstruktur erstellt:

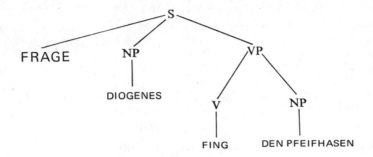

Dann geht er weiter von Transformation zu Transformation, so daß z.B. irgendwann über einen Zwischenschritt:

F.RAGE – DER PFEIFHASE WURDE VON DIOGENES GEFANGEN

schließlich der Satz entstünde:

WURDE DER PFEIFHASE VON DIOGENES GEFANGEN?

Man ging davon aus, daß es sich beim Dekodieren genau um den umgekehrten Vorgang handele – ein Hörer mache die Transformationen eine nach der anderen rückgängig. Zum Schluß, so dachte man, würden Tiefenstruktur und Transformationen im Gehirn getrennt voneinander gespeichert.

Die Anhänger der DTC vertreten eine etwas abgeschwächte Hypothese. Sie meinten, daß es umso schwerer sein würde einen Satz zu produzieren oder zu verstehen, je komplexer seine transformationelle Herleitung sei, d.h. je mehr Transformationen notwendig wären. Sie vertraten allerdings nicht die Ansicht, daß es eine Eins-zu-Eins-Entsprechung zwischen den Vorgängen im Gehirn des Sprechers und den grammatischen Operationen gäbe.

Eine Reihe von Experimenten wurde entworfen, um diese Behauptungen zu überprüfen. Am bekanntesten sind vielleicht das Satzpaarungsexperiment von George Miller von der Harvard Universität (Miller, 1962; Miller und McKean, 1964) und ein Erinnerungsexperiment von Harris Savin und Ellen Perchonock, beide Psychologen an der Universität von Pennsylvania (Savin und Perchonock, 1965).

George Miller ging davon aus, daß wenn die Anzahl der Transformationen einen merklichen Einfluß auf die Verarbeitungsfähigkeit eines Satzes hat, diese Schwierigkeiten auch zeitlich meßbar sein müßten. Anders ausgedrückt, je mehr Transformationen ein Satz besitzt, umso länger wird es dauern, mit ihm fertig zu werden. Zum Beispiel müßte ein Passivsatz, wie

> DIE ALTE FRAU WURDE VON DIETER GEWARNT

mehr Schwierigkeiten bereiten, als ein einfacher aktiver, bejahender Aussagesatz (in Englisch: simple active affirmative declarative oder abgekürzt: SAAD) wie

> DIETER WARNTE DIE ALTE FRAU.

da der Passivsatz noch eine weitere Transformation benötigt. Doch müßte dieser Passivsatz einfacher zu behandeln sein, als ein verneintes Passiv wie

> DIE ALTE FRAU WURDE NICHT VON DIETER GEWARNT

welcher noch eine weitere Transformation benötigte.

Um diese Hypothese zu überprüfen, legte Miller seinen Testpersonen zwei Spalten mit durcheinandergewürfelten Sätzen vor und bat sie, Satzpaare herauszufinden, die zusammenpassten. Die Sätze, die zu paaren waren, unterscheiden sich voneinander auf bestimmte Art. Zum Beispiel waren in einem Abschnitt Aktiv- und Passivsätze durcheinandergemischt, so daß man einen Passivsatz wie

> DER KLEINE JUNGE WURDE VON AGNES GEMOCHT

mit seinem 'Partner'

> AGNES MOCHTE DEN KLEINEN JUNGEN

zusammenbringen mußte. Genauso sollte

> DIETER WARNTE DIE ALTE FRAU

mit

> DIE ALTE FRAU WURDE VON DIETER GEWARNT

gepaart werden.

Miller nahm an, daß seine Testpersonen die Sätze von ihren Transformationen befreien mußten, um sie einander zuordnen zu können. Daher folgerte er, daß die Zuordnung umso länger dauern würde, je stärker sie sich voneinander unterschieden.

Miller führte dieses Experiment zweimal durch, beim zweiten Mal mit strengen elektronischen Zeitkontrollen (eine sogenannte 'tachistoskopische' Methode). Er war von den Ergebnissen begeistert. Genau wie er gehofft hatte, dauerte es beinahe zweimal so lange Sätze einander zuzuordnen, die sich durch zwei Transformationen unterschieden als solche, die sich nur durch eine Transformation unterschieden. Als er die Zeiten, die man benötigte, um Aktive und Passive einander zuzuordnen (ungefähr 1,65 Sekunden) mit der Zuordnungszeit für bejahte und verneinte Sätze (ungefähr 1,40 Sekunden) zusammenzählte war die Summe beinahe die gleiche Zeit wie die Zuordnungszeit für Aktive zu verneinten Passiven (ungefähr 3,12 Sek.).

Aktiv ◀1·65▶		Passiv
DIETER WARNTE DIE ALTE FRAU		DIE ALTE FRAU WURDE VON DIETER GEWARNT
Bejaht ◀1·40▶		Verneint
DIETER WARNTE DIE ALTE FRAU		DIETER WARNTE DIE ALTE FRAU NICHT
Aktiv ◀3·12▶		verneintes Passiv
DIETER WARNTE DIE ALTE FRAU		DIE ALTE FRAU WURDE VON DIETER NICHT GEWARNT

Es schien so, als sei Miller der Beweis gelungen, daß Transformationen 'psychologisch real' seien, da jede Transformation eine meßbare Zeit zur Verarbeitung beanspruchte — außerdem schien seine Behauptung noch durch das Erinnerungsexperiment von Savin und Perchonock unterstützt zu werden.

Savin und Perchonock ließen ihre Testpersonen kurze Sätze auswendig lernen, die von Wortketten ohne Zusammenhang gefolgt wurden:

DER JUNGE TRAT GEGEN DEN BALL — BUSCH — KUH — BUS — STUNDE — STUHL — REGEN — HUT — ROT.
DER JUNGE TRAT NICHT GEGEN DEN BALL — BAUM — PFERD — SCHIFF — TAG — PULT — SCHNEE — MANTEL — GRÜN.

Das Experiment hatte folgende Begründung: das unmittelbare Gedächtnis eines Menschen hat eine beschränkte, feststehende Aufnahmefähigkeit. Es erscheint wahrscheinlich, daß Sätze, die mehrere Transformationen in sich bergen, einen größeren Gedächniszeitraum beanspruchen als solche, die nur eine oder zwei Transformationen benötigen. So kamen sie zu der Annahme, daß je mehr Transformationen hinzukommen, umso weniger der zusammenhanglosen Wörter behalten werden können. Diese Annahme erwies sich als richtig. Mit einem einfachen SAAD zusammen wie

DER JUNGE TRAT GEGEN DEN BALL

erinnerten sich die Testpersonen durchschnittlich an fünf der einzelnen Wörter. Wenn eine zusätzliche Transformation hinzukam (wie Passiv oder Verneinung), erinnerten sie sich durchschnittlich an vier Wörter. Kamen zwei zusätzliche Transformationen hinzu, erinnerten sie sich nur an drei Wörter. Daraus zogen Savin und Perchonock den Schluß, daß die Testpersonen sich die Sätze in ihrer Grundform merkten und die Transformation zusätzlich angehängt waren wie 'Fußnoten', die einen meßbaren Gedächtniszeitraum beanspruchten.

SAAD	5 Wörter
SAAD + Tf.	4 Wörter
SAAD + Tf. + Tf.	3 Wörter

Viele Psychologen waren euphorisch über die Ergebnisse dieser Experimente. Es sah so aus, als hätte Miller gezeigt, daß Transformationen bei Satzzuordnungsexperimenten Zeit benötigten und als ob Savin und Perchonock bewiesen hätten, daß sie Gedächtniszeitraum beanspruchten. Auch andere ähnliche Experimente von anderen Psychologen deuten alle in die gleiche Richtung (z.B. Mehler, 1963). Einige Leute nahmen optimistisch an, daß die Korrespondenzhypothese richtig sei und erklärten, daß für die Psycholinguistik eine neue Ära angebrochen sei.

Aber diese Zeit der Illusion war nur von kurzer Dauer. Eine Periode der Enttäuschung und Desilusion folgte. Fodor und Garrett (1966) hielten im März 1966 einen ernüchternden Vortrag auf der Konferenz für Psycholinguistik an der Universität Edinburgh, in dem sie deutlich die Unhaltbarkeit der 'Korrespondenzhypothese' und der DTC aufzeigten. Sie gaben genaue theoretische Gründe dafür an, daß Hörer nicht die Transformationen 'abwickeln' wenn sie die Sprache verarbeiten. Die Korrespondenztheorie z.B. bringt die Folge mit sich, daß Menschen erst mit dem dekodieren des Gehörten beginnen, wenn der Satz vollständig ist. Sie geht davon aus, daß der Hörer, nachdem er das Ende des Gehörten abgewartet hat, den Satz von den Transformationen, einer nach der anderen entkleidet. Doch dies ist eindeutig falsch, es würde viel zu lange dauern. Es kann tatsächlich bewiesen werden, daß die Hörer sofort mit dem Dekodieren beginnen, wenn der Sprecher anfängt zu sprechen.

Des weiteren wiesen Fodor und Garrett auf Mängel bei den Experimenten von Miller, Savin und Perchonock hin. Die Transformationen wie Passive und Verneinungen, von denen ihre Ergebnisse hauptsächlich abhingen, sind untypisch. Verneinungen verändern die Bedeutung und Passive verdrängen den Akteur von seinem normalen Platz am Anfang des deutschen (und englischen) Satzes. Passive und Verneinungen sind auch länger als SAAD, deshalb ist es nicht überraschend, wenn man länger braucht, um sie einander zuzuordnen und es schwieriger ist, sich an sie zu erinnern. Die Schwierigkeiten in diesen Sätzen müssen nicht unbedingt etwas mit der Vielschichtigkeit der Transformationen zu tun haben. Fodor und Garrett zeigten auf, daß es andere Transformationen gibt, die sich nicht auf die Schwierigkeit der Verarbeitung auswirken. Es gibt keinen merklichen

Unterschied zwischen der Zeit, die benötigt wird, um einen Satz wie

    JOHN *PHONES UP* THE GIRL   (JOHN RUFT DAS MÄDCHEN AN)

oder wie

    JOHN *PHONES* THE GIRL *UP*   (JOHN RUFT DAS MÄDCHEN AN)

zu verstehen.

Wenn die Korrespondenztheorie oder die DTC richtig wäre, so müßte der zweite Satz mehr Schwierigkeiten bereiten, da man eine 'Partikel- (Teil) Trennungs-Transformation' durchführen muß, die PHONES von UP trennt. Noch gravierender sind für diese Theorien solche Sätze wie

    BILL RUNS FASTER THAN JOHN RUNS   (BILL LÄUFT SCHNELLER ALS JOHN LÄUFT)
    BILL RUNS FASTER THAN JOHN   (BILL LÄUFT SCHNELLER ALS JOHN).

Der zweite Satz hat eine Transformation mehr als der erste, denn das Wort RUNS (LÄUFT) ist ausgelassen worden. Theoretisch sollte er also schwerer verständlich sein, tatsächlich ist er aber leichter verständlich.

Fodor und Garrett ließen auf ihren Konferenzvortrag von 1966 im Jahre 1967 einen weiteren Artikel folgen, in dem sie noch weitere problematische Konstruktionen aufzeigten (Fodor und Garrett, 1967). Zum Beispiel macht DTC die falsche Voraussage, daß

    THE TIRED SOLDIER FIRED   (DER MÜDE SOLDAT FEUERTE
    THE SHOT   DEN SCHUß)

schwieriger zu verarbeiten sei als

    THE SOLDIER WHO WAS TIRED FIRED   (DER SOLDAT, DER MÜDE
    THE SHOT   WAR, FEUERTE DEN SCHUß),

welches der Tiefenstruktur näher steht. Gegen alle Intuition werden auch 'verkürzte' Passivformen wie

    THE BOY WAS HIT (DER JUNGE WURDE GESCHLAGEN)

als komplexer angesehen als vollständige Passivformen wie

    THE BOY WAS HIT BY SOMEONE   (DER JUNGE WURDE VON JEMANDEM GESCHLAGEN).

Danach stieß ein Forscher nach dem anderen auf ähnliche Schwierigkeiten. Laut DTC wäre

    THERE'S A DRAGON IN THE STREET   (DA IST EIN DRACHEN AUF DER STRAßE)

schwieriger zu verarbeiten als

A DRAGON IS IN THE STREET (EIN DRACHEN IST AUF DER STRAßE).

Aber gerade das Gegenteil ist der Fall. Ähnlich steht es mit

DEE IS HARD TO PLEASE (DEE ZU ERFREUEN IST SCHWER),

welches schwieriger sein sollte als

FOR ANY ONE TO PLEASE DEE IS HARD. (FÜR JEMAND IST ES SCHWER DEE ZU ERFREUEN).

Tatsächlich ist aber der erste Satz wesentlich einfacher (Watt, 1970).

Es sieht nun also so aus, als ob sowohl die Korrespondenztheorie als auch die DTC verworfen werden müßten. Die Transformationsgrammatik ist *kein* Modell für die Sprachproduktion und das Sprachverständnis. Auch steht der Grad der Schwierigkeit der Ableitung, mißt man ihn an der Zahl der Transformationen, in keinem Verhältnis zum Grad der Schwierigkeit der Verarbeitung. Sätze die transformationsmäßig schwieriger sind, sind oft einfacher zu produzieren und zu verstehen als solche, die transformationsmäßig einfacher sind. Außerdem ist der Schwierigkeitsgrad, die Komplexität, ein weitaus komplizierterer Begriff als man ursprünglich annahm. Sicherlich hat Chomsky recht, wenn er eine direkte Beziehung zwischen dem Sprachwissen, wie es die Transformationsgrammatik wiedergibt, und dem Sprachgebrauch ablehnt.

Die Theorie der Tiefenstruktur

In der Mitte der sechziger Jahre hatte die Mehrheit der Psycholinguisten recht deutlich bemerkt, daß die Transformationen keine direkte Bedeutung dafür hatten, wie jemand einen Satz produziert oder versteht. Daß die Transformationen hierfür ohne Belang sind, bedeutet allerdings nicht, daß auch andere Aspekte der Transformationsgrammatik belanglos seien. Deshalb wurde in den späten sechziger Jahren eine weitere Theorie formuliert — man nahm an, daß Menschen, wenn sie Sätze verarbeiten, im Geiste eine Chomskys Darstellungen gemäße Tiefenstruktur entwerfen. Anders ausgedrückt, wenn jemand einen Satz produziert, versteht oder sich an ihn erinnert, so wird "die innere Abbildung der grammatischen Beziehungen beim Sprecher-Hörer durch Strukturen vermittelt, die in der Gestalt den Formengebilden der Grammatik gleich sind" (Fodor, Bever und Garrett, 1974:262). Es gibt zwei Arten von Experimenten, die für diese Theorie von Bedeutung sind: Erinnerungsexperimente und Klickexperimente.

Eine Reihe von Erinnerungsexperimenten haben interessante Ergebnisse geliefert. Zwei sollen hier beschrieben werden. Eines wurde von Blumenthal (1967) und das andere von Wanner (1974) durchgeführt.

Blumenthal bat seine Testpersonen, Satzpaare auswendig zu lernen wie

GLOVES WERE MADE BY TAILORS (HANDSCHUHE WURDEN VON SCHNEIDERN GEMACHT)
GLOVES WERE MADE BY HAND (HANDSCHUHE WURDEN VON HAND GEMACHT).

Dann sollten sie sich an den Satz erinnern, entweder auf das Stichwort TAILORS (SCHNEIDER) oder auf HAND hin. 'Anhand des Stichworts TAILORS erinnerten sich die Testpersonen an den ersten Satz recht gut. Sie waren aber bei weitem nicht so erfolgreich mit dem zweiten Satz auf das Stichwort HAND hin. Was läßt sich daraus schließen? Blumenthal selbst war äußerst vorsichtig in seiner Einschätzung der Ergebnisse. Er vertrat lediglich die Ansicht, daß das Experiment beweist, daß einfache Verfahren der Lückenausfüllung die Sprache nicht erklären, und daß die Sprecher fähig sind, die grundlegend verschiedenen Funktionen von TAILORS und HAND zu erkennen, obwohl die beiden Sätze oberflächlich gleich sind: "Anscheinend ermöglichen die inneren semantischen und grammatischen Fähigkeiten der Testpersonen es ihnen, unterschiedliche Beziehungsmerkmale für Sätze festzustellen, die ansonsten die gleiche oberflächliche Phrasenstruktur aufweisen" (Blumenthal 1967:206). Das ist aber nicht sehr überraschend und sagt uns auch nichts Neues. Interessanter sind da schon die daraus folgenden Spekulationen, warum TAILORS ein besseres Stichwort war als HAND. Eine Erklärung geht dahin, daß die Testpersonen sich an die Tiefenstrukturabbildung der Sätze erinnerten.

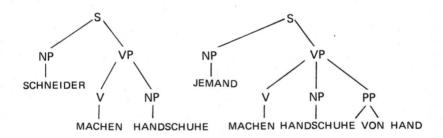

In der Tiefenstruktur hat SCHNEIDER eine erheblich vorrangige Stellung. Es steht direkt unter dem S-Knoten, d.h. es wird von ihm dominiert. Mit anderen Worten, es ist eines der grundlegenden Bestandteile des Satzes und ist unabdinglich für seine innere Struktur. Aber HAND ist wesentlich weniger wichtig. Es erscheint erst verhältnismäßig weit unten im Tiefenstrukturbaum. Wenn sich die Testpersonen an die Sätze in Form ihrer Tiefenstruktur erinnern, so erscheint es plausibel, daß sie sie rekonstruieren, indem sie im Baum von oben nach unten vorgehen. Aber das ist nicht die einzig mögliche Erklärung. SCHNEIDER kommt in der Sprache oft vor, ohne daß etwas dabei steht wie VON, während HAND oft Bestandteil des Ausdrucks 'VON HAND' ist, somit könnte eine Trennung von HAND von VON Verwirrung hervorgerufen und die Erinnerung eher behindert als gefördert haben.

Die Ergebnisse des Erinnerungsexperiments, das von Wanner durchgeführt wurde, lassen sich nicht so leicht entkräften. Er zeigte seinen Testpersonen Satzpaare, wie

THE GOVERNOR ASKED THE DETECTIVES TO CEASE DRINKING
(DER GOUVERNEUR BAT DIE KRIMINALBEAMTEN DAS TRINKEN ZU BEENDEN)
THE GOVERNOR ASKED THE DETECTIVES TO PREVENT DRINKING
(DER GOUVERNEUR BAT DIE KRIMINALBEAMTEN DAS TRINKEN ZU VERHINDERN).

Auf das Stichwort DETECTIVES hin konnten sich die Testpersonen meistens leichter an den ersten als an den zweiten Satz erinnern. Es kann nicht daran liegen, daß der erste Satz von sich aus leichter zu merken ist, da es keinen Unterschied bei der Erinnerungsfähigkeit gab, wenn man das Wort GOVERNOR als Stichwort benutzte. Eine mögliche Erklärung wäre die, daß das Wort DETECTIVE in der angenommenen Tiefenstruktur für den ersten Satz dreimal vorkommt aber nur zweimal in der des zweiten Satzes.

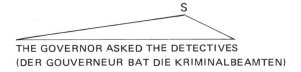
THE GOVERNOR ASKED THE DETECTIVES
(DER GOUVERNEUR BAT DIE KRIMINALBEAMTEN)

THE DETECTIVES CEASE
(DIE KRIMINALBEAMTEN BEENDEN)

THE DETECTIVES DRINK
(DIE KRIMINALBEAMTEN TRINKEN)

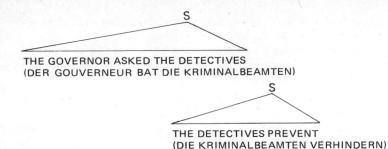

Das ist ein faszinierendes Ergebnis. Auf den ersten Blick scheint es durchaus die Annahme einer Tiefenstruktur nach Chomsky zu unterstützen. Aber wir dürfen nicht allzu optimistisch sein, denn die Art des Experiments könnte die Ergebnisse verfälscht haben. Die Testpersonen wurden im voraus davon unterrichtet, daß es bei diesem Experiment um Auswendiglernen ging und das könnte ihre Haltung beeinflußt haben. Ein Psychologe stellte fest, daß er zu ganz anderen Ergebnissen kam, wenn er seinen Testpersonen vorher nicht sagte, daß man von ihnen erwartet, sich an Sätze zu erinnern (Johnson-Laird und Stevenson, 1970). Außerdem kamen eine Reihe von Psychologen zu dem Ergebnis, daß die Erinnerung an Syntax und Vokabular normalerweise sehr schnell vergeht, es sei denn, daß man dem Betreffenden vorher ausdrücklich sagt, daß er sich an den Satz erinnern soll. Die Erinnerung an Syntax jeglicher Art ist ungefähr eine halbe Minute nachdem der Satz gesprochen wurde, fast völlig verflogen (Sachs, 1967). Unter normalen Bedingungen, so scheint es, erinnern sich die Menschen nur an die Essenz dessen, was gesagt wurde und sie bringen dies oft mit einer Reihe von Annahmen und Erwartungen über das besprochene Thema durcheinander (Fillenbaum, 1973). Deshalb mag es unrealistisch sein anzunehmen, daß man irgendwelche Syntax beim normalen Erinnerungsablauf vorfinden würde. Johnson-Laird schreibt: "Niemand weiß, wie die Bedeutung im Gedächnis abgebildet wird, aber es gibt keinerlei Hinweise darauf, daß irgendeine Form der syntaktischen Struktur hier direkt eine Rolle spielt" (Johnson-Laird, 1970:269).

Kurz gesagt, die meisten Psychologen glauben jetzt, daß Erinnerungsexperimente für die Untersuchung der Tiefenstruktur ohne Belang sind, da die Menschen von Natur aus dazu neigen, die Syntax und den genauen Wortlaut eines Satzes 'auszulöschen', außer wenn man sie ausdrücklich zum Gegenteil anhält — in diesem Fall wird das Experiment dann die bewußten Techniken zum Auswendiglernen widerspiegeln, die für die spontane Sprachverarbeitung bedeutungslos sind.

Wir müssen also den Schluß ziehen, daß sowohl die beiden beschriebenen Erinnerungsexperimente der Annahme nicht widersprechen, daß wir eine Tiefenstruktur nach Chomsky benutzen, wenn wir uns an Sätze erinnern, die Experimente selbst jedoch von zweifelhaftem Wert sind — und es deshalb unklug wäre, sie allzu ernst zu nehmen.

Wenden wir uns nun den 'Klickexperimenten' zu, die von Bever, Lackner und Kirk (1969) durchgeführt wurden. Ziel dieser Experimente war es, festzustellen, ob jemand auf eine Tiefenstruktur nach Chomsky zurückgreift, wenn er dekodiert. Die Forscher arbeiteten mit Satzpaaren, die ähnliche Oberflächenstrukturen, aber unterschiedliche Tiefenstrukturen hatten. Zum Beispiel:

THE CORRUPT POLICE CAN'T BEAR CRIMINALS TO CONFESS QUICKLY
(DIE KORRUPTE POLIZEI KANN ES NICHT ERTRAGEN, DAß VERBRECHER SCHNELL GESTEHEN)
THE CORRUPT POLICE CAN'T FORCE CRIMINALS TO CONFESS QUICKLY
(DIE KORRUPTE POLIZEI KANN ES NICHT ERZWINGEN, DAß VERBRECHER SCHNELL GESTEHEN).

THE CORRUPT POLICE CAN'T BEAR
(DIE KORRUPTE POLIZEI KANN ES NICHT ERTRAGEN)

CRIMINALS CONFESS QUICKLY
(VERBRECHER GESTEHEN SCHNELL)

THE CORRUPT POLICE CAN'T FORCE CRIMINALS
(DIE KORRUPTE POLIZEI KANN VERBRECHER NICHT ZWINGEN)

CRIMINALS CONFESS QUICKLY
(VERBRECHER GESTEHEN SCHNELL)

Im ersten Satz erscheint das Wort CRIMINALS nur einmal in der Tiefenstruktur, im zweiten Satz jedoch zweimal, gemäß einem 'klassischen' Modell der Transformationsgrammatik. Sollte jemand bezweifeln, daß die Sätze eine verschiedene Tiefenstruktur haben, so braucht er sie nur einmal in das Passiv umzuwandeln und schon wird der Unterschied deutlich: Der erste Satz wird sofort völlig ungrammatisch, während der zweite ganz in Ordnung ist:

*CRIMINALS CANNOT BE BORN BY THE POLICE TO CONFESS QUICKLY
(*VERBRECHER KÖNNEN VON DER POLIZEI NICHT ERTRAGEN WERDEN SCHNELL ZU GESTEHEN)
CRIMINALS CANNOT BE FORCED BY THE POLICE TO CONFESS QUICKLY
(VERBRECHER KÖNNEN VON DER POLIZEI NICHT GEZWUNGEN WERDEN SCHNELL ZU GESTEHEN)!

Während des Experiments wurden die Testpersonen gebeten, Kopfhörer zu tragen. Dann wurden die Sätze in ein Ohr gespielt und im zweiten Ohr ertönte ein 'Klick' gerade dann, wenn das Wort CRIMINAL in das andere Ohr gespielt wurde. Man fragte die Testpersonen, wo im Satz sie den Klick gehört hatten. Im ersten Satz neigten die Hörer dazu, den Klick *vor* dem Wort CRIMINAL zu hören, da, wo eine Tiefenstruktur nach Chomsky das Ende eines Strukturteils sieht:

THE CORRUPT POLICE CAN'T BEAR / CRIMINALS TO CONFESS QUICKLY
(DIE KORRUPTE POLIZEI KANN ES NICHT ERTRAGEN / DAß VERBRECHER SCHNELL GESTEHEN)

Im zweiten Satz blieb der Klick auf der Stelle stehen, so als könnten sich die Hörer nicht entscheiden, wo das Ende eines Strukturteils anzusetzen sei. Sie benahmen sich so, als überbrücke das Wort CRIMINALS die Lücke zwischen den beiden Teilen des Satzes. Da in der Tiefenstruktur CRIMINALS zweimal auftritt und das Ende eines Strukturteils genau zwischen den beiden Erscheinungen liegt, ist dies ein sehr ermutigendes Ergebnis:

THE CORRUPT POLICE CAN'T FORCE CRIMINALS /
(DIE KORRUPTE POLIZEI KANN VERBRECHER NICHT ZWINGEN /)
CRIMINALS TO CONFESS QUICKLY
(DAß VERBRECHER SCHNELL GESTEHEN).

Das läßt sehr stark vermuten, daß jemand auf eine 'klassische' Tiefenstruktur zurückgeht, wenn er einen Satz dekodiert.

Wir müssen aber vorsichtig sein. Eine Schwalbe macht noch keinen Sommer, und ein Experiment beweist noch nicht die Existenz einer Tiefenstruktur. (Wie wir später noch erörtern werden, geht jede wissenschaftliche Arbeit sowieso nur dadurch voran, daß man Hypothesen entkräftet und nicht dadurch, daß man sie beweist.) Außerdem wurde die Bedeutung dieses speziellen Experiments in Frage gestellt. Es wurde sowohl wegen seines Aufbaues als auch wegen seiner Auslegung angegriffen. Die Ergebnisse könnten auf eine außergewöhnliche Testsituation zurückzuführen sein oder sie könnten eher mit der Bedeutung zu tun haben als mit der zugrundeliegenden Syntax der Tiefenstruktur (Fillenbaum, 1971; Johnson-Laird, 1974). Die 'verworrene Geschichte der Klickologie' (Johnson-Laird, 1974: 138) liefert immer noch Stoff für größere Auseinandersetzungen.

Welches Resümee können wir also bis jetzt ziehen? Die Experimente, die in diesem Abschnitt beschrieben wurden, decken sich mit der Annahme, daß eine Tiefenstruktur nach Chomsky zwischengeschaltet wird, wenn wir Sätze verstehen oder uns an sie erinnern. Die Experimente decken sich aber auch mit anderen Hypothesen. Wir können lediglich mit Sicherheit davon ausgehen, daß jedem Satz eine Reihe innerer Beziehungen zugrundeliegt, die auf der Oberfläche nicht unbedingt in Erscheinung treten müssen. Wie Bever schreibt (1970:286): "Die Tatsache, daß jeder Satz eine innere und eine äußere Struktur hat, wird in allen sprachwissenschaftlichen Theorien festgehalten — wenn sich auch die Theorien hinsichtlich der Rolle, die diese innere Struktur innerhalb der linguistischen Beschreibung einnimmt, unterscheiden. Somit bedeutet Sprechen, daß aktiv die inneren Strukturen den äußeren Strukturen zugeordnet werden. Andere zu verstehen bedeutet, äußere Strukturen inneren Strukturen zuzuordnen." Mit anderen Worten, obwohl es äußerst unwahrscheinlich erscheinen mag, daß wir immer auf eine Tiefenstruktur nach Chomsky zurückgreifen, wenn wir Sätze verstehen, so haben wir doch noch nicht das Gegenteil bewiesen. Niemand hat bis jetzt gezeigt, daß diese Annahme völlig falsch ist.

Der springende Punkt ist der, daß die Wissenschaft voranschreitet, indem man Hypothesen entkräftet. Angenommen, Sie interessierten sich für Blumen. Sie könnten die Hypothese aufstellen 'Alle Rosen sind weiß, rot, rosa, orange oder gelb: Es wäre absolut unsinnig dann Hunderte, Tausende oder selbst Millionen von weißen, roten, rosa, orangen und gelben Rosen zu sammeln. Sie würden dann nur zusätzliche Beweise sammeln, die mit Ihrer Hypothese vereinbar sind. Sollten Sie wirklich daran interessiert sein, die Botanik einen Schritt voran zu bringen, so würden Sie Leute in alle Himmelsrichtungen schicken, um nach schwarzen, blauen, lila oder grünen Rosen zu suchen. Ihre Hypothese bliebe bestehen, bis jemand eine blaue Rose fände. Dann sollten Sie theoretisch zumindest hocherfreut sein, daß die Botanik einen Fortschritt gemacht hat und nun blaue Rosen kennt. So ist es selbstverständlich, daß jede formulierte Hypothese derart sein muß, daß man den Gegenbeweis dazu erbringen kann. Für eine Hypothese wie 'Dem alten Fritz hätten Raumschiffe nicht gefallen' kann nicht der Gegenbeweis erbracht werden und somit ist sie nutzlos. Eine Hypothese wie 'Der

Planet Mars besteht aus Kreide' wäre im Jahre 100 nutzlos gewesen, da es keinerlei Aussichten gab, auf den Mars zu gelangen — aber heutzutage im zwanzigsten Jahrhundert, da die Raumfahrt und Gesteinsproben von anderen Planeten erreichbar sind, ist dies eine völlig zulässige, wenn auch unwahrscheinliche Hypothese.

Das bringt uns zurück zu Chomsky. Einige Forscher haben behauptet, daß man die Hypothese der Tiefenstrukturen nicht entkräften könne und sie deshalb als wissenschaftliche Theorie unnütz sei. Es stimmt, daß es im Augenblick schwer fällt sich vorzustellen wie man sie wohl überprüfen könne, doch die Experimentiertechniken der Psycholinguistik stecken in vielerlei Hinsicht noch in den Kinderschuhen. Jedes Jahr werden neue Techniken erprobt. In den letzten zehn Jahren wurden ungeheure Fortschritte gemacht. Vielleicht wird es durch die Entwicklung neuer Verfahrensweisen möglich werden, endgültig die Theorie einer 'innern Struktur' der Sprache zu entkräften. Die gegenwärtige Lage beschreibt ein Psycholinguist folgendermaßen: "Die augenblicklich zur Verfügung stehenden Beweise für fast jegliche Theorie innerhalb der Psycholinguistik sind so spärlich, daß sie der Behauptung, daß diese oder jene Hypothese wirklich entkräftet worden sei, jede Grundlage entziehen." (Watt 1970:138).

Zusammenfassed können wir also sagen, daß es unwahrscheinlich erscheint, daß Menschen eine Chomskysche Tiefenstruktur benutzen, wenn sie sich an Sätze erinnern, sie verstehen oder produzieren. Jedoch ist noch kein wirklicher Gegenbeweis für diese Hypothese erbracht worden und im Augenblick ist auch noch nicht klar wie man dies tun könnte.

Das sprachliche Archiv

Wir sind nun zu dem Schluß gelangt, daß Transformationen für die Verarbeitung eines Satzes nicht von Bedeutung sind und eine Tiefenstruktur nicht unbedingt eine Rolle spielt. Die wenigen Anhaltspunkte, die wir haben, stimmen mit der Tiefenstrukturtheorie überein — wir können aber auch zu anderen Erklärungen gelangen.

Wir kommen nun zunehmend zu der Ansicht, daß die Transformationsgrammatik eine Art Archiv darstellt, das im Gehirn bereitsteht, um Auskünfte zu erteilen, auf das aber im Laufe einer Unterhaltung vielleicht nur gelegentlich zurückgegriffen wird. Man könnte es mit anderen Arten von Wissen vergleichen, wie zum Beispiel das Wissen um die Tatsache, daß Vier mal Drei dasselbe ist wie Sechs mal Zwei. Diese Information ist im Gehirn gespeichert, aber sie wird nicht unbedingt direkt gebraucht, wenn man nachrechnet, ob die Gasrechnung richtig ist.

Natürlich könnte die Information im Gehirn ganz anders dargestellt sein als man sie in der Transformationsgrammatik darstellt. Doch wiederum sind wir nicht in der Lage das Transformationsmodell zu widerlegen. Bis wir es widerlegt haben, können wir sagen, daß eine Transformationsgrammatik ein sprachliches Archiv darstellt, das das unbewußte Wissen des Sprechers einer Sprache beinhaltet.

Man sollte beachten, daß wir keinen deutlichen Bruch zwischen dem sprachlichen Wissen und dem Gebrauch der Sprache vorschlagen. In der Praxis überschneiden sich beide in erheblichem Maße und das Ausmaß der Überscheidung ändert sich von Satz zu Satz.

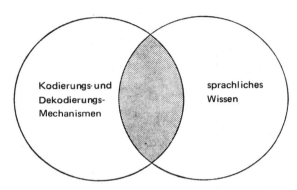

Nehmen wir ein einfaches Beispiel: :

TANTE AGATHE WURDE LETZTEN DONNERSTAG ÜBERFAHREN

Wir stellen fest, daß solche kurzen Passive normalerweise leichter und schneller zu verstehen sind als vollständige Passive wie

TANTE AGATHE WURDE LETZTEN DONNERSTAG VON JEMANDEM (ODER ETWAS) ÜBERFAHREN

Es scheint deshalb ziemlich unnütz anzunehmen, daß ein Hörer, um den Satz zu verstehen, eine Chomsky-Tiefenstruktur erstellen müsse, die den Handelnden (JEMAND (oder ETWAS)) beinhaltet:

JEMAND (oder ETWAS) ÜBERFUHR TANTE AGATHE LETZTEN DONNERSTAG.

Tatsächlich könnte er aber dem Handelnden keinerlei Beachtung schenken, weil er viel zu beschäftigt damit ist, sich über Tante Agathe Sorgen zu machen. Wenn er aber tatsächlich sehr lange über den Satz nachdenkt, so könnte er nicht nur auf den Handelnden JEMAND (oder ETWAS) schließen wie das die 'klassische' Tiefenstruktur verlangt, sondern noch auf weit mehr Informationen. Er könnte von der Annahme ausgehen, daß Tante Agathe von ETWAS überfahren worden war und nicht von JEMANDEM, und daß dieses ETWAS sehr wahrscheinlich ein GEFÄHRT IN BE-

WEGUNG war. All diese Informationen erhielt er aus seinem Wissen über das Wort ÜBERFAHREN — aber es bleibt ihm freigestellt, ob er darauf zurückgreift oder nicht, wenn er den Satz versteht.

Und hier ist ÜBERFAHREN kein alleinstehendes Beispiel. Andere Verben, denen jemand auch eine ganze Menge von Information erschließen könnte sind ENTJUNGFERN und VERSCHLINGEN. In dem Satz

    VIOLETTA WURDE ENTJUNGFERT

weiß der Hörer, daß JEMAND Violetta entjungferte, und daß der Entjungferer mit größter Wahrscheinlichkeit männlich und ein Mensch war (Watt, 1970). Ähnlich kann der Hörer in dem Satz

    FREDDY WURDE VERSCHLUNGEN

davon ausgehen, daß der Verschlinger ein größeres, nicht vegetarisches Tier war. Diese Information steht für den Bedarfsfall zur Verfügung, muß aber nicht benutzt werden.

Anders ausgedrückt, jemand der eine Sprache spricht, verfügt über eine ungeheure Menge von Wissen, welches er anwenden könnte, wenn er kodiert oder dekondiert, er muß es aber nicht tun. Vielmehr muß er normalerweise etwas davon benutzen, aber meist nur einen recht kleinen Teil.

Ein noch deutlicheres Beispiel liefert vielleicht der Satz

    LACHENDE LEUTE LECKEN LANGE LUTSCHER.

Es ist äußerst unwahrscheinlich, daß irgendjemand auf die vollständige Tiefenstruktur zurückgeht, wenn er diesen Satz kodiert oder dekodiert. Die Tiefenstruktur wäre ungefähr:

    LEUTE, DIE LACHEN LECKEN LUTSCHER, DIE LANG SIND.

Es gibt keinerlei Zweifel darüber, daß deutsche Muttersprachler LANGE LUTSCHER mit LUTSCHER, DIE LANG SIND in Verbindung bringen können — aber wenn sie den Satz aussprechen oder hören, besteht keine Notwendigkeit für sie, dies zu tun. Jedoch könnte der Fall eintreten, daß der Sprecher mehr von seinem Wissen benutzen muß, um einen Satz zu interpretieren, der zuerst ganz harmlos aussieht:

    LÖWENJAGDEN KÖNNEN AUFREGEND SEIN

Hier muß sich die Hörerin wohl im Unterbewußtsein die Frage vorlegen: "Geht es hier um Löwen, die jagen oder darum, daß Löwen gejagt werden?" Sie könnte diese Frage auch laut stellen.

Dies weist wiederum darauf hin, daß eine Transformationsgrammatik ein sprachliches Archiv darstellt, dessen Inhalt jemandem zur Verfügung steht, wenn sie einen Satz verarbeitet. Grundsätzlich könnte jemand, wenn sie das wollte, alles Wissen, daß sie im Zusammenhang mit einem bestimmten Satz gespeichert hat hervorholen, wenn sie ihn kodiert oder dekodiert.

Das könnte sein, was Chomsky meinte, als er schrieb: "... die generative Grammatik stellt die Information über die Satzstruktur dar, die grundsätzlich für jemanden verfügbar ist, der eine Sprache erworben hat. Sie weist darauf hin, wie er idealerweise .... einen Satz verstehen würde" (Chomsky, 1963:326). Das Wort 'idealerweise' könnte hier perfektes Verständnis eines Satzes bedeuten, soweit dies innerhalb der Grenzen des grammatischen Wissens möglich ist. Natürlich hat in der Praxis niemand die Zeit und es besteht auch keine Notwendigkeit, jeden einzelnen Satz in dieser Weise abzuspulen. Die meisten Leute treffen sehr schnell eine Entscheidung über den Satz, den sie hören, ohne alle möglichen Einzelheiten zu berücksichtigen. Mit den Worten von Bever: sie verlassen sich auf ihre 'Wahrnehmungsstrategien' oder Abkürzungen und nicht auf die volle Anwendung der 'erkenntnistheoretischen Strukturen' oder Vorstellungen von der Sprachstruktur (Bever, 1970:281).

Es wäre allerdings ein Fehler zu glauben, daß die 'erkenntnistheoretischen Strukturen' nur schmückendes Beiwerk sind. Jemand, der Zweideutigkeiten nicht aufdecken könnte, der nicht über grammatische Richtigkeit entscheiden könnte und der verwandte Sätze nicht miteinander in Verbindung bringen könnte, 'beherrschte' seine Sprache nur in sehr begrenztem Maße. Es gibt keine scharfe Grenze zwischen dem Wissen *wie* man Sätze ausspricht und versteht und dem Wissen darum, *ob* diese Sätze grammatisch sind und in welcher Beziehung sie zu anderen Sätzen stehen. Die Menschen verhalten sich nicht wie Spinnen, die Netze weben können, ohne ein bewußtes Wissen über ihre Fähigkeiten zu haben. Die Menschen brauchen das Wissen über ihre Sprache, um richtig wie sprachbegabte Wesen leben zu können. Was die Sprache betrifft, so ist die Unterscheidung zwischen wissen *wie* (wie beim Laufenkönnen) und wissen *daß* (wie beim wissen, daß die Erde rund ist) eine äußerst unklare, da sich die beiden Arten des Wissens überschneiden.

Fassen wir das soeben Gesagte zusammen. Wir sind zu dem Schluß gekommen, daß eine Transformationsgrammatik hauptsächlich 'Archivwissen' oder 'erkenntnistheoretische Strukturen' umfaßt, eine Reihe von Überzeugungen oder Intuitionen über die eigene Sprache, die nicht unbedingt bewußt gemacht werden können müssen. Diese Überzeugungen sind nicht nur schmückendes Beiwerk, sie sind ein grundlegender Teil der Fähigkeit eine Sprache zu sprechen und zu verstehen.

Wir müssen uns noch eine weitere Frage über diese 'erkenntnistheoretischen Strukturen' vorlegen, das ist die Frage: wie werden sie erworben? Lernen Kinder eine Sprache zu benutzen und weiten dann später ihr Wissen über sie aus, bis es vollständig ist, so wie Bever 1970 meint? Oder finden die beiden Lernprozesse gleichzeitig statt? Diese Frage wurde von drei Psychologen der Universität von Pennsylvania untersucht (Gleitman, Gleitman und Shipley, 1972). Sie kamen zu der Erkenntnis, daß der Vorgang des Sprechenlernens eng damit verbunden war, daß man Überzeugungen über die eigene Sprache erwarb. Beide Arten der Kenntnis schreiten gleichzeitig voran, obwohl letztere erheblich langsamer vonstatten geht. Sogar Zweijährige haben einige Vorstellungen über grammatische Richtigkeit, also Grammatikalität, obwohl diese noch auf sehr wackeligen Füßen stehen. Die Urteile, die Kinder über ihre Sprache abgeben bleiben auch noch recht wackelig, wenn sie schon fließend sprechen können. Wenn sie zwischen fünf und acht Jahren alt sind, beginnen die Kinder eine gefühlsmäßige Einschätzung ihrer Sprache zu haben, die vergleichbar ist mit der eines Erwachsenen (das stimmt überein mit den Schlußfolgerungen, zu denen wir im 7. Kapitel hinsichtlich des Verhaltens der Kinder gegenüber der Beziehung von Aktiv und Passiv kamen: sie können beide benutzen, bevor sie sie in Verbindung setzen können). Wir wollen diesen Punkt etwas verdeutlichen.

Die Tatsache, daß selbst noch recht kleine Kinder schon einige Vorstellungen über ihre Sprache haben, zeigt die zweijährige Allison, die sagte, daß die Folge

  *BALL ME THE THROW (*BALL MIR DEN WIRF)

unsinnig sei und sie korrigierte zu

  THROW ME THE BALL (WIRF MIR DEN BALL).

Genauso verbesserte die zweijährige Sarah

  SPRUNG EINEN SPRING

zu

  SPRING EINEN SPRUNG.

Doch waren Sarahs Urteile nicht immer zuverlässig, da sie

  WASCHE DIE TELLER AB

für einen komischen Satz hielt und ihn zu

  WASCHE DIE TELLER AB (!)

verbesserte.

Es war leichter, Antworten von älteren Kinder zu bekommen und hier waren die Ergebnisse auch eindeutiger. Als zum Beispiel sieben Kinder im Alter zwischen fünf und acht Jahren gefragt wurden, ob der Satz

  I AM KNOWING YOUR SISTER (ICH KENNE GERADE DEINE SCHWESTER)

'vernünftig' oder 'blöd' klinge, fanden ihn die Fünf- und Sechsjährigen ganz in Ordnung aber die Sieben- und Achtjährigen lehnten ihn ab, obwohl sie nicht immer sagen konnten, warum der Satz komisch sei. Folgendes gab die siebenjährige Claire zu Antwort:

F (Forscher): Wie steht's mit diesem Satz: I AM KNOWING YOUR SISTER (ICH KENNE GERADE DEINE SCHWESTER)?
C (Claire): Nein. I KNOW YOUR SISTER (ICH KENNE DEINE SCHWESTER)
F: Warum nicht I AM KNOWING YOUR SISTER? Man kann doch auch sagen I AM EATING YOUR DINNER (ICH ESSE GERADE DEIN ABENDESSEN).
C: Das ist anders! (Schreit) Man muß Sätze, die anders sind, anders sagen, sonst gibt es keinen Sinn!

Aber bei anderen Sätzen gab Claire nicht nur ein Erwachsenenurteil über die Grammatikalität ab, sondern gab auch einen erwachsenenmäßigen Grund an:

F: Wie steht's damit: JUNGE IST AN DER TÜR.
C: Wenn sein Name JUNGE ist. Man sollte — der Typ heißt Michael, nicht wahr? MICHAEL IST AN DER TÜR oder: EIN JUNGE IST AN DER TÜR.

Die Forscher stellen fest: "Die Fähigkeit Betrachtungen über die Sprache anzustellen nimmt mit zunehmendem Alter stark zu. Die größeren Kinder konnten nicht nur die Abweichungen besser feststellen, sie konnten auch besser erklären, worin die Abweichung bestand." (Gleitman, Gleitman und Shipley, 1972:160).

Wir können jetzt die Schlußfolgerungen, zu denen wir in diesem Kapitel gekommen sind, zusammenfassen. Wir haben untersucht, in welcher Beziehung das Sprachwissen (wie es von der Transformationsgrammatik 'erfasst' wird) mit unserer Satzproduktion und unserem Satzverständnis steht. Im ersten Teil stellen wir fest, daß die Transformationen für unsere Kodierung und Dekodierung irrelevant sind. Im zweiten Teil sahen wir, daß die Hypothese, daß man beim Verstehen eines Satzes auf eine Chomsky-Tiefenstruktur zurückgeht, noch nicht widerlegt wurde, aber insgesamt gesehen wohl unwahrscheinlich ist. Im letzten Teil gelangten wir zu der Auffassung, daß eine Transformationsgrammatik das sprachliche Archiv einer Person darstellt — ein Speicher des Wissens über die eigene Sprache, der im Laufe einer Unterhaltung nur teilweise benutzt wird. Dieses Archiv entwickelt sich zwar etwas langsamer als die Fähigkeit Sätze zu sprechen und zu verstehen, aber doch zur gleichen Zeit mit dieser Fähigkeit.

In den nächsten beiden Kapiteln werden wir uns mit den Mechanismen zum Kodieren und Dekodieren befassen, die sich mit diesem linguistischen Archiv überschneiden.

10. Kapitel

Der Fall vom fehlenden Fingerabdruck

Wie verstehen wir Sprache?

> "Es klingt recht hübsch', sagte sie, 'nur ist es leider etwas schwer verständlich!'
> (Daß sie sich überhaupt keinen Vers darauf machen konnte, wollte sie nämlich nicht eingestehen, nicht einmal sich selbst gegenüber.) 'Irgendwie kommen mir dabei lauter Gedanken in den Kopf — aber ich weiß nicht genau, welche!"
>
> Lewis Carrol
> *Alice im Spiegelreich*

Im letzten Kapitel kamen wir zu der Feststellung, daß eine Transformationsgrammatik uns keinen direkten Einblick in das Verfahren verschafft, das eine Person anwendet, um Sprache zu verstehen und zu produzieren. Sie stellt nur das Wissen dar, das jemandem im Bedarfsfall zur Verfügung steht, wenn er kodiert oder dekodiert. Inwieweit dieses Wissen zur Anwendung kommt, ist von Satz zu Satz verschieden und variiert sehr wahrscheinlich auch von Sprecher zu Sprecher. Deshalb müssen wir jetzt Nachforschungen über die Verfahren beim Sprachverständnis und der Sprachproduktion anstellen.

Herauszufinden, wie Kodieren und Dekodieren vor sich geht, ist schwieriger als es auf den ersten Blick den Anschein haben mag. Ein grundlegendes Problem ist es, daß die Verbindung zwischen den beiden Vorgängen nicht unbedingt sehr deutlich ist. Es wäre zwar für die Psycholinguisten wesentlich einfacher, wenn sie in direkter Verbindung stünden, aber wir haben keinerlei Anhaltspunkte für diese Annahme und müssen mindestens vier Möglichkeiten berücksichtigen:

1. Kodieren und Dekodieren sind völlig verschieden
2. Dekodieren ist die Umkehr von Kodieren
3. Dekodieren ist dasselbe wie Kodieren: d.h. der Dekodierende rekonstruiert die Nachricht bei sich selbst, genauso, wie er sie konstruiert, wäre er der Sprecher.
4. Dekodieren und Kodieren sind teilweise gleich und teilweise unterscheiden sie sich.

Diese Skala der Möglichkeiten bedeutet für uns, daß wir uns mit dem Sprachverständnis und der Sprachproduktion getrennt befassen müssen. Wie sich zeigen wird, so ist die vierte Möglichkeit wahrscheinlich der Wahrheit am nächsten.

Wenden wir uns zuerst dem Dekodieren zu. Wie sollen wir beginnen? Eine sinnvolle Methode wäre, eine Reihe von Äußerungen aufzulisten, die für Hörer schwierig zu verstehen sind und dann herausfinden, warum das so ist. Dazu einige Beispiele.

Auf einem Zettel an einer Londoner Wohnungstür stand: "Milchmann, bitte keine Milch bis zum 3. Juli. Falls Sie dies nicht sehen, sagt Ihnen der Frau, die im Erdgeschoß wohnt, Bruders Putzfrau Bescheid."[1] Möglicherweise braucht der Milchmann eine zeitlang, um sich darüber klar zu werden, wer ihm denn nun wegen der Milch Bescheid sagen sollte, obwohl an dem Satz eigentlich grammatisch nichts eindeutig falsch ist. Man braucht eben nur sehr lange, um ihn zu verarbeiten. Ein ähnliches Beispiel wäre hier der Satz:

DIE RIESEN VERTRIEBEN DURCH IHRE STEINWÜRFE RISSEN AUS.

Wiederum ist eigentlich nichts Falsches an diesem Satz. Vergleiche:

DIE FLÜCHTLINGE, VERTRIEBEN DURCH DEN KRIEG, SUCHTEN EINE HEIMAT.

Ein extremeres Beispiel liefert hier der Satz:

DIE KATZE, DIE DER HUND, DEN DER MANN, DEN DAS BABY UMGEWORFEN HATTE, BISS, KRATZTE, BRACH ZUSAMMEN.

(Das Baby warf den Mann um, der Mann biß den Hund, der Hund kratzte die Katze, die Katze brach zusammen.)

Es ist äußerst schwierig, mit diesem Satz zu Rande zu kommen. Einige Menschen finden es schier unmöglich. Doch auch hier ist nichts unmittelbar greifbar, das grammatisch falsch wäre. Aber irgendwie ist er einfach zu komplex, um eine leichte Bearbeitung zu ermöglichen.

Wenn wir zuverlässig klären können, warum diese Sätze schwer verständlich sind, so wird es uns gelungen sein eine ganze Menge über die Mechanismen des Dekodierens herauszufinden.

Grob gesagt, wird es einem Hörer schwer fallen einen Satz zu verstehen aus einem oder beiden der folgenden Gründe. Es wird dann schwierig, wenn

---

1 Der englische Orginalsatz lautete: The Woman Who Has The Flat On The Groundfloor's Sister Will Tell You. Die Eigenheiten dieser englischen Konstruktion im Deutschen nachzuvollziehen ist äußerst schwierig, deshalb ist der deutsche Beispielsatz vielleicht nicht ganz so einleuchtend. Anm. d. Übers.

1. der Satz gegen die linguistischen Erwartung geht
2. der Satz über bestimmte 'psychologische' Grenzen hinausgeht.

Betrachten wir jeden dieser Fälle einzeln. Zuerst werden wir aber zeigen, daß das Dekodieren keinesfalls eine so leichte Sache ist wie man es früher glaubte. Die Menschen 'registrieren' die Sätze, die der Sprecher sagt, nicht nur passiv, stattdessen hören sie, was sie *erwarten* zu hören. Sie rekonstruieren aktiv sowohl die Laute als auch die Syntax einer Äußerung in Übereinstimmung mit ihren Erwartungen.

Hören, was wir erwarten zu hören

Bis vor relativ kurzer Zeit waren die Psycholinguisten der Ansicht, daß der Vorgang des Sprachverständnisses oder des Dekodierens sehr einfach sei. Bildlich gesehen, stellt man sich die Hörerin vor wie eine Sekretärin, die an der Schreibmaschine sitzt und ein Diktat mitschreibt. Im Geiste 'tippte' die Hörerin die Laute, die sie hörte, einen nach dem anderen und 'las' dann die Wörter die sie bildeten 'ab'. Oder, wenn wir ein anderes Bild nehmen, so sieht man den Hörer als Detektiv, der ein Verbrechen aufklärt, indem er aufgefundene Fingerabdrücke mit denen bekannter Verbrecher vergleicht. Der Detektiv mußte lediglich die Fingerabdrücke, die am Tatort vorgefunden wurden mit denen in seinen Akten vergleichen und feststellen, von wem sie stammen. Genau, wie nicht zwei Menschen den gleichen Fingerabdruck haben, so dachte man auch, daß jeder Laut ein einzigartiges lautliches Muster hatte.

Leider stellt sich heraus, daß diese simple Vorstellung falsch ist. Eine Reihe von Experimenten, die von Phonetikern und Psycholinguisten durchgeführt wurden, haben klar die Vorstellung von der 'passiven Sekretärin' und den 'Fingerabdrücken' widerlegt. Es gibt hier eine Reihe von Schwierigkeiten.

Als erstes ist es wohl einleuchtend, daß Hörer nicht einen Laut um den anderen 'festhalten' oder 'vergleichen' können. Ganz abgesehen von allem anderen, wird dies allein schon durch die Sprechgeschwindigkeit unmöglich gemacht. Wenn wir im Englischen von durchschnittlich vier Lauten pro Wort ausgehen und einer Geschwindigkeit von fünf Wörtern pro Sekunde, würde dies bedeuten, daß wir von Ohren und Gehirn erwarten, daß sie mit ungefähr zwanzig Lauten pro Sekunde fertig werden. Aber Menschen können diese Anzahl von einzelnen Signalen in einem solchen Zeitraum nicht verarbeiten — es sind einfach zuviele (Liberman et al., 1967).

Der zweite Grund, warum die Vorstellung von der 'passiven Sekretärin' oder 'dem Fingerabdruck' nicht zutrifft, ist der, daß es keine feststehende akustische Abbildung von, zum Beispiel einem Z gibt, so wie es das festgelegte Schreibmaschinenzeichen Z gibt. Die akustischen Spuren, die die Laute hinterlassen sind ganz anders als die Fingerabdrücke, die Verbrecher hinterlassen. Beim wirklichen Sprechen verändert sich jeder Laut erheblich, je nach dem was ihm vorausgeht oder nachfolgt. Das Z in ZAR ist anders, als das Z in GAZE oder das in QUIZ. Außerdem unterscheidet sich derselbe Laut von Srecher zu Sprecher überraschend stark. So ist ein direktes 'Abschreiben' oder 'Vergleichen' jedes einzelnen Lautes unmöglich. (Wenn es möglich wäre, so hätten billige Maschinen, für diesen Zweck, schon lange den Markt überschwemmt und Phonotypistinnen zu einem überflüssigen Luxus werden lassen.)

Ein drittes Problem, das hiermit zusammenhängt, ist die Tatsache, daß die Laute akustisch gesehen ein Kontinuum bilden: B geht langsam in D über, welches wiederum in G übergeht. Es gibt keine klare Grenzlinie zwischen akustisch ähnlichen Lauten, genau wie es nicht immer möglich ist, zwischen einer Blumenvase und einem Krug oder einem Busch und einem Baum zu unterscheiden (Liberman et al., 1957).

Diese Erkenntnisse weisen darauf hin, daß es keine sichere Methode gibt, mit der jemand den Abdruck eines Lautes herstellen oder diesen einem inneren 'Schreibmaschinensymbol' zuordnen kann, da die akustischen Muster dieser Laute nicht feststehend und klar zu unterscheiden sind. Und selbst wenn es so wäre, hätte man keine Zeit jeden eindeutig zu identifizieren. Die Information, die aus den Schallwellen herausgeholt wird ist 'nicht mehr als ein grober Hinweis auf den Sinngehalt einer Nachricht, eine Art Gerüst, auf dem der Hörer den Satz aufbaut oder rekonstruiert' (Fry, 1970:31).

Bei der Auslegung von gesprochenen Lauten sind die Hörer eher einem Detektiv vergleichbar, der feststellt, daß das Aufklären eines Verbrechens nicht einfach bedeutet, daß man zum Fingerabdruck den passenden Verbrecher finden muß. Sie finden vielmehr eine Situation vor, in der 'ein bestimmter Hinweis von irgendeinem von einer Vielzahl von Verbrechern hinterlassen worden sein könnte oder in der ein bestimmter Verbrecher irgendwelche von einer Reihe von verschiedenen Hinweisen hinterlassen haben könnte' (Fodor, Bever und Garrett, 1974:301). Womit sie es zu tun haben, ist eher 'so wie die Ansammlung von unterschiedlichen Anhaltspunkten, aus welchen Sherlock Holmes die Identität eines Verbrechers ableitet'. In solchen Fällen muß die Hintergrundinformation des Detektives ins Spiel kommen.

Mit anderen Worten, gesprochene Laute zu entziffern ist ein aktiver und kein passiver Vorgang. Die Hörer müssen aktiv die mögliche lautliche Nachricht erschließen unter Zuhilfenahme ihres allgemeinen Wissens über die Sprache. Vielleicht ist dies nicht allzu überraschend. Es gibt viele andere Beweise dafür, daß dies ein aktiver Vorgang ist. Wir wissen alle, wie schwierig es ist, die Laute eines fremden Wortes genau zu hören. Das rührt daher, daß wir viel zu sehr damit beschäftigt sind, die Erwartungen, die wir aufgrund unserer eigenen Sprachgewohnheiten hegen, auf dieses Wort anzuwenden und uns somit dessen, für uns neue, Eigenschaften entgehen.

Aber nicht nur die Erwartungen einer Person hinsichtlich des Lautmusters beeinflußt das, was sie hört, sondern vielleicht noch in weit größerem Maß sind es die Erwartungen hinsichtlich der syntaktischen und semantischen Muster. Bis jetzt ist noch nicht ganz klar, wie man dies alles auseinanderhalten kann, da 'fast alle Aspekte der Satzerkennung immer noch ungeklärt bleiben, trotz all der Aufmerksamkeit, die diesem Problem in letzter Zeit in der Forschung geschenkt wurde' (Fodor, Bever und Garrett, 1974: 374). Im Augenblick scheinen die Tatsachen in eine bestimmte Richtung zu weisen. Wenn jemand einen Satz hört, so erfaßt er die groben Umrisse und 'zieht daraus voreilige Schlüsse' über das, was er gerade hört. Dies könnte durch eine Analogie deutlicher werden. Angenommen jemand sieht eines Abends einen großen Fuß unter seinem Bett hervorlugen. Es ist wahrscheinlich, daß er schreit: "Unter meinem Bett liegt ein Mann", da er durch gemachte Erfahrungen zu der Überzeugung gelangt ist, daß große Füße meistens an männlichen menschlichen Wesen angebracht sind. Anstatt nur die tatsächliche Situation zu kommentieren 'Unter dem Bett schaut ein Fuß heraus', hatte er den Schluß gezogen, daß dieser Fuß zu einem Mann gehört und dieser Mann unter dem Bett liegt. Alles deutet darauf hin, daß wir beim zuhören ähnlich 'gezielt raten'.

Welcher Art die Vermutungen einer Person sind, hängt sehr stark davon ab, was sie erwartet zu hören. Daher ist dies die nächste Frage, die wir angehen müssen. Welcherlei Erwartungen hegen die Leute beim Verstehen von Sätzen? Nach welcher Art von Hinweisen halten sie Ausschau? Einer derjenigen, die sich mit diesem Problem befaßt haben ist Tom Bever, ein Psychologe an der Columbia Universität in New York. Der nächste Abschnitt basiert zum größten Teil auf den Überlegungen, die er angestellt hat (1970).

Gezieltes Raten

Unternimmt es jemand, eine Äußerung zu dekodieren, so tut er dies in Übereinstimmung mit einer Reihe von Annahmen und Erwartungen über die wahrscheinliche Struktur und den wahrscheinlichen Inhalt der Sätze seiner Sprache. Sätze, die mit diesen Erwartungen übereinstimmen, werden wohl leicht verstanden, solche die abweichen, weniger leicht. Versuchen wir eine Beschreibung dieser Erwartungen. Die vier folgenden scheinen für Sprecher der englischen Sprache grundlegend zu sein.

1. Annahme: 'Jeder Satz besteht aus einem oder mehreren Sentoiden oder satz-ähnlichen Teilen und jeder Sentoid enthält normalerweise eine Nominalphrase, auf die ein Verb folgt, auf das noch eine weitere Nominalphrase folgen kann'. Das bedeutet, jeder Satz ist entweder einfach wie

MAGST DU SAUERKRAUT?
KAULQUAPPEN WERDEN ZU FRÖSCHEN
FAß DIESEN DRAHT NICHT AN

oder komplex und ist dann aus mehr als einer satzähnlichen Struktur, oder mehr als einem Sentoiden, zusammengesetzt. So enthält beispielsweise der Satz

ES ÜBERRASCHT NICHT, DAß DIE TATSACHE, DAß PETER IM BAD SINGT, SEINE VERMIETERIN AUFREGT

drei Sentoide:

ES ÜBERRASCHT NICHT
DAß DIE TATSACHE DIE VERMIETERIN AUFREGT
DAß PETER IM BAD SINGT

Innerhalb jedes Satzes enthält jeder Sentoid normalerweise entweder eine Nominalphrase-Verb-Folge wie

DER GROßE GORILLA BRÜLLTE

oder eine Nominalphrase-Verb-Nominalphrase-Folge wie

FÜCHSE FRESSEN FASANE.

2. Annahme: 'In einer Nominalphrase-Verb-Nominalphrase-Folge ist das erste Substantiv normalerweise der Handelnde und das zweite das Objekt'. Das heißt, daß englische wie auch deutsche Sätze normalerweise den Satzbau Handelnder-Handlung-Objekt haben, wobei die Person, die die Handlung vornimmt zuerst genannt wird wie in

GIRAFFEN FRESSEN BLÄTTER
DIOGENES KAUFTE EIN FAß.

3. Annahme: 'Wenn ein komplexer Satz aus einem Hauptsatz und einem oder mehreren Nebensätzen besteht, so steht der Hauptsatz meistens am Anfang'. Das bedeutet, daß man häufiger auf einen Satz, wie

NERO GEIGTE (WÄHREND ROM BRANNTE)

als

(WÄHREND ROM BRANNTE) GEIGTE NERO, stößt.

Genauso ist es erheblich wahrscheinlicher auf

PETRONELLA ERWARTETE, (DAß PERIKLES DEN BODEN AUFWISCHEN WÜRDE)

zu treffen als auf

*(DAß PERIKLES DEN BODEN AUFWISCHEN WÜRDE) ERWARTETE PETRONELLA

4. Annahme: 'Sätze sind normalerweise sinvoll'. Das bedeutet, daß die Leute im allgemeinen Dinge sagen, die einen Sinn haben. Sie äußern Wortfolgen wie

HAST DU SCHON ABGEWASCHEN?
DER ZUG FÄHRT UM ACHT UHR AB

und nicht

DAS GLÜCK ZIELT AUF LLAMAS
DER HONIG VERTEILTE MUTTER MIT EINEM MESSER.

Ausgehend von vier Annahmen, die möglicherweise allen Englischsprechern (und Deutschsprechern) gemeinsam sind, entwickeln die Menschen 'Strategien', um sich mit den Sätzen, die sie antreffen, befassen zu können. Hört eine Person einen Satz, so sucht sie nach Hinweisen, die bestätigen, daß ihre Annahmen zutreffen. Hat sie diese Bestätigung gefunden (oder meint sie zumindest sie gefunden zu haben), so zieht sie einen verfrühten Schluß über das, was sie hört. Sehen wir uns kurz die Strategien an, die mit den vier aufgeführten Annahmen zusammenhängen. Wenn wir sie auch als 'erste', 'zweite', 'dritte' und 'vierte' Strategie bezeichnen werden, hat dies doch nichts zu tun mit der Reihenfolge, in welcher sie angewendet werden. Beim Dekodieren von Sätzen scheinen alle vier gleichzeitig zu arbeiten.

Die erste Strategie, bzw. Arbeitsprinzip ergibt sich aus Annahme 1 und ist wohl: "Teile jeden Satz in Sentoide ein, indem du davon ausgehst, daß jede Nominalphrase-Verb-(Nominalphrase)-Folge einen Sentoiden darstellt". Dies nennt man manchmal die kanonische Sentoiden Strategie, da diese Form der Nominalphrase-Verb-Nominalphrase die 'kanonische' oder Standardform des englischen und deutschen Satzes ist. Es liegt auf der Hand, daß wir eine solche Strategie benötigen, wenn wir Sentoide unterscheiden, da es oft keinerlei akustische Hinweise darauf gibt, wie man einen Satz unterteilen muß. Wir stellten im 1. Kapitel fest, daß die Testpersonen unmöglich akustische Indizien benutzen konnten, als sie den Satz

IN ORDER TO CATCH HIS TRAIN/GEORGE DROVE FURIOUSLY TO THE STATION.

richtig in zwei Teilsätze unterteilten.

Fodor, Bever und Garrett schreiben: "Ein frühes Stadium der perzeptorischen Analyse linguistischen Materials ist die Identifikation der Sentoide, aus denen der Input-Satz zusammengesetzt ist. Aufgrund der Hypothese wird jeder dieser Sentoiden aus einer Subjekt NP und einem Verb bestehen, welches mit oder ohne Objekt auftritt". (Fodor, Bever und Garrett, 1974: 344).

Die deutlichste Bestätigung dieser Strategie findet sich in den sogenannten 'zentralen Einbettungen' — Sätze, die aufgebaut sind wie ein Satz russischer Bäuerinnenpuppen — einer immer im anderen. Das folgende Beispiel ist eine doppelte zentrale Einbettung — ein Satz steckt in einem anderen, der wiederum seinerseits in einem dritten steckt:

THE MAN THE GIRL THE BOY MET BELIEVED LAUGHED.
(DER MANN, DEN DAS MÄDCHEN GLAUBTE, DER JUNGE TRAF, LACHTE)

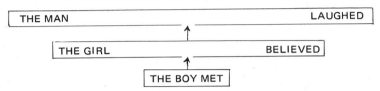

(Der Mann, von dem das Mädchen glaubte, daß der Junge ihn getroffen habe, lachte)

Blumenthal führte Tests durch, um festzustellen, was geschieht, wenn diese Art von Sätzen auswendig gelernt werden (1966). Er kam zu dem Ergebnis, daß die Testpersonen sie meist als Substantiv-Verb Folgen wiedergaben:

THE MAN, THE GIRL AND THE BOY MET, BELIEVED AND LAUGHED.
(DER MANN, DAS MÄDCHEN UND DER JUNGE TRAFEN SICH, GLAUBTEN UND LACHTEN.

Wenn sie auf einen ungewöhnlichen Satz trafen, so war ihre erste Reaktion die kanonische Sentoiden Strategie anzuwenden, obwohl sie, genau genommen, in diesem Fall irrelevant war. Bei einem späteren Experiment bemerkte Bever zu seiner Überraschung, daß die Testpersonen Sätze dieser Art auch noch nach Übung als NP-V-NP Folgen interpretierten. Er schreibt 'die NVN-Folge ist so zwingend, daß man sie als 'sprachliche Illusion' bezeichnen könnte, die auch durch Übung nicht leicht zu überwinden ist' (Bever, 1970:295).

Die kanonische Sentoiden Strategie scheint schon in frühem Alter entwickelt zu werden. Bever schreibt, daß die Kinder im Alter von ungefähr zwei Jahren schon nach Substantiv-Verb Folgen suchen — obwohl sie meist annehmen, daß das erste Substantiv zum ersten Verb gehört und sie verstehen

THE DOG THAT JUMPED FELL
(DER HUND, DER SPRANG, FIEL) als
THE DOG JUMPED
(DER HUND SPRANG).

Wenden wir uns nun der zweiten Strategie zu. Sie resultiert aus Annahme 2 und lautet wohl wie folgt: "Interpretiere eine NP-V-NP Folge als Akteur-Aktion-Objekt, außer wenn es deutliche Gegenbeweise gibt."

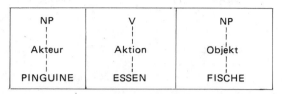

Eine Reihe von Experimenten haben gezeigt, daß es länger dauert, Sätze zu verstehen, in denen der Akteur nicht an erster Stelle steht, wenn es vom Sinn her keine Hinweise darauf gibt. Am bekanntesten ist von diesen Experimenten das 'Bildbestätigungsexperiment' von Slobin (1966a). Er zeigte den Testpersonen Bilder und las ihnen einen Satz vor. Dann maß er die Zeit, die sie benötigten, um zu sagen, ob beide übereinstimmten. Er stellte fest, daß Passive wie

    THE CAT WAS CHASED BY THE DOG
    (DIE KATZE WURDE VON DEM HUND GEJAGT)

mehr Zeit zur Überprüfung brauchten als die dazugehörigen Aktive

    THE DOG CHASED THE CAT
    (DER HUND JAGTE DIE KATZE).

Bei einem anderen Experiment zur Bildbestätigung stellte sich heraus, daß Akteur-Aktion-Objekt Strukturen schneller zu verstehen waren als andere Strukturen, die auch eine NP-V-NP Folge darstellten (Mehler und Carey, 1968):

	THEY	ARE KIDNAPPING	BABIES
(wörtl.	SIE	SIND KIDNAPPEND	BABYS)
	AKTEUR	AKTION	OBJEKT

wurde schneller bestätigt als

THEY	ARE	NOURISHING LUNCHES
(SIE	SIND	NAHRHAFTE MITTAGESSEN)
SUBJEKT	KOPULA	ERGÄNZUNG

(Man beachte, daß die beiden englischen Sätze eine gleiche Oberflächenstruktur haben.) Bever (1971) hat die Entwicklung der Akteur-Aktion-Objekt Strategie bei Kindern untersucht, indem er testete, inwieweit sie einfache Passivsätze verstehen konnten, die vom Sinn her keine Hinweise gaben wie

DAS PFERD WIRD VON DER KUH GEKÜSST.

Das Ergebnis war etwas überraschend. Im Alter von zwei bis vier Jahren verstanden die Kinder diese Passive zunehmend besser, im Alter von vier Jahren schien es jedoch einen Rückschritt zu geben. Plötzlich bestand die starke Neigung das erste Substantiv als Akteur und das zweite als Objekt zu betrachten, selbst bei Kindern, die die Passive früher anscheinend verstanden hatten. Warum geschieht das? Bever meint, daß die vorübergehende Verminderung des Verständnisses auf die Entwicklung und übertriebene Verallgemeinerung der Strategie NP-V-NP gleich Akteur-Aktion-Objekt, zurückzuführen ist. Warum? Bever setzt die Antwort mit der Entwicklung der Gehirndominanz in Verbindung. Ungefähr zu dieser Zeit zeigt eine Gehirnhälfte deutlich Anzeichen dafür, daß sie hinsichtlich des Sprachverhaltens eine Vorrangstellung einnehmen wird. Er meint, daß Erkennungsstrategien dieser Art in fester Verbindung mit dem Sprachvermögen der linken Gehirnhälfte stehen.

Wir kommen nun zur dritten Strategie, die aus Annahme 3 hervorgeht. Sie scheint zu lauten "Nimm an, daß der erste Teilsatz der Hauptsatz ist, es sei denn es gibt eindeutige Gegenbeweise." auf das Vorhandensein dieser Strategie ist es zurückzuführen, daß der folgende Satz richtig verstanden wird

IT WAS OBVIOUS HE WAS DRUNK FROM THE WAY HE STAGGERED ACROSS THE ROAD.

(ES WAR KLAR, ER WAR BETRUNKEN, SO WIE ER ÜBER DIE STRAßE SCHWANKTE)

Hier ist der Nebensatz im Englischen nicht gekennzeichnet aber der Hörer nimmt automatisch an, daß er auf den Hauptsatz folgt. Diese Strategie erklärt auch, warum der folgende Satz schwer verständlich ist:

THE ELEPHANT SQUEEZED INTO A TELEPHONE BOOTH COLLAPSED

(Der Elephant, gequetscht in eine Telefonzelle, brach zusammen, oder Der Elephant quetschte sich in eine Telefonzelle . . .)[1]

Bis der Hörer auf das unerwartete Wort COLLAPSED (BRACH ZUSAMMEN) am Ende stößt, nimmt er sehr wahrscheinlich an, daß THE ELEPHANT SQUEEZED . . . (DER ELEFANT QUETSCHTE SICH) der Anfang

---

1 Im Englischen heißt sowohl 'quetschte sich' als auch 'gequetscht' SQUEEZED. Anm. d. Übers.

des Hauptsatzes sei. Die Existenz dieser Strategie wird weiterhin dadurch untermauert, daß Sätze in denen der Nebensatz zuerst steht, relativ schwer auswendig zu lernen sind. Die Testpersonen konnten sich an

    HE TOOTED THE HORN BEFORE HE SWIPED THE CABBAGES
    (ER HUPTE BEVOR ER DIE KOHLKÖPFE KLAUTE)

besser erinnern als an

    AFTER HE TOOTED THE HORN HE SWIPED THE CABBAGES
    (NACHDEM ER GEHUPT HATTE, KLAUTE ER DIE KOHLKÖPFE)
                                  (Clark und Clark, 1968).

Das bringt uns jetzt zur vierten Strategie, die vielleicht die wichtigste von allen ist. Trotzdem bleibt sie vom linguistischen Standpunkt gesehen wohl die unbefriedigendste, da sie so vage ist. Sie heißt: "Wende deine Kenntnisse über die Zustände in der Welt an und suche die wahrscheinlichste Interpretation für den gehörten Satz aus." Unter bestimmten Bedingungen, kann diese Strategie über alle anderen siegen und selbst zum Gegenteil von ausführlich dokumentiertem sprachlichen Verhalten führen. Zum Beispiel ist es unter normalen Umständen leichter, sich an Sätze zu erinnern, die oberflächlich grammatisch sind, als an zusammenhanglose Wortketten. Es ist erheblich leichter das anscheinend grammatische (nach englischer Grammatik)

    THE YIGS WUR VUMLY RIXING HUM IN JEGEST MIV

oder nach deutscher Grammatik etwa

    DIE YIGSE WURDEN VUMLICH RIXEND IN JEGESTE MIV

auswendig zu lernen, als die kürzere Wortkette

    THE YIG WUR VUM RIX HUM IN JED MIV (Epstein, 1961)

Obwohl diese Ergebnisse eindeutig und sehr gut belegt sind, kann doch genau das Gegenteil eintreten, wenn man den Testpersonen einerseits semantisch seltsame grammatische Sätze anderseits aber ungrammatische Wortketten, die scheinbar einen Sinn ergeben, vorlegt. Die Testpersonen konnten sich von Wortketten wie

    NACHBARN SCHLAFEND LAUTE AUFWECKEN PARTIES
    ABSCHRECKEN AUTOFAHRER UNFÄLLE TÖTLICHE UNVORSICHTIGE

an mehr Wörter erinnern, als von Sätzen, wie

    SCHNELLE BLUMENSTRÄUßE SCHRECKEN PLÖTZLICHE NACHBARN AB
    ROSA UNFÄLLE VERURSACHEN SCHLAFENDE STÜRME
                                (Marks und Miller, 1964).

Diese Erwartung, daß die Umgebung einen Sinn ergibt, wird beim dekodieren einbezogen. Beim oben erwähnten Bildbestätigungsexperiment stellte Slobin (1966a) fest, daß ein Satz wie

 DER KÄSE WURDE VON DER MAUS GEFRESSEN

(wo das Passiv nicht umkehrbar ist, da Käse keine Mäuse frißt) genauso schnell verstanden wurde wie das Aktiv, obwohl normalerweise die Passivsätze länger dauerten.

Doch ist diese Kenntnis der Welt für das Dekodieren der Erwachsenen wichtiger als für das kleiner Kinder. Kinder kommen nur schrittweise zu Erwartungen darüber, welche Wörter zusammenpassen. Für die Kleinen ist es nicht unbedingt schwieriger, sich an unnormale Sätze zu erinnern als an normale. Daraus schließt ein Psychologe: "Es macht wenig Unterschied, ob man zu einem Kind sagt

 WILDE INDIANER SCHIEßEN RENNENDE BÜFFEL

oder

 WILDE ELEFANTEN SCHIEßEN TICKENDE WIRTSHÄUSER.

Die Sätze sind gleichermaßen merkbar und beide haben eine Bedeutung, die nicht voll erfaßt werden kann" (McNeill, 1970:118). Ähnliche Beobachtungen machte Bever. Er konnte keinen merklichen Unterschied in der Reaktion der Kinder auf

 DIE MUTTER STREICHELT DEN HUND

und

 DER HUND STREICHELT DIE MUTTER feststellen (Bever, 1970).

Wir haben also bisher eine Reihe von Annahmen aufgezählt, die ein Sprecher einer Sprache anscheinend hinsichtlich dieser Sprache hat; dies brachte uns auf einige 'perzeptorische Strategien', die dadurch hervorgerufen werden. Fassen wir nun das Gesagte zusammen, indem wir die möglichen Schritte durchlaufen mit deren Hilfe ein Hörer einen ziemich eindeutigen Satz wie

 SEBASTIAN ENTDECKTE, DAß DER GORILLA AUSGEBROCHEN WAR

dekodiert.

Anscheinend ist ein Hörer sofort automatisch bereit, Strategie 1 zum Einsatz zu bringen, wenn jemand anfängt zu sprechen. Er bereitet sich geistig auf mindestens einen Sentoiden, der aus einer NP-V(-NP) Folge besteht, vor. Mit anderen Worten er beginnt im Kopf einen 'Baum' des Satzes von oben nach unten zu rekonstruieren, bevor die Nachricht empfangen worden ist (Kimball, 1973). Um diesen Baum zu entwerfen, könnte er auch möglicherweise Strategien 2 und 3 mobilisieren — er erwartet, daß das was er hören wird der Hauptsatz sein wird, und daß dieser mit dem Akteur anfängt.

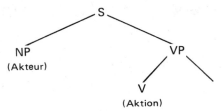

Sobald er die Wörter hört SEBASTIAN ENTDECKTE . . . vergleicht er sie mit seinen Erwartungen und stellt fest, daß diese erfüllt wurden (Wären sie nicht erfüllt worden, so hätte er schnell seinen Baum abändern müssen, was eine kurze Verzögerung beim Dekodieren verursacht hätte!) Er kann nun im Geiste diese Wörter in seinen Baum 'eintragen':

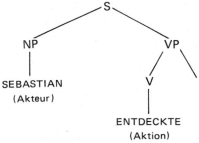

Dann wartet er ab, was als nächstes kommt. Er weiß, daß auf ENTDECKTE entweder ein Substantiv oder ein Nebensatz folgen muß, er weiß aber noch nicht, welche der beiden Möglichkeiten zutrifft. Vielleicht wartet er ab, bis er ganz sicher sein kann, welche Alternative verwendet wurde, bevor er weitere Einträge am Baum macht (Kimball, 1973). Wenn er zu früh neue Zweige eintrüge, müßte er nämlich zwei Alternativbäume entwerfen. Er wüßte nicht, ob SEBASTIAN ENTECKTE, DAß . . . (was in der Aussprache fast gleich ist mit SEBASTIAN ENTDECKTE DAS . . .) zu einem Substantiv oder einem neuen Sentoiden führen wird. Es könnte dabei

    SEBASTIAN ENTDECKTE DAS GORILLA BABY
    (DAS + Substantiv)

oder

    SEBASTIAN ENTDECKTE, DAß DER GORILLA AUSGEBROCHEN WAR
    (DAß + S). herauskommen.

Sobald er die Wörter DAß DER ... hört, beginnt er im Geiste einen weiteren Sentoiden:

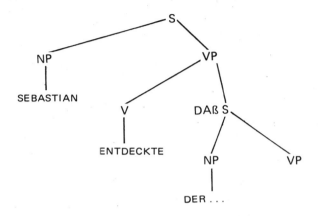

Dann hört er sich den Rest des Satzes an ... GORILLA AUSGEBROCHEN WAR, was wiederum mit dem Baum, den er erwartet hatte, übereinstimmt.

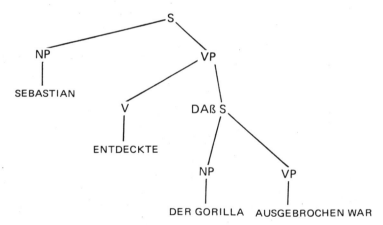

Der gesamte Satz entsprach seinen Erwartungen und seine Strategien funktionierten.

Selbst ziemlich abwegige Sätze erscheinen noch leicht verständlich, wenn sie zu den Strategien passen:

    DAS KÄNGURUH DRÜCKTE DIE ORANGEN AUS UND DER KLIPPFISCHER Aß DIE KERNE.

Sätze, die den Erwartungen des Hörers nicht entsprechen, sind allerdings etwas schwerer zu verstehen. Jeder der folgenden Sätze widerspricht einer der vier Grundstrategien. Die Sätze sind einigermaßen leicht verständlich, verlangen aber etwas mehr Aufmerksamkeit vom Hörer:

>NACHDEM ER ÜBER DIE WIESE GELAUFEN WAR, WARF DER BULLE HARRY UM
>
>DER LIEFERWAGEN WURDE VOM BUS GETROFFEN UND DAS AUTO WURDE VON EINEM TAXI ANGEFAHREN
>
>DER BRIEFTRÄGER BIß DEN HUND UND DAS BABY KRATZTE DIE KATZE.

Verstößt der Satz gegen mehr als eine Strategie, so sind die Auswirkungen noch nachhaltiger:

>DIE HAIE, VERTRIEBEN AUS DEM REVIER, WURDEN VON SARDINEN MASSIV ANGEGRIFFEN. (Funktionsmäßig ähnlich zu: The shark pushed through the seaweed was attacked by a tadpole.)

Der Satz ist weder ungrammatisch noch unverständlich. Er macht nur eben den Eindruck umständlich und seltsam zu sein und könnte einen Hörer veranlassen zu sagen: "Tut mir leid, aber das habe ich eben nicht verstanden. Könnten Sie das wiederholen?"

Die Tatsache, daß Sprecher versuchen, solche Sätze, die zu sehr gegen die Wahrnehmungsstrategien gehen, zu vermeiden, ist interessant. Die Leute sagen einfach nicht solche Sachen wie

>DIE BIRNEN, ERLOSCHEN DURCH DAS HERAUSDREHEN, FIELEN AUS DER FASSUNG.
>
>CHRISTINA GAB CHRISTIANE AM SAMSTAG EIN GESCHENK UND CHRISTEL AM SONNTAG.

Genaugenommen sind diese Sätze nicht ungrammatisch, nur komisch und nicht akzeptabel. Vergleichen wir dies mit den syntaktisch ähnlichen Sätzen:

>DAS LAGERFEUER, ERLOSCHEN DURCH DEN WOLKENBRUCH, QUALMTE NOCH.
>
>MAX GAB SEINEM HUND GESTERN EINE ABREIBUNG UND SEINE KATZE LETZTE WOCHE.

Da aber diese voranstehenden 'sinnvollen' Sätze nur dadurch leicht verständlich werden, daß der Hörer die unpräzise Strategie 4 (Wende deine Kenntnisse über die Zustände in der Welt an und suche die wahrscheinlichste Interpretation für den gehörten Satz) anwendet, könnte es sein, daß diese Art von Satz im Begriff ist in den entsprechenden Sprachen auszusterben — da perzeptorische Erfordernisse linguistische Regeln oft beeinflussen. Zitieren wir Bever: "Die Syntax einer Sprache wird teilweise durch grammatische Antworten auf verhaltensbedingte Zwänge geformt." (1970:321).

Natürlich sind die vier Strategien, die wir bis jetzt erwähnt haben, nicht die einzigen, die wir beim Dekodieren benutzen und man könnte ohne weiteres noch mehrere dieser Annahmen, von denen man unbewußt ausgeht sowie die damit verbundenen Strategien anführen. Dies erscheint jedoch wenig sinnvoll, wenn einmal allgemein erklärt wurde, daß es den Begriff der perzeptorischen Strategie gibt. Bis jetzt haben wir also festgehalten, daß Sätze, die den Erwartungen des Hörers entgegenstehen, schwerer zu verstehen sind, da die von ihm benutzten Strategien nicht zum Erfolg führen. Wir wollen uns nun ansehen, welche weiteren Gründe es dafür geben kann, daß ein Satz schwer zu verstehen ist.

Weitere Schwierigkeiten

Wir sind bis jetzt in unseren Erwägungen davon ausgegangen, daß ein Hörer an das Dekodieren mit bestimmten Erwartungen über das, was er hören wird, herangeht — zum Beispiel die Annahme, daß ein Sentoid eine Nominalphrase und ein Verb haben wird, daß der Akteur zuerst erwähnt wird, daß der Hauptsatz vor dem Nebensatz steht, und daß der Satz einen Sinn ergibt. Sätze, die diese Erwartungen nicht erfüllen, sind schwer zu verstehen, aber auf keinen Fall unverständlich. Dieses sind alle linguistische Erwartungen. Doch Sätze können auch aus allgemeinen psychologischen Gründen schwer zu verstehen sein. Die Faktoren, die hier eine Rolle spielen, bringen diese Sätze nicht nur mit der Sprache in Verbindung, sondern auch mit anderen Aspekten menschlicher Fähigkeiten, wie visuelle Wahrnehmungen und mathematische Fähigkeiten.

Einige der Faktoren, auf die wir eingehen werden, scheinen 'rein' psychologischer Art zu sein, andere eine Kombination von Linguistischem und Psychologischem. Beginnen wir bei der Erörterung dieser Faktoren mit den Allgemeinsten und Häufigsten.

Als erstes ist die Länge ein offensichtliches und relativ triviales Problem. Es ist zum Beispiel oft schwierig, auf einer Fahrt den Richtungsangaben eines Passanten zu folgen. Die Leute sagen dann etwas wie: "Biegen Sie bei der dritten Abzweigung links nach dem vierten Wirtshaus, direkt vor dem Friseurladen neben der Kirche, ab." Abgesehen von allem anderen ist dieser Satz einfach zu lang, um behalten zu werden. Bevor der Sprecher am Ende angelangt ist, hat der Hörer wahrscheinlich den Anfang schon vergessen. Fodor, Bever und Garrett (1974:342) weisen darauf hin, daß wir nur einen begrenzten Raum im Kurzzeitgedächnis für die perzeptuelle Verarbeitung der Sätze zur Verfügung haben. Deshalb erscheint es wahrscheinlich, daß wir uns immer nur mit je einem Sentoiden auf einmal beschäftigen. Sobald wir einen dekodiert haben, vergessen wir wohl die Syntax und bringen seinen wesentlichen Inhalt in einen anderen, weniger zugänglichen Gedächnisbereich. Diese Hypothese findet anscheinend ihre Bestätigung durch eine Reihe von psychologischen Experimenten. In einem Experiment, zum Beispiel, wurden die Testpersonen gebeten, sofort Bescheid zu geben, wenn sie einen Klick hörten, der während eines Satzes ertönte (Abrams und Bever, 1969). Man stellte fest, daß sie schneller auf Klicks reagierten, die am Anfang eines Sentoiden ertönten als auf solche, die am Ende kamen. Das weist darauf hin, daß das Gedächtnis eines Hörers gegen Ende eines Sentoiden mit Informationen vollgestopft ist und ihm deshalb wenig Aufmerksamkeit für das zusätzliche Hören von Klicks übriglässt. Sobald der Sentoid vollständig ist, 'wischt er die Tafel wieder blank' und fängt von vorne an.

Anders ausgedrückt, bedeutet dies, daß sich Menschen mit einem Satz Stück für Stück, d.h. Sentoid für Sentoid befassen, da ihnen nur ein begrenzter, sofort zugänglicher Gedächnisraum zur Verfügung steht. Dieser begrenzte Raum könnte nicht nur erklären, warum außergewöhnlich lange Sentoiden schwierig sind (wie in dem vorherigen Beispiel mit der Wegerklärung) sondern auch vielleicht, warum Sätze, die sich nicht leicht in Sentoiden aufspalten lassen, ein Problem darstellen. Zum Beispiel ist

DAS IST DER BUS, DEN DAS AUTO, DAS DER PROFESSOR, DEN DAS MÄDCHEN KÜSSTE, FUHR, RAMMTE.

viel schwieriger, als

DAS IST DAS MÄDCHEN, DAS DEN PROFESSOR KÜSSTE, DER DAS AUTO FUHR, DAS DEN BUS RAMMTE.

obwohl der zweite Satz dieselbe Anzahl Wörter hat und beinahe die gleiche Bedeutung. Ein Teil der Schwierigkeit beim ersten Satz besteht darin, daß man fast alles ohne es analysieren zu können, im Kopf behalten muß. Man muß bis zum Ende auf das Wort RAMMTE, das zu AUTO gehört, warten, bis man ihn in Sentoide unterteilen kann:

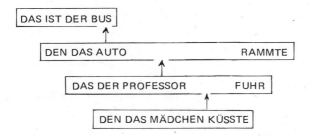

Bis jetzt haben wir also herausgefunden, daß Sätze, die das Kurzzeitgedächnis überlasten, Schwierigkeiten machen. Jedoch könnte es auch sein, daß das Gedächnis selbst nicht so wichtig ist wie einige andere Faktoren. Wenn man es mit Sätzen, die nicht leicht in Sentoiden zu unterteilen sind zu tun hat, wie beim obigen Beispiel, so tritt nicht nur eine sehr starke Gedächnisbelastung auf, sondern es erhebt sich auch das Problem, daß man drei Sentoide gleichzeitig verarbeiten muß. Mit dreien ist das nicht unmöglich (wie einige meinten, z.B. Kimball, 1973), da wir öfters (wenn auch nur nach einigem Nachdenken) Sätze bilden, wie:

DAS NEUGEBORENE KROKODIL, UM DAS SICH DER WÄRTER, MIT DEM DU HEUTE MITTAG GESPROCHEN HAST, KÜMMERT, WIRD IN EINEN ANDEREN ZOO GEBRACHT.

Aber im großen und ganzen ist es ungewöhnlich, daß man mit mehr als zwei Sentoiden leicht fertig wird (und zwei sind auch schon schwerer als einer). Es scheint eine grundlegende Tatsache der menschlichen Natur zu sein, daß sich ein Mensch nur mit einer begrenzten Zahl von Dingen auf einmal befassen kann.

Dies bringt uns zu einer weiteren Schwierigkeit, die sich mit dem Problem der gleichzeitigen (simultanen) Verarbeitung überschneidet — das Problem der Unterbrechungen. Eine unterbrochene Struktur ist nur ein klein wenig schwieriger zu verarbeiten als eine ununterbrochene, falls es eindeutige Hinweise darauf gibt, daß es sich um eine Unterbrechung handelt. Zum Beispiel tritt beim folgenden Satz eine Unterbrechung von sechzehn Wörtern auf:

DAS MÄDCHEN DAS ENGELBERT GESTERN ABEND AUF DER PARTY SO BEGEISTERT KÜSSTE, ALS ES DACHTE, DAß NIEMAND HINSCHAUT WAR MEINE SCHWESTER.

Dieser Satz ist nicht besonders schwierig zu verstehen, da der Hörer weiß (durch die Anfangsstruktur DAS MÄDCHEN, DAS), daß er noch auf das Hauptverb wartet. Gibt es allerdings keine Hinweise darauf, daß eine Unterbrechung vorliegt, so wird der Satz sofort erheblich schwieriger und seltsamer:

ENGELBERT RIEF DAS MÄDCHEN, DAS ER AUF DER PARTY GESTERN ABEND SO BEGEISTERT KÜSSTE, ALS ER DACHTE, DAß NIEMAND HINSCHAUT, AN.

Hier gehört das AN zu RIEF aber der Hörer hat schon diesen Zweig seines gedachten Baumes abgeschlossen. Er hat ihn nicht offen gelassen, bereit noch zusätzliches Material aufzunehmen:

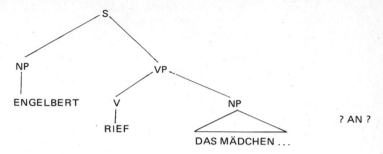

Eine vierte Schwierigkeit allgemeiner Art besteht in der Zusammendrängung von Information. Die Menschen brauchen Bedenkzeit, damit die Dinge sich setzen können und sie verstehen am allerbesten, wenn man ihnen immer nur kleine Menge neuer Informationen auf einmal anbietet. Deshalb fällt es so leicht, dem Gedicht von Longfellow 'Das Lied des Hiawatha', zu folgen. In jeder Zeile wird ein Teil der Information aus der vorhergehenden wiederholt, so daß in jeder Zeile nur eine ganz geringe Menge von neuem Material enthalten ist:

> An den Ufern Gitche Gumee's,
> An dem blanken Groß-See-Wasser,
> Stand der Wigwam der Nokomis,
> Tochter sie des Mondes, Nokomis.
> Schwarz dahinter hob der Forst sich,
> Hoben sich die finstern Tannen,
> Und, mit Zapfen drauf, die Föhren;
> Glänzend vor ihm schlug das Wasser,
> Schlug das helle, sonnige Wasser,
> Schlug das blanke Groß-See-Wasser.
> (Übers. Ferdinand Freiligrath)

Diese allmähliche Präsentation der Information steht in krassem Kontrast zu der stark gedrängten Darbietung in:

> DAS IST DER BUS, DEN DAS AUTO, DAS DER PROFESSOR, DEN DAS MÄDCHEN KÜSSTE, FUHR, RAMMTE!

Wir kommen jetzt zu einigen Schwierigkeiten, die anscheinend teilweise psychologischer und teilweise linguistischer Natur sind. Die erste wäre die

Wiederholung von Teilen und Strukturen. Es ist schwer, einen Satz zu verarbeiten, der dasselbe Wort zweimal beinhaltet oder in dem dieselbe Art von Struktur mehr als einmal auftritt, besonders, wenn diese gleichen Konstruktionen ineinandergeschachtelt sind. Zum Beispiel, ist der Satz

> DAS IST DER BUS, DEN DER LIEFERWAGEN, DEN DAS AUTO RAMMTE, RAMMTE

in dem das Wort RAMMTE wiederholt wird, schwerer als

> DAS IST DER BUS, MIT DEM DER LIEFERWAGEN, DEN DAS AUTO RAMMTE, ZUSAMMENSTIEß.

Und dieser Satz, in dem ein sogenannter Relativsatz in einem anderen Relativsatz steckt, ist schwerer als ein Relativsatz, der in einem anderen Nebensatz steckt:

> ICH NEHME AN, DAß DER BUS, DER DEN LIEFERWAGEN TRAF, BESCHÄDIGT IST

Tatsächlich ist es so schwer, Sätze zu verarbeiten, in denen Nebensätze des gleichen Typs ineinandergeschachtelt sind, daß ein Sprachwissenschaftler vorgeschlagen hat, solche Sätze völlig aus der Grammatik auszuschließen (Reich, 1969). Doch ist dieser Vorschlag nicht praktikabel, da dann auch ganz zulässig Sätze wie

> DER TINTENFISCH, DEN DER FISCHER, MIT DEM DU GESPROCHEN HAST, GEFANGEN HAT, SAH GANZ SCHEUßLICH AUS

betroffen wären. Hier steckt auch wiederum ein Relativsatz im anderen.

Eine weitere Schwierigkeit, die anscheinend teilweise psychologisch und teilweise linguistisch begründet ist, ist die rückwärtsgerichtete Verarbeitung (Grosu, 1974). Im Englischen und im Deutschen geht man meist von links und rechts, bei der Verarbeitung eines Satzes. Zum Beispiel ist es leicht den folgenden Satz zu verstehen:

> MARIA, PETER UND PAULA SPIELEN JEWEILS FLÖTE, KLAVIER UND GITARRE.

Hier ist die Reihenfolge der genannten Personen und der Instrumente, die sie spielen ganz normal jeweils von links nach rechts gegeben.

```
       1      2       3        1       2        3
     MARIA  PETER   PAULA  —  FLÖTE  KLAVIER  GITARRE
```

Es ist schon erheblich schwerer, diesen Satz zu verstehen:

> MARIA, PETER UND PAULA SPIELEN IN UMGEKEHRTER REIHENFOLGE JEWEILS GITARRE, KLAVIER UND FLÖTE.

Hier sind die Instrumente in umgekehrter Reihenfolge genannt und der Hörer muß die Abfolge umkehren, bevor er feststellen kann, wer was spielt:

```
  1      2      3         3        2       1
MARIA  PETER  PAULA    GITARRE  KLAVIER  FLÖTE
```

Dieselbe Art der Umkehr tritt in folgendem Satz auf:
> DAS AUTO, DAS DER PROFESSOR, DEN DAS MÄDCHEN KÜSSTE, FUHR, VERUNGLÜCKTE.

```
  1       2         3           3      2        1
AUTO  PROFESSOR  MÄDCHEN     KÜSSTE  FUHR  VERUNGLÜCKTE
```

Rückwärtsverarbeitung (und Verdichtung) könnte auch der Grund für die Verständnisschwierigkeiten bei folgendem Satz sein:
> MEINER TANTE CHEFS SOHNS SCHIRMS FARBE IST GELB.

Im Vergleich dazu, den nicht gedrängten von links nach rechts ablaufenden Satz
> DIE FARBE DES SCHIRMS DES SOHNES DES CHEFS MEINER TANTE IST GELB.

Allerdings gibt es über diesen Punkt auch andere Meinungen und andere Erklärungen sind möglich (Yngve, 1961; Miller und Chomsky, 1963).

Ein weiteres Problem in der Randzone zwischen allgemein Psychologischem und spezifisch Sprachlichem ist die Mehrdeutigkeit (Ambiguität). Es gibt gewisse Trickzeichnungen, die man auf zweierlei Art sehen kann. Wie z.B. bei dem berühmten Sketch, in dem man entweder ein hübsches junges Mädchen oder eine alte Schreckschraube sehen kann, je nach dem, wie man sie ansieht, so kann man auch Sätze manchmal auf zweierlei Art auslegen (wie wir schon festgestellt haben). Wie bei einem mehrdeutigen Bild, dauert bei einem mehrdeutigen Satz wie
> DRACHENFLIEGEN KANN GEFÄHRLICH SEIN

die Verarbeitung länger, wenn der Hörer die Zweideutigkeit bemerkt — ist es gefährlich Drachen fliegen zu lassen oder sind Drachen, die fliegen gefährlich? Auf den ersten Blick scheint dem nichts mehr hinzuzufügen zu sein. Bei näherer Betrachtung entpuppt sich die Sache aber als wesentlich vielschichtiger — zumindest, wenn man einigen Psychologen Glauben schenken darf, die meinen, daß ein zweideutiger Satz auch dann schwerer zu verarbeiten ist, wenn der Hörer die Ambiguität nicht bewußt feststellt.

Kurz gesagt, es gibt im Moment eine hitzige Diskussion über zweideutige Sätze zwischen denen, die die sogenannte 'Holzweg' Theorie vertreten und denen, die einer 'Bedeutungsunterdrückungstheorie' anhängen. Laut den Vertretern der 'Holzweg' Theorie stellt sich das Ambiguitätsproblem ganz eindeutig dar. Die Hörer erkennen normalerweise nur eine Bedeutung eines zweideutigen Satzes und sie halten an dieser Bedeutung fest, bis irgendetwas geschieht, was sie zum Umdenken zwingt — dann stellen sie nämlich fest, daß sie sich auf 'dem Holzweg' befinden, und sie verarbeiten den Satz erneut in Übereinstimmung mit der neuen Information. Anders ausgedrückt, dauert, dieser Ansicht nach, die Verarbeitung zweideutiger Sätze, bei denen die Zweideutigkeit nicht bewußt erkannt wird, nicht länger als die von Sätzen mit nur einer Bedeutung.

Doch die Anhänger der Theorie der Unterdrückung der Bedeutung stimmen mit dem nicht überein und meinen, daß die Hörer, ohne sich dessen bewußt zu sein, tatsächlich beide möglichen Bedeutungen in Betracht ziehen und dann die weniger passend Erscheinende unterdrücken. Sie weisen darauf hin, daß es im täglichen Gespräch so viel Zweideutigkeit und so wenig Mißverständnisse gibt, daß 'die Routine der normalen Satzverarbeitung routinemäßig mit der Zweideutigkeit zurechtkommt. Es gibt einfach zuviel Ambiguität, um sie ganz außer acht zu lassen. . . . Während normaler Unterhaltungen schmuggeln wir uns durch ein unglaubliches Gemisch von Satzbruchstücken, die tausendfach die Möglichkeit zum Mißverstehen bieten und nur selten ertappen wir uns bei einem schwerwiegenden strukturellen Fehler' (Garrett, 1970:51). Im folgenden einige Beispiele dieser Art von Ambiguität, auf die wir treffen und mit der wir fertig werden, ohne sie bewußt zu erkennen:

VERWANDTENBESUCHE KÖNNEN EINE PLAGE SEIN
SIE BESTACH DEN MANN MIT CHARME
DER STUDENT BRACHTE DEN PROFESSOR UM, WEIL ER GETRUNKEN HATTE
ER FAND DAS BUCH ZU LEICHT
FÜR DIESE SCHLÖSSER GIBT ES NUR EINEN GANZ ALTEN FÜHRER

Es fällt im Augenblick schwer, sich für einen dieser beiden Standpunkte zu entscheiden. Es sieht so aus, als gäbe es sowohl für die 'Holzweg' als auch für die 'Bedeutungsunterdrückungs'-Theorie sehr überzeugende Beweise durch Experimente. Zum Beispiel vertreten Carey, Mehler und Bever (1970) die Meinung, daß 'die Leute wissen, was sie tun'. Sie stellten fest, daß die Testpersonen länger brauchten, um einen zweideutigen Satz wie

THEY ARE VISITING SAILORS
(kann im Englischen bedeuten
SIE BESUCHEN MATROSEN   oder
SIE SIND MATROSEN AUF BESUCH)

zu verarbeiten, wenn sie die Zweideutigkeit erkannten, aber nur in diesem Fall. Doch Foss (1970) fand heraus, daß Personen, die man bat einen bestimmten Laut im Satz zu suchen (Drücken Sie auf einen Knopf, wenn Sie auf ein Wort stoßen, daß mit B anfängt) bei zweideutigen Sätzen langsamer reagierten, auch wenn sie behaupten, die Ambiguität nicht erkannt zu haben. Sie antworteten langsamer auf das B in einem Satz wie

> THE SEAMEN STARTED TO DRILL BEFORE THEY WERE ORDERED TO DO SO

(Mit den zwei möglichen Bedeutungen:

> DIE SEELEUTE BEGANNEN ZU BOHREN, BEVOR MAN ES IHNEN BEFAHL

oder

> DIE SEELEUTE BEGANNEN MIT IHREN ÜBUNGEN, BEVOR MAN ES IHNEN BEFAHL)

als auf das B in

> THE SEAMEN STARTED TO MARCH BEFORE THEY WERE ORDERED TO DO SO
> (DIE SEELEUTE BEGANNEN ZU MARSCHIEREN, BEVOR MAN ES IHNEN BEFAHL).

Bis jetzt wissen wir nicht, wer recht hat. Wir möchten aber klarstellen, daß es in der normalen Unterhaltung wohl nicht so viel Ambiguität gibt, wie einige Psychologen meinen. In den meisten Fällen schränkt der Kontext die Erwartungen des Hörers soweit ein, daß er sich um die andere mögliche Interpretation gar nicht zu kümmern braucht. Außerdem könnte es auch mehr Mißverständnisse geben als wir denken. Nur sehr selten überzeugt sich jemand, ob der Hörer, das was er gesagt hat auch richtig interpretiert hat. Nur in Ausnahmefällen gibt es eine konsequente Rückkopplung. Zum Beipiel glauben die Studenten bei Prüfungen manchmal, daß sie wiederholen, was man ihnen gesagt hat — und da ist das Ausmaß der Mißverständnisse oft erschreckend. Diese Ausführungen lassen darauf schließen, daß die 'Holzweg' Theorie wohl ein wenig einleuchtender sein könnte, obwohl die 'Bedeutungsunterdrückungs'-Theorie auf keinen Fall entkräftet worden ist.

Noch eine letzte Bemerkung ist im Zusammenhang mit Ambiguität notwendig: einige Arten der Ambiguität könnten leichter zu erkennen sein als andere. Ambiguität in Wörtern wird leichter erkannt als solche in der Oberflächenstruktur und am längsten dauert es, bis sie in der Tiefenstruktur erkannt wird, sagen Mackay und Bever (1967). Das bedeutet, daß die Leute die beiden möglichen Bedeutungen von

DIE MATROSEN MÖGEN BORDEAUX

(den Wein oder die Stadt) schneller erkennen, als die beiden Bedeutungen von

KLEINE JUNGEN UND MÄDCHEN ERSCHRECKEN LEICHT

(Kleine Jungen und kleine Mädchen oder kleine Jungen und alle Mädchen?). Und sie erkennen die Ambiguität im vorstehenden Satz wiederum schneller als die in

DER BÜRGERMEISTER BAT DIE POLIZEI DAS TRINKEN ZU BEENDEN

(soll die Polizei oder sollen andere Leute mit dem Trinken aufhören?). Wenn die 'Holzweg'-Theorie zutrifft, heißt das, daß es schneller möglich ist einen falsch interpretierten Satz mit einer lexikalischen Ambiguität neu zu verarbeiten als einen, der eine syntaktische Zweideutigkeit enthält.

Der vierte teils linguistische, teils psychologische Faktor, der das Verständnis erschwert, ist die Auslassung von 'Kennzeichnungen' der Oberflächenstruktur. Das sind Dinge, die es leichter machen, die jeweiligen Konstruktionen zu erkennen. Je weniger Hinweise es gibt, um eine Struktur zu erkennen, umso schwieriger ist sie zu identifizieren. Das trifft sowohl auf einen Satz unserer Sprache zu als auch auf einen teilweise zugedeckten Gegenstand vor unseren Augen. Genauso wie es länger dauert ein Gesicht wiederzuerkennen, bei dem die Nase fehlt, als eines zu erkennen, bei dem die Augen und die Nase und der Mund vollständig sichtbar sind, so dauert es auch länger einen Satz zu verstehen, bei dem anscheinend ein Wort fehlt (Fodor, Garrett und Bever, 1968; Hakes, 1971; Fodor, Bever und Garrett, 1974). Zum Beispiel,

THE CROW THE FOX FLATTERED LOST ITS CHEESE

ist schwerer als

THE CROW WHICH THE FOX FLATTERED LOST ITS CHEESE
(DIE KRÄHE, DER DER FUCHS SCHMEICHELTE, VERLOR IHREN KÄSE

beim ersten englischen Satz ist das Relativpronomen ausgelassen, was im Englischen grammatisch zulässig ist).

Im zweiten Satz ist das Relativprogramm WHICH beibehalten und läßt den Hörer schneller erkennen, daß er es hier mit einem Relativsatz zu tun hat. Genauso dauert es auch länger

SEBASTIAN NOTICED THE BURGLAR HAD LEFT FOOTPRINTS

zu verstehen als

SEBASTIAN NOTICED THAT THE BURGLAR HAD LEFT FOOTPRINTS
(SEBASTIAN BEMERKTE, DAß DER EINBRECHER FUßABDRÜCKE HINTERLASSEN HATTE:

im ersten Satz ist DAß ausgelassen)

Hier gibt das Wort THAT sofort deutlich an, daß es sich um eine sogenannte 'Ergänzungsstruktur' handelt.

Noch ein weiterer Faktor in dieser Grauzone zwischen psychologischen und linguistischen Schwierigkeiten ist das Auftreten einer Verneinung. Im allgemeinen braucht man länger, um verneinte Sätze zu verstehen als bejahte. Doch innerhalb der Gruppe der verneinten Sätze gibt es einige krasse Widersprüche, die mit den Erwartungen des Hörers hinsichtlich seiner Umwelt zu tun haben. Es ist zum Beispiel leichter und schneller eine erwartete Tatsache zu verneinen als eine unerwartete. Man versteht den Satz

DER ZUG HATTE HEUTE MORGEN KEINE VERSPÄTUNG

schneller, wenn man erwartet, daß der Zug Verspätung hatte. Wenn der Zug normalerweise pünktlich fährt, dauert die Verarbeitung des Satzes länger. So sind auch

DER WAL IST KEIN FISCH und EINE SPINNE IST KEIN INSEKT

ieichter und schneller zu verstehen als

EIN WAL IST KEIN VOGEL und EINE SPINNE IST KEIN SÄUGETIER,

weil die Hörer erwartet hätten, daß der Wal ein Fisch und die Spinne ein Insekt seien (Wason, 1965).

Wenden wir uns nun einem letzten und etwas umstrittenen Faktor zu, der das Dekodieren von Sätzen erschweren könnte — die Benutzung eines 'vielseitigen Verbs'. Dieser Faktor neigt etwas mehr zum linguistischen, als die anderen, die wir bisher betrachtet haben, aber auch er ist teilweise psychologischer Art, da es hier um die Zeit geht, die benötigt wird, um Wörter im inneren Wörterbuch nachzuschlagen.

Als Alice in Lewis Carrolls 'Hinter den Spiegeln' Goggelmoggel trifft, behauptet dieser, daß man mit Adjektiven leichter zurechtkäme als mit Verben:

"Einige von ihnen haben so ihr eigenes Temperament — vor allem die Verben, sie sind am stolzesten — mit Adjektiven kann man alles anstellen, aber nicht mit Verben."

Diese phantasievollen Ausführungen haben eine Aussage, die auch von einigen Psycholinguisten vertreten wird, daß Verben in gewissem Sinne den 'Schlüssel' für den Satz liefern und ihm eine Struktur auferlegen. Fodor, Garrett und Bever (1968) meinen, daß jemand besondere Aufmerksamkeit auf das Verb richtet, wenn er einen Satz hört. Sobald er es gehört hat, sucht er nach dem Eintrag über dieses Verb in seinem geistigen Wörterbuch. Im Wörterbuch ist dann eine Liste mit den möglichen Konstruktionen, in denen das Verb auftreten kann, enthalten. Wie zum Beispiel,

HASSEN	+ NP	ER HASSTE DIE SCHULE
ERWARTEN	+ NP	ER ERWARTETE SEINE SCHWESTER
	+ INF	ER ERWARTETE ZUM BÜROVORSTEHER AUFZUSTEIGEN
	+ DAß	ER ERWARTETE, DAß IHM DER HIMMEL AUF DEM KOPF FIELE

Wenn die Behauptung von Fodor, Garrett und Bever zutrifft, so sollte es einfacher sein, Sätze zu verarbeiten, in denen das Verb keine Auswahl an Konstruktionen anbietet als solche, die ein 'vielseitiges Verb' beinhalten — also Verben, die verschiedene Konstruktionen zulassen. Im Falle eines Verbs wie HASSEN, muß der Hörer nur einen einzigen Wörterbucheintrag im Geiste nachschauen. Aber im Falle eines Verbs, wie ERWARTEN, muß er im Geiste alle Eintragungen aktivieren, bevor er die richtige heraussuchen kann. Diese Theorie bezeichnet man gelegentlich als die 'Hypothese der verbalen Komplexität'.

Mehrere Psycholinguisten haben versucht diese Theorie in Experimenten zu überprüfen, aber bisher waren die Ergebnisse wenig aufschlußreich. Fodor, Garrett und Bever (1968) versuchten es auf zweierlei Art. Zuerst gaben sie Studenten in den ersten Semestern Sätze, die bis auf das Verb völlig identisch waren. In einem Satz trat ein Verb mit nur einer Konstruktionsmöglichkeit auf (z.B. ABSCHICKEN), in dem anderen ein Verb mit mehreren Konstruktionsmöglichkeiten (z.B. ERWARTEN).

DER BRIEF, DEN DIE VOM MANAGER ANGESTELLTE SEKRETÄRIN ABSCHICKTE, KAM ZU SPÄT.
DER BRIEF, DEN DIE VOM MANAGER ANGESTELLTE SEKRETÄRIN ERWARTETE, KAM ZU SPÄT.

Dann wurden die Studen gebeten, jeden der Sätze zu umschreiben. Das Ergebnis zeigte, daß die Sätze mit den Einfach-Konstruktions-Verben etwas (aber nicht bedeutend) leichter zu umschreiben waren als die mit den Mehrfach-Konstruktions-Verben. Das zweite Experiment war ermutigender. Wieder benutzten die Forscher Satzpaare. Wie zuvor unterschieden sich diese nur darin, daß einer der Sätze ein Einfach-Konstruktions-Verb hatte und der andere ein Mehrfach-Konstruktions-Verb:

DER BRIEF, DEN DIE SEKRETÄRIN ABSCHICKTE, KAM ZU SPÄT
DER BRIEF, DEN DIE SEKRETÄRIN ERWARTETE, KAM ZU SPÄT.

Fodor, Garrett und Bever mischten alle Wörter in einem Satz durcheinander und baten die Studenten dann, sie wieder auszusortieren. Sie erhielten genau das Ergebnis, das sie sich erhofft hatten. Es war viel leichter die Sätze mit die Einfach-Konstruktions-Verben auszusortieren. Doch man hat beide Experimente kritisiert. Das Problem besteht darin, daß das

Verständnis nicht direkt getestet wird: sie beurteilen die Schwierigkeit einer Aufgabe, die gestellt ist, nachdem der Satz schon verarbeitet wurde. Dies veranlasste einen anderen Psychologen die beiden Verbarten, während des eigentlichen Verarbeitungsvorganges zu prüfen (Hakes, 1971). Er benutzte die 'Phonem-Erkennungstechnik', die wir schon im Zusammenhang mit der Ambiguität in diesem Kapitel erwähnten. Das bedeutet, er bat seine Testpersonen anzuzeigen, wann sie einen bestimmten Laut, ein bestimmtes Phonem hörten. Zu seiner eigenen Überraschung stellte er fest, daß die Verbart anscheinend keinen Einfluß auf die Erfüllung dieser Aufgabe hatte. Er hatte erwartet, daß Mehrfach-Konstruktions-Verben mehr Schwierigkeiten bereiteten und deshalb die Aufmerksamkeit des Hörers vom Anzeigen des gesuchten Lautes ablenkten. Das bedeutet, daß die Hypothese der verbalen Komplexität falsch sein könnte.

Es gab auch tatsächlich eine Reihe theoretischer Einwände gegen dieser Hypothese (Watt, 1970; Gough, 1971). Warum sollte der Hörer eine Verbstruktur im voraus aktivieren? Sicherlich wartet er einfach geduldig ab, was da wohl als nächstes im Satz kommt. Und warum sollten gerade Verben etwas so besonderes sein? Wenn der Hörer im Geiste nachsieht, welche Konstruktionen auf ein Verb folgen können, wieso sieht er dann nicht immer dann nach, wenn an dieser Stelle im Satz mehrere Konstruktionen möglich sind? Zum Beispiel gibt es mehrere Möglichkeiten nach dem Wort BY im folgenden Satz

    FLOYD THURSBY WAS SHOT BY . . . (FLOYD THURSBY WURDE ERSCHOSSEN . . .)

Man könnte die Variationen erhalten:

    FLOYD THURSBY WAS SHOT BY A STREETLIGHT
    (FLOYD THURSBY WURDE NEBEN EINER STRASSENLATERNE ERSCHOSSEN)
    FLOYD THRUSBY WAS SHOT BY MIDNIGHT
    (FLOYD THURSBY WURDE UM MITTERNACHT ERSCHOSSEN)
    FLOYD THURSBY WAS SHOT BY MISADVENTURE
    (FLOYD THURSBY WURDE DURCH EINEN UNGLÜCKLICHEN ZUFALL ERSCHOSSEN)
    FLOYD THURSBY WAS SHOT BY A VIXEN
    (FLOYD THURSBY WURDE VON EINEM HAUSDRACHEN ERSCHOSSEN)

wir könnten ähnliches im Deutschen mit dem Satz

    DIESES VERBRECHEN WURDE BEGANGEN MIT . . . durchspielen.
    DIESES VERBRECHEN WURDE BEGANGEN MIT DEM MORGENGRAUEN
    DIESES VERBRECHEN WURDE BEGANGEN MIT RACHE IM SINN
    DIESES VERBRECHEN WURDE BEGANGEN MIT EINWILLIGUNG DES CHEFS
    DIESES VERBRECHEN WURDE BEGANGEN MIT EINEN MESSER usw, usw.

Es gibt aber keinerlei Hinweise dafür, daß dieses Vorhandensein mehrer Möglichkeiten nach BY (bzw. MIT) das Satzverständnis erschwert.

Im Augenblick wird die Hypothese der verbalen Komplexität immer noch diskutiert. Im großen und ganzen scheinen die Tatsachen gegen sie zu sprechen. Wir haben schon weiter oben in diesem Kapitel angeführt, daß ein Hörer einen Satz mit gewissen Erwartungen hört. Es ist gut möglich, daß er auch Erwartungen hinsichtlich des Verbums hat. Das heißt, er könnte im Geiste erwarten, daß ein Verb eher diese oder jene Konstruktion haben wird. ICH DENKE, DAß ... ist weit häufiger, als ICH DENKE WÄHREND. (z.B. ICH DENKE WÄHREND ICH SO VOR MICH HINGEHE). So könnte auch ICH ERWARTE, DAß ... wahrscheinlicher sein, als ICH ERWARTE + NP (z.B. ICH ERWARTE EINEN BRIEF). Mit anderen Worten, es kann sein, daß die Hörer im voraus eine Konstruktion des Verbums aktivieren, der sie den Vorzug geben, aber es besteht für sie keine Notwendigkeit im Geiste alle möglichen Konstruktionen, in denen das Verb auftreten kann, zu aktivieren. Wenn nur eine bevorzugte Konstruktion pro Verb aktiviert wird, so sind 'vielseitige' Verben kein bißchen schwerer, als 'einseitige' — außer, wenn eine seltsame oder unerwartete Alternative gewählt wird.

Nun wollen wir diesen Abschnitt zusammenfassen. Wir haben neun mögliche Faktoren aufgezählt, die das Verständnis eines Satzes erschweren können. Vier davon sind rein allgemein psychologische Schwierigkeiten: wir stellten fest, daß die Kapazität des Kurzzeitgedächtnisses begrenzt ist, daß anscheinend nur eine beschränkte Zahl von Sentoiden gleichzeitig verarbeitet werden kann, daß es schwer ist, sich mit nicht gekennzeichneten Unterbrechungen zurechtzufinden und dasselbe gilt für einen Satz, der zuviel dichtgedrängte Information enthält. Die nächsten fünf Faktoren sind teils linguistisch, teils psychologisch: wir erkannten, daß die Wiederholung von Einheiten und Strukturen Probleme schafft, genauso, wie Verarbeitung nach rückwärts. Zweideutigkeiten, die bewußt erkannt werden, verzögern das Verständnis (gleichermaßen tun dies möglicherweise auch nicht erkannte Zweideutigkeiten). Die Auslassung von Merkmalen in der Oberflächenstruktur verlangsamt das Erkennen der Syntax, und Verneinungen verzögern die Satzverarbeitung. Der letzte Fakor, die Möglichkeit, daß 'vielseitige' Verben Verarbeitungsschwierigkeiten verursachen, blieb unbewiesen und ist wohl sogar unwahrscheinlich. Deshalb sollten wir ihn vielleicht für den Augenblick ausklammern.

Da alle die hier erwähnten Faktoren im Grunde psychologischer Natur sind und somit auch mit anderen als sprachlichen Fähigkeiten zu tun haben, müssen wir sie nicht in unserer Grammatik berücksichtigen, die sich ja nur mit der Sprache befasst. Das heißt, daß wir in unsere Grammatik Regeln zum Beispiel für die Verbindung von Sentoiden aufnehmen müssen — aber wir müssen keine Regel einbeziehen, die besagt 'Mach keinen der

Sentoiden zu lang' oder 'Verschachtle nicht allzuviele Sentoiden ineinander'. Damit befaßt sich eine allgemeinere psychologische Theorie der menschlichen Fähigkeit und ihrer Grenzen. Natürlich müssen die Sprachwissenschaftler sich dieser allgemeineren Theorie bewußt sein. Sie können sogar dazu beitragen, sie zu formulieren. Wichtig ist hier nur, daß solche Dinge, wie die Beschränkungen des Kurzzeitgedächtnisses nicht in die Grammatik des Linguisten aufgenommen werden müssen, egal, ob er sich mit einer universalen Grammatik (ein Modell der Sprache, das jede mögliche bestehende Sprache einbezieht) oder die Grammatik einer bestimmten Sprache befaßt.

Schluß

Wir wollen dieses Kapitel beschließen, indem wir uns nochmals den drei Sätzen zuwenden, die am Anfang so kompliziert schienen. Der erste war die Mitteilung an den Milchmann: "Milchmann, bitte keine Milch bis zum 3. Juli. Falls Sie dies nicht sehen, SAGT IHNEN DIE FRAU, DIE IM ERDGESCHOß WOHNT, BRUDERS PUTZFRAU Bescheid." Die größte Schwierigkeit in diesem Satz besteht darin, daß eine unmarkierte Unterbrechung auftritt. Der Hörer hat im Geiste schon den Zweig der Struktur, der mit dem Wort BRUDER aufhört, abgeschlossen. Plötzlich steht er vor dem Ausdruck 'S PUTZFRAU', den er nirgendwo unterbringen kann. Dann gibt es noch mehrere zweitrangige Probleme. Die verschlungenen Sentoide sind relativ lang, die Information stark verdichtet und die gewählten Genitivkonstruktionen nicht sehr üblich in einer solchen Situation.

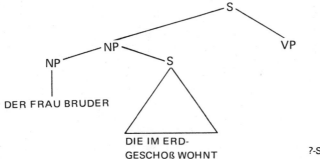

Der zweite Satz, den wir uns im Englischen ansahen

    THE PIG PUSHED IN FRONT OF THE PIGLETS ATE ALL THE FOOD (DAS VOR DIE FERKEL GESTOßENE SCHWEIN FRAß DAS GANZE FUTTER AUF, wobei der gleiche Satzanfang im Englischen auch bedeuten kann:

DAS SCHWEIN DRÄNGELT SICH ...)

ist schwierig, weil er den sprachlichen Erwartungen der Hörerin entgegensteht. Sie nimmt an, daß das erste Substantiv zum ersten Verb gehört, innerhalb einer NP-VP (Handelnder-Handlung)-Folge, als ein Teil des Hauptsatzes (Strategien 1,2 und 3). So ist es ganz verständlich, daß sie zuerst auf das Falsche tippt, wenn sie die Worte THE PIG PUSHED ... gehört hat, besonders, da ihre Kenntnis der Welt (Strategie 4) ihr sagt, daß Schweine normalerweise nicht gestoßen werden, sondern meist selbst die Stoßenden sind.

Doch die Schwierigkeiten beim Dekodieren des vorhergehenden Satzes sind läppisch, verglichen mit denen von:

DIE KATZE, DIE DER HUND, DEN DER MANN, DEN DAS BABY UMGEWORFEN HATTE, BISS, KRATZTE, BRACH ZUSAMMEN.

(das Baby warf den Mann um, der Mann biß den Hund, der Hund kratzte die Katze, die Katze brach zusammen.)

Dieser Satz ist so schwer wie nur irgend ein Satz sein kann. Er widerspricht den grundlegenden sprachlichen Erwartungen des Hörers. Die kanonische Sentoiden Strategie ist nicht anwendbar, da der Satz nicht die Form NP-VP-NP hat und die Objekte KATZE, HUND, MANN vor den Handelnden HUND, MANN, BABY auftreten.

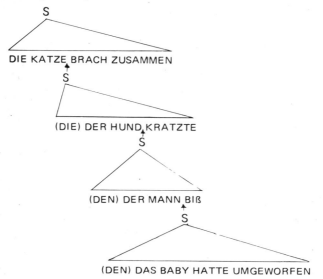

Unter dem Gesichtspunkt der Bedeutung steht auch alles auf dem Kopf: man erwartet normalerweise nicht, daß Hunde Katzen kratzen oder Männer Hunde beißen. Auch die meisten der erörterten psychologischen Schwierigkeiten stecken in diesem Satz. Das Kurzzeitgedächnis wird über Gebühr belastet, gleichzeitige Verarbeitung von drei ineinandergeschachtelten Sentoiden wird gefordert und man muß einiges rückwärts verarbeiten. Sieht man sich den Satz im Englischen an

(THE CAT THE DOG THE MAN THE BABY TRIPPED UP BIT SCRATCHED COLLAPSED),

so können gar noch die entsprechenden Relativpronomen für unser DIE/ DEN ausgelassen werden, so daß es keinerlei Hinweis auf die vorliegende Struktur gibt. So wundert es angesichts dieser gebündelten Schwierigkeiten in beiden Sprachen nicht, daß die meisten Leute, wenn sie auf diesen Satz stoßen, sagen: "Tut mir leid, aber das ist kein Deutsch (bzw. Englisch) mehr" — obwohl, strenggenommen, gegen keine einzige grammatische Regel verstoßen wurde.

Sicherlich bleibt noch sehr viel Arbeit zu tun, bis wir genau wissen, was vor sich geht, wenn wir Sätze verstehen. Wie wir aber gesehen haben, gibt es zwei sinnvolle Ansätze, um an dieses Problem heranzugehen. Wir können eine Liste der Grunderwartungen aufstellen, die die Sprecher über ihre Sprache haben und können dann die Strategie festhalten, die damit verbunden sind und die der Hörer benutzt, wenn er Sätze dekodiert. Als zweites, können wir uns bemühen die allgemeinen psychologischen Schwierigkeiten zu entdecken, die auf die Satzverarbeitung Auswirkungen haben. Für die Sprachwissenschaftler ist es der nächste Schritt, diese Annahmen und Strategien in eine Grammatik einzubringen und mit den Psychologen zusammenzuarbeiten, um eine allgemeine Theorie der menschlichen Fähigkeiten aufzustellen.

Wenden wir uns nun dem Thema der Satzproduktion zu. Wie wir sehen werden, stellt uns das noch vor wesentlich mehr Probleme als das Satzverständnis.

11. Kapitel

Das Grinsen der Cheshire Katze

Wie planen und produzieren wir Sprache?

> ". . . Übrigens tätest du mir einen großen Gefallen, wenn du etwas weniger plötzlich auftauchen und verschwinden wolltest; man wird ja ganz schwindelig davon."
> "Wie du willst, "sagte die Katze und verschwand diesmal ganz allmählich, von der Schwanzspitze angefangen bis hinauf zu dem Grinsen, das noch einige Zeit zurückblieb, nachdem alles andere schon verschwunden war.
> "So etwas!" dachte Alice, "ich habe zwar schon oft eine Katze ohne Grinsen gesehen, aber ein Grinsen ohne Katze! Das ist doch das Allerseltsamste, was ich je erlebt habe!"
>
> Lewis Carroll
> *Alice im Wunderland*

Im letzten Kapitel haben wir uns mit dem Dekodieren befaßt. Obwohl noch viel auf diesem Gebiet geforscht werden muß, konnten wir doch etwas Einsicht darüber gewinnen, wie die Menschen Sätze verstehen. Jetzt kommen wir zu einem verzwickteren Problem — nämlich etwas über das Kodieren herauszufinden.

Es läßt sich nur höllisch schwer beobachten, wie jemand tatsächlich Sprache plant und produziert. Genauso ein harter Brocken ist, es Experimente zu erfinden, um es zu überprüfen. Wenn jemand einen Satz ausspricht, wissen wir nur sehr wenig darüber, wie lange er brauchte, um ihn zu planen und welche Vorgänge dabei eine Rolle spielten. Daher müssen wir sehr vorsichtig sein mit allen Schlüssen, die wir ziehen und sie nur als etwas sehr Vorläufiges betrachten. Wie Fodor, Bever und Garrett meinen: "Fast alles, was man heute über die Sprachproduktion aussagen kann, muß als spekulativ angesehen werden, selbst gemessen an den in der Psycholinguistik geltenden Maßstäben" (Fodor, Bever und Garrett, 1974:434).

Hinweise auf das, was vorgeht sind frustrierend schwer greifbar. Eigentlich scheint es nur eine Situation zu geben, in der wir tatsächlich einen Sprecher dabei ertappen können, daß er im Geiste eine Äußerung vorbereitet, das ist, wenn jemand versucht sich an einen vergessenen Namen zu erinnern. Häufig liegt ihm der Name 'auf der Zunge', aber er kann sich nicht so ganz erinnern. In seinem Kopf herrscht in bezug auf das Wort keine vollkommene Leere. Ein neckischer und scheinbar unfassbarer Schatten von ihm bleibt. Er hat nur noch eine 'Art körperlose Anwesenheit, ein Grinsen ohne die Cheshire Katze' (Brown, 1970:234).

Abgesehen davon, müssen wir uns auf indirekte Beweise verlassen. Davon gibt es zweierlei Arten. Zuerst können wir uns die Pausen im spontanen Sprechen ansehen. Ziel hierbei ist es zu versuchen, ob man Muster beim Pausieren feststellen kann, die uns Hinweise darauf geben, wann das zu Sprechende geplant wird. Als zweites können wir Sprechfehler untersuchen und zwar sowohl die Versprecher, die im Gespräch unter normalen Leuten vorkommen (z.B. GYNÄKOLLEGE für 'Gynäkologe' und ALGERISCH für 'allergisch') als auch die schwerwiegenderen Störungen bei Dysphatikern — Menschen, deren Sprache aufgrund einer Gehirnschädigung gestört ist (z.B. TARIB für das englische 'rabbit' (Kaninchen), RABBIT für 'apple' (Apfel)). Es steht zu hoffen, daß uns das Versagen des normalen Ablaufs wichtige Informationen darüber gibt, wie wir das, was wir sagen, planen und produzieren.

Pausen

Es mag recht paradox erscheinen, das Sprechen zu untersuchen, indem man sich mit Nicht-Sprechen befaßt. Doch der Gedanke ist nicht ganz so abwegig wie es auf den ersten Blick scheinen mag. Ungefähr 40 bis 50 Prozent der durchschnittlichen spontanen Äußerung besteht aus Schweigen, obwohl der Anteil dem Hörer nicht so hoch vorkommen mag, da er zu sehr damit beschäftigt ist, dem zuzuhören, was gesagt wird.

Es gibt hauptsächlich zwei Arten von Pausen: Atempausen und Zögerpausen, von der hm . . . äh Sorte. Mit der ersten Art wird man relativ leicht fertig. Es gibt verhältnismäßig wenige davon (teilweise deshalb, weil wir unser Atemtempo verlangsamen, während wir sprechen) und sie machen nur ungefähr 5 Prozent der Lücken beim Gesprochenen aus. Normalerweise treten sie an grammatischen Grenzen auf, obwohl das nicht notwendigerweise so ist (Henderson et al., 1965).

Zögerpausen sind vielversprechender. Davon gibt es mehr und sie haben offensichtlich keinen physisch bedingten Zweck, der dem vergleichbar wäre, daß man seine Lungen mit Luft vollpumpen muß. Normalerweise nehmen sie ein Drittel bis die Hälfte der Zeit des Sprechens ein. Sprechen, in dem solche Pausen nicht vorkommen ist 'minderwertiges' Sprechen (Jackson, 1932). Entweder ist es vorher eingeübt worden oder der Sprecher reiht nur eine Reihe von Standardphrasen aneinander, die er gewohnheitsmäßig wiederholt. So wie die Mutter eines siebenjährigen Jungen, der einen

Stein durch mein Fenster geworfen hatte. Sie leierte mit Höchstgeschwindigkeit herunter: "Ich bitte aufrichtig um Verzeihung, er hat so etwas noch nie vorher gemacht, ich kann mir gar nicht vorstellen, was mit ihm los war, er ist normalerweise ein so lieber ruhiger kleiner Junge, ich bin wirklich schockiert." (Leider neigen wir dazu, den flüssigen, glatten Sprecher zu überschätzen, der vielleicht gar nicht darüber nachdenkt, was er sagt und wir verurteilen oft einen zögernden oder stammelnden Sprecher, der vielleicht sehr angestrengt nachdenkt.)

Es ist sehr schwer, Zögerpausen zu messen, da auch ein langgedehntes Wort so wie NA . . . JA, Nu . . . N, die Stelle einer Pause einnehmen kann. Vielleicht sind diese Meßschwierigkeiten der Grund dafür, daß die Psycholinguisten, die auf diesem Gebiet Forschungen betreiben, außerordentlich verschiedene Standpunkte einnehmen. Die zugrundeliegende Streitfrage ist, wo genau die Pausen auftreten. Ein Forscher meint, daß Zögern hauptsächlich nach dem ersten Wort eines Teilsatzes oder Sentoiden auftritt (Boomer, 1965). Ein anderer Psycholinguist jedoch, dessen Experimente gleichermaßen überzeugend scheinen, findet Pausen hauptsächlich vor wichtigen lexikalischen Einheiten (Goldman—Eisler, 1964). Wenn man ihre Experimente nur nachliest, scheint es unmöglich zu entscheiden, wer recht hat.

Trotz dieser anscheinend radikalen Meinungsunterschiede, können wir doch ein wichtiges Stück Information herausschälen. Beide Forscher stimmen darin überein, daß Sprecher normalerweise nicht zwischen Teilsätzen pausieren, sondern innerhalb von Teilsätzen. Das bedeutet, daß es eine Überschneidung beim Planen und Produzieren von Teilsätzen gibt. Somit müssen wir anstatt der einfachen Folge

Planen Teilsatz A	Aussprechen Teilsatz A	Planen Teilsatz B	Aussprechen Teilsatz A

das komplexere Modell

Planen Teilsatz A	Planen Teilsatz B	
	Aussprechen Teilsatz A	Aussprechen Teilsatz B

aufstellen. Mit anderen Worten, es ist ganz deutlich, daß wir uns beim Sprechen nicht einen um den anderen Teilsatz vornehmen. Wir beginnen die Planung des nächsten Teilsatzes, während wir den ersten noch aussprechen.

Gerüstet mit dieser höchstwichtigen Erkenntnis, können wir nun versuchen, die Situation weiter zu erhellen, indem wir uns dem Beweismaterial zuwenden, das die Sprechfehler liefern.

Sprechfehler: Das Wesen des Beweismaterials

Die Sprachwissenschaftler interessieren sich für Sprachfehler, weil sie hoffen, daß die Sprache in einem defekten Zustand mehr Einblicke ermöglicht als in einem perfekten Zustand. Es ist durchaus denkbar, daß die Sprache wie ein normales elektrisches System im Haushalt ist, das ja auch aus mehreren relativ unanhängigen Schaltkreisen besteht. Wir können nicht viel über diese Schaltkreise erfahren, wenn alle Lampen und Steckdosen richtig funktionieren. Wenn aber eine Maus in der Küche ein Kabel durchknabbert und dadurch ein Schaltkreis einen Kurzschluß hat, können wir sofort sehen, welche Lampen und Steckdosen zusammengehören, wenn alles richtig funktioniert. In gleicher Weise könnte es möglich sein, ganz bestimmte Schädigungen verschiedener Aspekte der Sprache aufzufinden.

Die Fehler, mit denen wir uns befassen werden, sind als erstes die Versprecher und als zweites die Sprache der Dysphatiker — Menschen mit einer ernsteren Sprachstörung. Da das Belegmaterial etwas ungewöhnlich ist, wollen wir sein Wesen etwas gründlicher betrachten.

Jeder tut ab und zu mal einen falschen Zugenschlag, vor allem wenn der 'Zungenschläger' müde, beschwipst oder nervös ist. Somit sind Fehler dieser Art so weitverbreitet, daß man sie als normal bezeichnen kann. Wenn man aber das Thema der Versprecher in einer Gruppe als Gesprächsthema aufbringt, wird bestimmt jemand vielsagend grinsen und sagen, "Ach ja, Versprecher haben sexuelle Gründe!" Diese ziemlich weitverbreitete Fehlinformation kam dadurch zustande, daß Sigmund Freud, der große Wiener Psychologe, einen Aufsatz darüber schrieb, daß Wörter, die zu Versprechern führen, oft aus dem Unterbewußtsein entspringen, welches seiner Meinung nach meist mit Sexualität zu tun hat. Er führt den Fall einer Frau an, die sagte, daß ihre Hütte an der 'Berglende' stünde, anstatt an der 'Berglehne' und dies, nachdem sie versucht hatte, sich an ein Kindheitserlebnis zurückzuerinnern, in dem 'ein Teil ihres Körpers von einer suchenden und lüsternen Hand angefaßt worden war' (Freud, 1901). Tatsächlich kommen diese Vertreter der Kategorie Versprecher nur in sehr wenigen Fällen vor. Es trifft möglicherweise zu, daß es einer ganzen Reihe von Mädchen schon passiert ist, daß sie hingerissen in die Arme von, sagen wir, Wunnibald sinken, während sie versehentlich 'Geliebter Waldemar' flüstern. Vielleicht ist es auch wahr, daß jeder, der über ein Thema im Zusammenhang mit Sexualität spricht, verlegen wird und sich in seinen eigenen Worten verheddert. So wie der englische Anthropologieprofessor, der rot bis an die Haarwurzeln vor Verlegenheit, von der PLENIS-BEEDING CEREMONY (anstatt 'penis-bleeding ceremony'= Penisblutungszeremonie) in Neu Guinea, sprach. Davon abgesehen gibt es aber wohl recht wenig, was den Mythos des sexuellen Ursprungs rechtfertigt. Man sollte hier noch anfügen, daß die Menschen normalerweise die sexuellen Versprecher viel eher bemerken und behalten als die anderen. In der vorgenannten Anthropologievorlesung hörten und behielten fast alle das Beispiel mit dem PLENIS-BEEDING. Doch als man die Zuhörer nachher befragte, hatten nur wenige gehört, daß der Professor gesagt hatte, 'YAMS BUCH ÜBER YOUNGZUCHT' (Youngs Buch über Yamzucht). Wenn wir also jetzt den Sexmythos beiseite lassen, können wir sagen, daß die Versprecher uns mehr darüber sagen, wie jemand sein Sprechen plant und produziert als darüber, welche sexuellen Wunschträume er hat.

Dysphasie unterscheidet sich erheblich von Versprechern, da sie alles andere als 'normal' ist. Der Name Dysphasie kommt aus dem Griechischen, bedeutet 'schlechtes Sprechen' und unterscheidet sich somit von Aphasie, das wörtlich bedeutet 'ohne Sprechen'. Leider behandeln einige Autoren, die über diese Themen geschrieben haben, die beiden Wörter als austauschbar. Sie verwenden beide in der Bedeutung 'Sprachstörung', obwohl sie den Ausdruck Aphasie manchmal für die schlimmeren Arten aufsparen. Wir werden hier den korrekteren Ausdruck Dysphasie beibehalten.

Die Bezeichnung Dysphasie deckt einen weiten Bereich von Sprachschwierigkeiten ab. Am einen Ende der Skala stehen Menschen, die nur ein einziges Wort sagen können so wie O GOTT, O GOTT, O GOTT oder, was häufiger ist, ein Schimpfwort, wie 'VERDAMMT, VERDAMMT, VERDAMMT. (Es gibt eine unbestätigte Theorie, die besagt, daß bei Leuten, die sehr starke Schlaganfälle haben, die Sprache manchmal in dem Wort 'versteinert' wird, das sie aussprachen, als der Schlag sie traf). Am anderen Ende der Skala stehen Menschen, die nur manchmal Schwierigkeiten haben, das richtige Wort zu finden — es ist nicht immer ganz eindeutig, wo wirkliche Dysphasie endet und normale Versprecher beginnen. Die Tatsache, daß beide ineinander übergehen, bedeutet, daß wir beide Fehlerarten zusammen untersuchen können, wenn wir Hinweise auf Sprachplanung und Sprachproduktion suchen.

Die Typologie der Dysphasie (Versuche die Dysphasie in verschiedene Arten von Störungen einzuteilen) ist ein sehr verworrenes und umstrittenes Kapitel und sprengt den Rahmen dieses Buches. Wir werden uns hier hauptsächlich mit den Schwierigkeiten beim Auffinden von Benennungen befassen, welche vielleicht die am weitesten verbreiteten Symptome der Dysphasie sind. Obwohl die einzelnen Patienten davon in unterschiedlichem Maße betroffen sind, ist sie meist bis zu einem gewissen Grade bei fast allen Arten der Sprachstörung vorhanden. In Kingsley Amis Roman 'Ending up' gibt es eine sehr bildhafte Beschreibung dieses Problems. Der fiktive Dysphasieleidende ist der emeritierte Professor Georg Zeyer, der vor fünf Monaten einen Schlaganfall erlitten hatte:

" 'Na ja, egal, am Anfang muß er ein, ein Ding, weißt Du, man geht damit umher, es hat, hm, sie drehen sich. Ein ganz teures, da kannst du sicher sein. Du fährst es, oder in seinem Fall macht das jemand anderes. Wahrscheinlich golden, außen golden. Wie der andere Kerl. Ein Barren -nein. Und wahrscheinlich ein goldenes, hm, zum darauf schlafen. Und das Gleiche in seinem . . . wenn er sich wäscht. Falls er das überhaupt je tut. Und essen von einem goldenen - davon essen, verstehst du. Ganz zu schweigen von einem privaten, hm, er benutzt es, immer wenn er irgendwo besonderes hin will, an einem jener Orte da unten, um sich mit seinen Leuten zu treffen. Maschine. Nein. Mit einem Typ, der es für ihn fliegt. Ein Feuerzeug. . . . Nein, aber du verstehst, was ich meine. Und der Witz ist, es ist alles wegen uns. Ohne uns wäre er nichts, oder? Wenn wir nicht wären, würde er immer noch in seinem, mhm, aus . . . eine schwarze Frau würde ihm . . . was da wächst, verstehst du, bringen. Und das Schwein soll sowas, wie ein Held sein. Der Vater seines Volkes und sowas alles. Ein Flugzeug, ein privates Flugzeug, das meine ich.' Es war keinesfalls so, daß Georg den Verstand verloren hatte, nur eben, daß er durch den Schlaganfall nicht nur eine halbseitige Lähmung davongetragen hatte, sondern auch ein Leiden, bei dem sich der Kranke in einem Zustand befindet, der es ihm schwer macht sich an Substantive, allgemeine Ausdrücke und die Bezeichnung für bekannte Gegenstände, zu erinnern. Abgesehen davon, war Georg sehr flüssig und genau im Sprechen und reagierte normal auf die Sprache von anderen. Die Flüssigkeit, mit der er sprach, war besonders bemerkenswert; vor allem verstand er es sehr gut, dann keine Pause zu machen, wenn ein wohlwollender Hörer ihm das nicht faßbare Wort gerne beigesteuert hätte. Die Ärzte, auch Dr. Mainwaring hatten gesagt, daß diese Schwäche im Laufe der Zeit ganz überwunden werden könne, oder daß der jetzige Zustand beibehalten werde, und daß man gar nichts dagegen tun könne." (Kingsley Amis, 1974)

Natürlich kann nicht jeder Dysphatiker so fließend sprechen wie Georg. Manchmal findet sich der Kranke in der beunruhigenden Situation, daß er annimmt das richtige Wort gefunden zu haben, um dann, wenn er es ausspricht zu seinem Entsetzen festzustellen, daß es doch das falsche war. In Nabokovs Roman 'Fahles Feuer' finden wir eine Beschreibung dieser entnervenden Erfahrung:

"Noch sprach sie. Hielt inne, tastete und fand,
Was ihr zu Anfang wie ein anwendbarer Laut erschien,
Doch nahmen Eindringlinge aus den Nachbarzellen
Den Platz der Wörter, die sie brauchte, und der Blick
War voller Flehn, da sie vergeblich
Mit diesen Monstern im Gehirn zu rechten suchte."
(Nabokov, Vladimir: *Fahles Feuer,* 1968, S. 21)

Die beiden folgenden Ausschnitte können das Problem vielleicht etwas mehr verdeutlichen. Sie stammen von einer Tonbandaufnahme einer stark sprachgestörten Patientin in den Siebzigern, die zwei Monate zuvor einen Schlaganfall erlitten hatte.

Die Patientin (P) hat das Wort RHUBARB (RHABARBER) gesagt, anscheinend, weil sie sich Sorgen um ihren Garten macht, der total verwildert, während sie im Krankenhaus ist. Der Therapeut (T) versucht sie zu beruhigen und sagt dann:

T: NUN, WAS ZEIGT DENN DIESES BILD? (Er zeigt das Bild eines Apfels)
P: KA-KA — KANINCHEN. (engl. Rabbit)
T: NEIN, KEIN KANINCHEN. ES IST EINE FRUCHT.
P: FRUCHT.
T: WELCHE FRUCHT IST ES?
P: OH, DAS IST EIN WUNDERSCHÖNES KANINCHEN.
T: NEIN, KEIN KANINCHEN. ES IST EIN APFEL
P: EIN APFEL, JA.
T: KÖNNEN SIE NOCH ANDERE FRÜCHTE NENNEN? WELCHES ANDERE OBST KÖNNTE MAN IN EINE SCHALE MIT EINEM APFEL LEGEN?
P: ETWAS, DAS MIT A ANFÄNGT?
T: NEIN, NICHT UNBEDINGT.
P: NAJA, RHABARBER.
T: JA, VIELLEICHT.
P: ODER RHABARBER.

(Man beachte die lautliche Ähnlichkeit zwischen dem englischen RABBIT, das die Patientin zuerst sagte und RHUBARB)
Im zweiten Ausschnitt finden wir dasselbe Phänomen aber in einem anderen Zusammenhang.

T: WAS MACHT DIESER JUNGE? (Zeigt ein Bild von einem schwimmenden Jungen)
P: OH, ER IST IM MEER.
T: JA
P: ER KRAUCHT . . . KRAUCHT. ES IST NICHT SEHR TIEF. ER KRAUCHT MIT DEN FÜSSEN, DEN BEINEN. KRAUCHEN, ähm TAUCHEN.
T: NUN, EIGENTLICH TUT ER WAS? ER . . . ?
P: SCHWIMMT.
T: GUT, WIE STEHT ES MIT DIESEM HIER? (Zeigt ein Bild von einem Jungen, der über eine Mauer klettert)
P: KRAUCHT, AN EINER . . . AN EINER MAUER.
T: WAS MACHT ER?
P: KR . . . KRAUCHEN, ER KLETTERT AUF EINE MAUER.

Die meisten der Fehler in diesen Passagen sind die Erweiterung der Auswahlfehler, die wir bei normalen Versprechern antreffen. Das bedeutet, daß dieselbe Art von Fehlern auftreten wie beim normalen Sprechen, aber sie treten häufiger auf und sind weniger einsichtig.

Grob gesagt, können wir die Sprachfehler in zwei Grundtypen einteilen. Als erstes haben wir die, bei denen die falsche Sache (oder Sachen) ausgewählt werden, bei denen etwas im Auswahlprozess schiefgelaufen ist. zum Beispiel,

> HAST DU DARAN GEDACHT, ETWAS ZAHNSCHMERZEN ZU KAUFEN?
> (Hast du daran gedacht, etwas Zahnpasta zu kaufen?)

Hier ist übrigens festzuhalten, daß, obwohl man gelegentlich von einem falschen 'Zungenschlag' spricht, hier bei den Auswahlfehlern, doch eigentlich das Gehirn der Schuldige ist, da es in seinen Eintragungen falsch nachschlägt.

Als zweites finden wir Fehler, bei denen zwar das richtige Wort ausgewählt wurde aber das Programm, das notwendig war, bis der Sprecher die Äußerung getan hatte, fehlerhaft ausgeführt wurde, so wie im folgenden Beispiel:

> SOMEONE'S BEEN WRITING THREAT LETTERS (etwa: JEMAND HAT GEDROHT BRIEFE GESCHRIEBEN)

Der korrekte englische Satz wäre:

> SOMEONE'S BEEN WRITING THREATENING LETTERS.

Das läßt sich mit dem Versprecher vergleichen, der einem Tagesschausprecher unterlief, als er davon sprach, daß jemand in die 'SCHÄFE GESCHLOSSEN' (in die Schläfe geschossen) worden war. Nun wollen wir uns etwas näher mit diesen beiden Kategorien von Fehlern befassen, d.h. den Auswahlfehler (Selektionsfehlern) und den Programmierungsfehlern. Dann wollen wir versuchen, sie in Gruppen zu unterteilen.

Die Fehler, bei denen falsche Einheiten ausgewählt werden, sind meist Fehler, die ein ganzes Wort umfassen. Es gibt drei Haupttypen: semantische Fehler (oder Fehler aufgrund von ähnlicher Bedeutung), Wortverwechslungen (oder Fehler aufgrund von ähnlichem Klang) und Mischformen.

Die sogenannten semantischen oder Bedeutungsähnlichkeitsfehler sind recht weit verbreitet. Tatsächlich sind sie so normal, daß sie meist fast nicht mehr bemerkt werden. Wir sprechen hier von Benennungsfehlern, bei denen der Sprecher das semantische Feld zwar generell richtig trifft aber das falsche Wort benutzt, wie bei

> HABEN SIE ARTISCHOCKEN DA? TUT MIR LEID, ICH MEINE AUBERGINEN.

Dieser Fehler kommt oft bei Wörtern vor, die in irgendeinem Zusammenhang stehen. Die Leute sagen LINKS, wenn sie 'rechts' meinen, 'RAUF, wenn sie 'runter' meinen und FRÜH anstatt 'spät' wie bei

ES IST ACHTZEHN UHR. IST DAS NICHT ZU FRÜH, UM BROT ZU KAUFEN?

Solche Fehler treten oft in der Sprache von Dysphatikern auf. In ihrer extremen Form nennt man diesen Zustand allgemein etwas hochtrabend 'konzeptionelle Agrammatizität' (Goodglass, 1968). Solche Patienten verwechseln wiederholt Wörter wie GESTERN, HEUTE und MORGEN. Anscheinend sind sie fähig, Benennungen zu finden, die mit dem allgemeinen Gebiet, über das sie sprechen, etwas zu tun haben, aber sie sind unfähig, bestimmte Wörter innerhalb dieses Gebietes genau zu erfassen, so daß eine 'Gartenwalze' wohl als RASENMÄHER' bezeichnet werden könnte, ein 'Spaten' wird zur GABEL und ein 'Rechen' wird zur 'HACKE'. Ein solcher Fehler kam auch in einem der obengenannten Beispiele vor: die Patientin sagte TAUCHEN, als sie 'Schwimmen' meinte. In anderen Fällen benutzen die Patienten eine Umschreibung, wie 'WASSERBEHÄLTER' für 'Trog' oder 'PFERDEHÜTTE' für 'Stall'.

Die zweite Art von Wort-Auswahlfehler, die Wortverwechslungen, im Englischen 'Malapropisms' genannt, treten dann auf, wenn jemand ein Wort mit einem anderen, das ähnlich klingt, verwechselt. Die Bezeichnung taucht wieder auf im Namen von Frau Malaprop, einer Figur in Thomas Sheridans Stück 'Die Rivalen'. Diese Dame verwechselte andauernd gleich klingende Wörter wie in

SIE IST SO STARRSINNIG, WIE EINE ALLEGORIE AN DEN UFERN DES NILS (Sie ist so starrsinnig, wie ein Alligator an den Ufern des Nils)

und

EIN HÜBSCHES DERANGEMENT VON EPITAPHEN (Ein hübsches Arrangement von Epitaphen).

Nicht nur in Sheridans Stück, sondern auch in der täglichen Praxis können die Ergebnisse manchmal zum totlachen sein wie bei der Dame, die während eines Vortrages behauptete:

YOU KEEP NEW-BORN CHICKS WARM IN AN INCINERATOR (incubator). (Man hält neugeborene Küken in einem Verbrennungsofen (Brutkasten) warm)

Bis jetzt wurden Auswahlfehler genannt, die mit der Bedeutung zu tun hatten oder mit dem Klang eines Wortes. Es wäre aber falsch zu glauben, daß wir die Fehler einfach der einen oder anderen Gruppe zuordnen. Oft überschneiden sich beide. Obwohl die Fehler von Kindern meist rein lautlich sind wie bei den englischen Beispielen:

MUSSOLINI PUDDING FÜR 'SEMOLINA PUDDING' (Grießpudding)
NAUGHTY STORY CAR PARK für 'MULTI-STOREY CAR PARK'
(schmutzige Geschichte/Vielstöckiges Parkhaus)

so gibt es bei den Fehlern der Erwachsenen meistens eine semantische und eine phonetische Verbindung. Die Verwechslung im obigen Beispiel von INCINERATOR und 'incubator' illustriert das sehr treffend, da zusätzlich zu der phonetischen Ähnlichkeit beide Wörter auch noch etwas mit dem Begriff Hitze zu tun haben. Ein weiteres Beispiel ist die Feststellung

> MAN FÄHRT AUF DER LANDEBAHN (Man fährt auf der Autobahn),

wo abgesehen vom ähnlichen Klang, es sich auch beidesmal um Fahrwege von Transportmitteln handelt. Ein weiteres Beispiel wäre der Fehler

> KOMPENSATIONSPREIS (Konsolationspreis).

Doch muß die semantische Verbindung nicht immer direkt zwischen den beiden Wörtern bestehen, die verwechselt werden. Manchmal geht die Verwechslung auf den gesamten Kontext zurück wie bei

> SPRECHENLERNEN IST NICHT DASSELBE WIE REDENLERNEN (Sprechenlernen ist nicht dasselbe wie Gehenlernen.)

Als weiteres Beispiel für diese Art der Verwechslungen kann die Äußerung des nervösen Mannes in der 'Stunde der Frau' im BBC gelten, der sich an einer Diskussion über eine Katze beteiligte, die niemals zu schlafen schien, da sie fortwährend Mäuse jagte. Er sagte:

> WIEVIEL SCHAFE HAT DIE KATZE DENN IN DIESEM HAUS? TUT MIR LEID, ICH MEINE MÄUSE, NICHT SCHAFE.

Der Sprecher erinnerte sich ganz richtig, daß er über irgendein Tier sprach, aber das Tier ist irgendwie durch den Klang des Wortes SCHLAF angesteckt worden und das Ergebnis war SCHAF! Es könnte auch einen Einfluß gehabt haben, daß die Menschen angeblich Schäfchen zählen, um einschlafen zu können.

Die dritte Art von Auswahlfehlern, die sogenannten Mischungen sind eine Ausweitung und Variation der semantischen Fehler. Sie sind relativ selten und treten dann auf, wenn zwei Wörter zusammengemischt werden und ein neues bilden. Zum Beispiel,

> NOT IN THE SLEAST

enthält eine Mischung aus SLIGHTEST und LEAST (nicht im geringsten). Ein vergleichbares Beispiel wäre hier

> ER IST KRUCKLIG (krumm und bucklig).

Oder PLEASE EXPLAND THAT (Bitte, erkläre/verdeutliche das) zusammengesetzt aus 'explain' und 'expand'. Ein etwas bizarreres Beispiel einer Mischung tritt am Anfang des Zitats der Sprache von Dysphatikern auf

S. 222 auf. Die Patientin hatte über RHABARBER (Rhubarb) gesprochen und versuchte das Wort APFEL (Apple) zu finden. Was dabei herauskam war eine Mischung von beiden RABBIT!. Solche Mischungen werden auch Kontamination genannt, da die beiden betroffenen Wörter sich gegenseitig kontaminieren (anstecken). Im Normalfalle sind bei diesen Fehlern beide der gewählten Wörter gleichermaßen passend. Nur scheint der Sprecher eben zufällig zwei gleichzeitig ausgewählt zu haben — oder vielmehr er hat nicht rechtzeitig eine Auswahl unter zwei gleichermaßen passenden Wörtern getroffen. Es ist nicht so sehr, daß er nicht das rechte Wort ausgewählt hat, sondern vielmehr, daß er nicht entschieden hat, welches der beiden passenden er braucht.

Man muß hier auch festhalten, daß manchmal zwei Wörter absichtlich zusammengemischt werden, um ein neues Wort zu bilden. In Lewis Carrolls 'Alice hinter den Spiegeln' erklärt Goggelmoggel, daß 'glaß' 'glatt und naß' bedeutet: "Das ist wie eine Schachtel, verstehst du: zwei Bedeutungen werden dabei zu einem Wort zusammengesteckt." — doch Lewis Carrolls erfundene Wörter sind vielleicht gar nicht so rein zufällig, wie es den Anschein hat. Anscheinend litt er unter starken Migräneanfällen und man hat darauf hingewiesen, daß viele seiner seltsamen Neologismen doch frappierend der zeitweisen Dysphasie ähneln, die sich bei einigen Mirgränepatienten zeigt (Livesley, 1972). Bessere Beispiele für absichtliche Verschmelzungen sind wohl SMOG aus dem englischen 'smoke' (Rauch) und 'fog' (Nebel) zusammengezogen und BRUNCH aus 'Breakfast' (Frühstück) und 'Lunch' (Mittagessen). Manchmal kann man interessante Parallelen dieser Art zwischen Versprechern und Sprachwandel feststellen.

Befassen wir uns nun mit den Programmierungsfehlern — Fehlern, bei denen das richtige Wort gewählt wurde aber das dazugehörige Programm falsch ausgeführt. Hier gibt es drei Hauptarten: Transpositionen, Antizipationen und Wiederholungen, die Wörter, Silben oder Laute betreffen können.

Transpositionen sind im allgemeinen nicht sehr weit verbreitet (Cohen, 1966; Nooteboom, 1969). Ganze Wörter können ihren Platz tauschen, wie bei

    DER PULVERFUNKE FIEL INS FEUERFAß (Der Feuerfunke fiel ins Pulverfaß)
    WO IST DIE WELT, DIE EINE BRUST IN SICH ERSCHUF (Wo ist die Brust, die eine Welt in sich erschuf)

oder auch Silben können das gleiche tun:

    DAS HAT KEINEN ZWECKTISCHEN PRAK (Das hat keinen praktischen Zweck).

Die bekanntesten Lauttranspositionen sind wohl die sogenannten Spoonerismen im Englischen. Sie wurden nach einer historischen Persönlichkeit so benannt, dem ehrwürdigen William A. Spooner, der Dean und Warden des New College, Oxford zur Zeit der Jahrhundertwende war. Es wird gesagt, daß er oft die Anfangslaute von Wörtern vertauschte und unmögliche Sätze produzierte wie die folgenden:

   THE CAT POPPED ON ITS DRAWERS,

normal 'The cat dropped on its paws' (Die Katze schlüpfte flink in ihre Unterhosen, bzw. Die Katze fiel auf die Pfoten.)

   YOU HAVE HISSED ALL MY MYSTERY LECTURES

(Sie haben während meiner gesamten Geheimnisvorlesungen gezischelt) normalerweise: 'You have missed all my history lectures' (Sie haben alle meine Geschichtsvorlesungen versäumt)

   YOU HAVE TASTED THE WHOLE WORM

(sie haben den ganzen Wurm geschmeckt) welches bedeuten soll: 'You have wasted the whole term!"(Sie haben das ganze Semester verschwendet).

Doch etwas ist an diesen Original-Spoonerismen äußerst auffällig. Man hat den Verdacht, daß die Äußerungen von Ehrwürden Spooner sorgfältig für die Nachwelt vorbereitet waren. Das Auffällige ist, daß sie immer einen Sinn ergeben, es immer nur die Anfangslaute betrifft und es keinen einsichtigen phonetischen Grund für die Vertauschung der Laute gibt. In der Praxis ergeben sie Spoonerismen normalerweise keinen Sinn, wie bei

   TAPS UND SCHNABAK 'Schnaps und Tabak'.

Auch nicht am Anfang stehende Laute können betroffen sein,

   RATTERSMANN ODER KNIPP 'Rittersmann oder Knapp'.

Sie treten häufig zwischen phonetisch ähnlichen Lauten auf, wie

   POSTKUSTKATSCHEN 'Postkutschkasten'.

Antizipationen, besonders Vorwegnahme von Lauten, sind die häufigsten Programmierungsfehler (Cohen, 1966; Nooteboom, 1969). Hier nimmt der Sprecher das, was er sagen will, vorweg, indem er eine Einheit zu früh bringt. Man muß beachten, daß es nicht immer möglich ist, zwischen Antizipationen und möglichen Transpositionen zu unterscheiden, wenn der Sprecher selbst seinen Fehler mittendrin bemerkt und sich verbessert. Dies könnte teilweise erklären, warum es, verglichen mit den Transpositionen, so viel mehr Beispiele für Antizipationen gibt. Das folgende Beispiel könnte eine früh gestoppte Transposition sein:

   ICH MÖCHTE, DAS SIE MARTHA, ... ICH WOLLTE SAGEN, ICH MÖCHTE,
   DAß SIE MARIA SAGEN, WAS MARTHA GESAGT HAT!

Doch die folgenden Beispiele von Lautantizipationen sind ganz eindeutig einfache Antizipationen. Dem Teilnehmer an einer Fernsehdiskussion war es sehr peinlich, daß er von

> THE WORST GERMAN CHANCELLOR
> (Dem schlechtesten deutschen Kanzler)

anstatt 'The West German Chancellor' (dem westdeutschen Kanzler) gesprochen hatte. Er hatte den Vokal in GERMAN vorweggenommen. Dasselbe passierte einem Mann, der ein Gespräch unterbrach und allzu eifrig darum bat einen

> GANZ WUCHTIGEN PUNKT (ganz wichtigen Punkt)

vorbringen zu dürfen.

Wiederholungen (oder Beibehaltungen, Perservationen) sind seltener als Antizipationen, aber häufiger als Transpositionen. Wir finden Wörter, die wiederholt werden wie

A: ZIEMLICH KALT HEUTE, NICHT WAHR? FAST WIE EIN SONNTAG IM FEBRUAR.
B: SO SCHLIMM IST ES NICHT − EHER WIE EIN FEBRUAR IM MÄRZ, WÜRDE ICH SAGEN. (So schlimm ist es nicht - eher wie ein Sonntag im März, würde ich sagen.)

Ein Beispiel für einen wiederholten Laut liefert der Sprecher von:

> DAS BUCH VON CHOMSKY UND CHALLE (Chomsky und Halle) −

das könnte auch psychologisch deutbar sein, als Anzeichen für die hypnotische Wirkung, die Chomsky auf einige Linguisten hat! Wiederholungen sind relativ ungewöhnlich, weil bei normalen Menschen ein sehr gut funktionierender Mechanismus zum 'Tafelblankwischen' vorhanden ist. Sobald sie ein Wort ausgesprochen haben, bleibt die lautliche Form nicht länger, damit das Gehirn nicht verstopft wird. Dieser ist vielleicht der größte Unterschied zwischen normalen Menschen und Dysphatikern, die oft zu ihrer eigenen Verzweiflung und Frustration, immer wieder Laute und Wörter aus den vorhergehenden Sätzen wiederholen. Man hatte einer Dysphatikerin das Bild eines Apfels gezeigt. Mit einigem Nachhelfen, sagte sie das Wort APFEL. Dann zeigte man ihr das Bild eines blauen Balles. Auf die Frage, was das sei, antwortete sie ohne zu zögern APFEL. Der Therapeut wies sie darauf hin, daß sie den neuen Gegenstand mit dem vorhergehenden verwechsle. "Natürlich, wie dumm von mir". antwortete die Patientin. "Das da ist doch ein APFEL. Nein, nein, das wollte ich doch nicht sagen, ich meine einen APFEL!" Etwas ähnliches trat in dem Dialog auf S. 222 auf, in dem die Patientin immer wieder das Wort 'RHABARBER' wiederholt.

Wir haben nun die drei Hauptkategorien der Selektions- und Programmierungsfehler beschrieben:

Selektionsfehler	Programmierungsfehler
Semantische Fehler Wortverwechslungen Mischungen	Transpositionen Antizipationen Wiederholungen

Im nächsten Abschnitt werden wir feststellen, welche Information sich aus dieser ungleichen Sammlung von Fehlern gewinnen läßt.

Äußerungen planen und produzieren

Welche Erkenntnisse (falls überhaupt irgendwelche möglich sind) kann uns diese bunte Mischung von Fehlern vermitteln? Nun, tatsächlich eine ganze Reihe. Als erstes können wir Vermutungen darüber anstellen, welche die Planungseinheiten sind — mit anderen Worten, die Größe des Abschnittes, den wir im voraus fix und fertig für das Aussprechen vorbereiten. Als zweites können wir eine Hypothese darüber aufstellen, wie Wörter und Satzbau geplant und zusammengestellt werden. Als drittes können wir uns mit dem Vorgang der Wortauswahl befassen.

Fangen wir mit der Planungseinheit an. Anscheinend ist dies dasselbe, was manchmal Tongruppe oder phonemischer Teilsatz genannt wird — ein kurzer Abschnitt des Gesprochenen, der mit einer einzigen Intonationskurve gesprochen wird. Zum Beispiel,

    WIEVIEL UHR IST ES?
    DOROTHEE KAUFTE EIN PAAR SCHNECKEN.
    MAX BADETE SICH / BEVOR ER AUF DIE PARTY GING.

Man muß hier darauf achten, daß der sogenannte phonemische Teilsatz (oder die Tongruppe) nicht mit dem syntaktischen Teilsatz (oder Sentoid) verwechselt werden darf. Oft fallen die beiden zusammen, aber das muß nicht so sein. Zum Beispiel ist

    ICH MÖCHTE EIN PAAR BRÖTCHEN KAUFEN

ein einziger phonemischer Teilsatz, obwohl man in der Transformationsgrammatik sagt, daß ihm zwei syntaktische Teilsätze zugrundeliegen. In diesem Kapitel bezieht sich das Wort 'Teilsatz' (die kleinsten Einheiten, aus denen ein Satz entweder bestehen oder zusammengesetzt sein kann) auf den phonemischen Teilsatz, falls es nicht ausdrücklich anders vermerkt ist.

Als Hauptargument dafür, daß man zuversichtlich behaupten kann, daß die Tongruppe die Planungseinheit darstellt, gilt die Tatsache, daß fast alle Versprecher immer innerhalb einer einzigen Tongruppe auftreten. Zum Beispiel

> WIR FAHREN ZU TAXI MIT DEM CHOMSKY (Wir fahren zu Chomsky mit dem Taxi)
>
> DIESER KONGRESS . . . KONTRAKT KAM BEI UNSEREM LETZTEN KONGRESS ZUSTANDE.

Das läßt stark vermuten, daß jede Tongruppe als ganzes geplant und ausgeführt wird. Wenn größere Einheiten vorbereitet würden, so müßte man erwarten, daß sich öfters die Teilsätze gegenseitig beeinflussen. Doch, wie die Dinge liegen, sind solche Einflüsse selten, sogar so selten, daß Boomer und Laver (1968) es als ein Gesetz der Versprecher ansehen, daß 'das Ziel und der Ursprung des Versprechers in der selben Tongruppe vorkommen' (Wobei man das 'Gesetz' als ein statistisches und nicht, als ein absolutes ansehen muß).

Wenn wir nun davon ausgehen, daß die Tongruppe die Planungseinheit ist, müssen wir uns als nächstes fragen, wann jede dieser Tongruppen geplant wird. Teilweise wird diese Frage durch die Untersuchung der Zögerpausen, die wir auf S. 217 vorgenommen haben, beantwortet. Wir stellten dort fest, daß Zögerpausen (die ja eigentlich Planungspausen sein könnten) innerhalb der Teilsätze vorkommen und nicht dazwischen. Das zeigt, daß die Sprecher nicht die einfache Abfolge: Pause und Planung — Aussprache. Pause und Planung — Aussprache, vollziehen. Vielmehr bereiten sie wohl jede neue Tongruppe vor, während sie die vorherige aussprechen.

Doch diese vage Vermutung, daß wir 'im voraus planen' ist nicht sehr befriedigend. Wir müssen schon etwas präziser werden. Das bringt uns zum zweiten Thema dieses Abschnittes — der Planung und Zusammenstellung von Wörtern und Syntax'. Wir wollen eine ziemlich umfassende Behauptung an den Anfang stellen und sie dann rechtfertigen. Kurz gesagt, wir können die Planung einer Äußerung in zwei Phasen unterteilen: erstens, skizzenhafte Planung, die einsetzt, wenn der vorhergehende Teilsatz ausgesprochen wird. Zweitens, ausführliche Planung, die abläuft während der Teilsatz artikuliert wird. Skizzenhaftes Planen bedeutet die Auswahl der Schlüsselwörter, Satzbau und Intonationsmuster, während beim ausführlichen Planen die vorher ausgewählten Wörter und der Satzbau zusammengepaßt werden.

Befassen wir uns zunächst mit der Skizzenplanung. Das eindeutigste Beweismaterial dafür, daß eine solche Phase existiert, liefern uns die Antizipationen und Transpositionen. Wenn jemand eine Einheit antizipiert oder transponiert, heißt das eindeutig, daß er schon darüber nachdenkt, bevor sie tatsächlich gebraucht wird. Im allgemeinen läßt sich sagen, daß je größer eine Einheit ist, umso früher kann sie antizipiert werden (Nooteboom, 1969; Hotopf 1972). Das bedeutet, je gewichtiger die Einheit, umso weiter ist der Abstand zwischen ihrem tatsächlichen Vorkommen und dem Punkt, an dem sie sein sollte. Der Abstand zwischen verwechselten Wörtern ist normalerweise größer, als der zwischen verwechselten Lauten. Doch die eigentliche Größe des Abstandes ist nicht der springende Punkt. Als wichtig ist hier festzuhalten: obwohl Versprecher normalerweise innerhalb einer Tongruppe auftreten, gibt es einige seltene Fälle, in denen gegen dieses 'Gesetz' verstoßen wird und dann sind es immer komplette Wörter, die in den Teilsatz davor eindringen und nicht Lautelemente. Das heißt, daß Wörter Teilsatzgruppen überwinden können, während Laute es im allgemeinen nicht können. Zum Beispiel:

    WENN DU DIE WÄSCHE KAUFST . . . (Wenn du die Wäsche wegbringst, kauf 'mir bitte ein paar Zigaretten)
    WENN DU DIE ROSEN HINUNTERBRINGST . . . (Wenn du den Abfall hinunterbringst, schau dir mal die Rosen an)
    STELLEN SIE IHRE SITZGURTE EIN . . . (Stellen Sie das Rauchen ein und befestigen sie ihre Sitzgurte)

Im Vergleich hierzu die folgenden Lauttranspositionen und Antizipationen, die alle innerhalb desselben Teilsatzes vorkommen:

    HIER GEHT ES UM DIE PREIS . . . (Hier geht es um die freie Presse)
    SORTE VON TACHER (Torte von Sacher)
    A PRAPA, POPO (A propos, Papa)
    ER HAT ERPFAHRUNGEN . . . (Er hat Erfahrungen zu Pferd).

Das hier beschriebenen Phänomen zeigt an, daß die Schlüsselwörter ausgesucht werden, während man den vorangegangenen Satz ausspricht — daß aber die genaue Organisation einer Tongruppe erst später vorgenommen wird. Es fällt schon wesentlich schwerer, andere eindeutige Beweise für die Vorausplanung zu finden. In vielen Fällen, sagt uns natürlich unser gesunder Menschenverstand, daß die syntaktische Planung lange vor dem eigentlichen Aussprechen des Teilsatzes stattgefunden haben muß. In dem Satz

    WENN ER ES DARAUF ANLEGTE, LOLITA ZU VERFÜHREN, SO WÄRE SIE HOCHERFREUT

weißt der Ausdruck WENN ER ganz klar darauf hin, daß der zweite Teilsatz schon bis zu einem gewissen Grad vorausbedacht wurde. Doch ist diese Vorstellung vom 'gesunden Menschenverstand' ziemlich vage. Wenn wir uns mit dem Intonationsmuster befassen, erhalten wir etwas aufschlußreichere Information. Hier stellen wir einen überraschenden Tatbestand fest: Fehler, die innerhalb einer Tongruppe auftreten, stören im allgemeinen das Intonationsmuster nicht. Zum Beispiel:

MIT AUF DEN HÄNDEN GEBUNDENEN RÜCKEN

hat dasselbe Intonationsmuster, wie der Zielsatz: 'Mit auf den Rücken gebundenen Händen'.

Wenn wir also davon ausgehen, daß unsere Annahme zutrifft, daß die Planung der Schlüsselwörter und des skizzenhaften Satzbaus (mit dem Intonationsmuster) während des vorhergehenden Teilsatzes beginnt, so stehen wir jetzt vor der verzwickten und heiß diskutierten Frage: was kommt zuerst, die Wörter oder das syntaktische Muster? Die Verfechter der Ansicht, daß die Wörter zuerst kommen, weisen ganz einfach darauf hin, daß die Schlüsselwörter die Auswahl der Syntax bestimmen. Mit Schlüsselwörter meinen sie hauptsächlich Substantive, Verben und manchmal Adjektive. Es ist offensichtlich, daß Verben die Auswahl der Syntax mehr beeinflussen als die Substantive — aber das Substantiv hat in manchen Fällen Auswirkungen auf die Wahl des Verbs.

Diejenigen, die meinen, daß die Syntax zuerst komme, haben ein ähnlich stichhaltiges Argument. Sie führen an, daß der Sprecher fast immer, wenn er einen Wortwahlfehler macht, ein Wort nimmt, das zur selben Wortklasse gehört wie das gesuchte Wort. Das bedeutet, Substantive werden mit anderen Substantiven verwechselt und Verben mit anderen Verben, genauso wie Adjektive mit anderen Adjektiven. Selbst in der Sprache von Dysphatikern, die oft recht verworren ist, findet man fast immer dieses Muster (obwohl Ausnahmen auch vorkommen). Die Leute sagen 'RAUF, anstatt 'runter', MARGARINE anstatt 'Butter', UNTERBRINGUNG, anstatt 'Unterführung'. Es gibt aber keinerlei Grund dafür, warum die einzelnen Bestandteile der Sätze immer so eng beieinander bleiben. Warum sollten nicht Verben und Substantive miteinander verwechselt werden? Frau Malaprop aus dem Theaterstück bringt die Wortklassen öfters durcheinander und genau deswegen sind viele ihrer Wortverwechslungen von vorneherein unwahrscheinlich. Sie sagt Sachen, wie

YOU WILL PROMISE TO FORGET THIS FELLOW — TO ILLITERATE HIM, I SAY, QUITE FROM YOUR MEMORY anstatt 'You will promise . . . to obliterate him . . . from your memory (Du wirst mir versprechen, daß du diesen Kerl vergißt, ihn völlig ungebildet/verbannst aus deinem Kopf).

In der Praxis ist es allerdings höchst ungewöhnlich auf Adjektiv-Verb Verwechslungen zu stoßen, wie die ILLITERATE für 'obliterate' Vertauschung der Mrs. Malaprop. Selbst bei Wortverwechslungen von Kindern trifft man noch dieses Muster von Beibehaltung derselben Wortklasse an:

DU MUßT EINE ANTILOPE EINNEHMEN, WENN DU GIFT VERSCHLUCKT HAST (Du mußt ein Antidot einnehmen, wenn du Gift verschluckt hast)

ICH LERNE DIE ELLBOGEN ZU SPIELEN (Ich lerne die Oboe zu spielen).

Den 'Syntax zuerst' Anhängern zufolge, ist die wahrscheinlichste Erklärung für dieses Phänomen, daß die Syntax schon ausgewählt wurde und die Wörter dann eingepaßt werden: "Wenn die syntaktische Stuktur nicht schon festgelegt wäre, so wäre die Wortauswahl nicht auf ein dieselben Wortklassen beschränkt" (Fromkin, 1973:30). "Allein die Tatsache, daß ein falsch ausgewähltes Wort immer oder fast immer zu derselben Wortklasse gehört, wie das gesuchte Wort, deutet an, daß die grammatische Struktur des zu bildenden Teilsatzes, der Wortauswahl zwingende Beschränkungen auferlegt" (Nooteboom, 1969:130).

Wie sollen wir in dieser Kontroverse zwischen den Befürwortern von 'Wörter zuerst' und 'Syntax zuerst' entscheiden? Wer hat denn nun recht? Möglicherweise beide, in gewissem Maße. Einerseits ist es höchst unwahrscheinlich, daß die Befürworter der Schlüsselwörter völlig im Recht sind. Es gibt keinerlei Beweise dafür, daß man alle Schlüsselwörter aussucht, um sie dann mit Verbindungswörtern aneinanderzuketten. Andererseits ist es ziemlich unmöglich, die gesamte Syntax zu planen, ohne irgendeine Vorstellung davon, welche Wörter benutzt werden sollen. Zum Beispiel hängt die Syntax des Satzes

HANS LOBTE SEINE FÄHIGKEIT, LEBENDE FRÖSCHE ESSEN ZU KÖNNEN

zu einem gewissen Teil von dem Verb LOBTE ab, da wir bei der Benutzung von Verben mit ähnlicher Bedeutung andere Teile des Satzes ändern müssen; es wäre ungrammatisch zu sagen

* HANS SPRACH SEINE FÄHIGKEIT, LEBENDE FRÖSCHE ESSEN ZU KÖNNEN

oder

*HANS GAB SEINE FÄHIGKEIT, LEBENDE FRÖSCHE ESSEN ZU KÖNNEN.

Es wäre also möglich, daß wir zu Anfang vielleicht ein Schlüsselverb oder Substantiv wählen und dann die Syntax danach gestalten. Später passen wir einzelne Wörter in die Lücken ein.

Wenn ein Schlüsselwort die Syntax auslöst, müssen wir von der Annahme ausgehen, daß die Wörter im Speicher eindeutig nach Wortklasse oder Satzteil (z.B. Substantiv, Verb) gekennzeichnet sind sowie Informationen enthalten über die Konstruktionen, in denen sie auftreten können. Zum Beispiel

ESSEN	VERB
	NP — essen — NP

Wir stellen also die Hypothese auf, daß wir beim Planen von Sätzen syntaktisch Bäume von unten nach oben aufbauen.

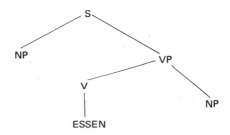

Ein Problem bleibt hier immer noch ungelöst. Falls es zutrifft, daß am Anfang einige Schlüsselwörter stehen, wie können wir dann erklären, daß wir uns manchmal gerade an diese Schlüsselwörter nicht mehr erinnern können, obwohl das Vergessene eindeutig die Wahl der Syntax beeinflußt hat? Zum Beispiel:

ES WAR WIRKLICH EINE GANZE MENGE ... WAS WOLLTE ICH NOCH SAGEN? ... ÜBERREDUNGSKUNST NÖTIG.

Dieses Beispiel deutet darauf hin, daß wir vielleicht nur mit der 'Vorstellung von einem Wort' (es ist schwer, dies in Worte zu fassen und einen guten Ausdruck dafür zu finden) planen und dann später erst dieser Vorstellung eine bestimmte lautliche Form verleihen. Diese Theorie wird unterstützt durch solche Versprecher wie

BIS WANN WIRD ES ABGEHOLT SEIN?

In diesem Satz ist die Syntax ganz klar auf 'fertig' eingerichtet, aber phonetisch wurde ABGEHOLT aktiviert.

Man sollte hier beachten, daß diese 'Wortvorstellung' (von der wir ausgehen), die ausgewählt wird, bevor sie eine phonetische Form erhält, nicht lediglich ein vages Konzept ist. Sie umfaßt einerseits eine genaue Vorstellung von der Sache, auf die sich das Wort bezieht sowie die Aufgabe der Wortklasse (Substantiv, Verb, Adjektiv, usw.) und andererseits Informationen über die syntaktischen Muster, in die es paßt.

Bis jetzt haben wir uns also mit dem skizzenhaften Planen befaßt. Wir stellen die Hypothese auf, daß ein Sprecher, während er noch den vorhergehenden Satz ausspricht, schon anfängt die Schlüsselwörter (meist in nicht phonetischer Form) vorzubereiten und dann nach ihnen die Syntax zu gestalten, was auch heißt, daß ein Intonationsmuster gewählt werden muß. Die zweite Phase, die Phase der ausführlichen Planung, läuft wahrscheinlich ab, während der Teilsatz schon gesprochen wird. Eine plausible Erklärung hierfür wäre, daß wir unsere ausführliche Planung während der Zögerpausen, kurz nach Beginn einer Tongruppe, vernehmen. Boomer (1965) meint, daß er einen signifikant höheren Prozentsatz von Pausen nach dem ersten Wort eines Teilsatzes feststellen konnte. Daraus läßt sich der folgende Plan entwerfen:

Skizzen- plan A	Ausführlicher Plan A	Skizzen- plan B	Ausführlicher Plan B
Sprechen Teilsatz A		Sprechen Teilsatz B	

Unter der ausführlichen Planung verstehen wir eine Phase, in der die wichtigen lexikalischen und syntaktischen Entscheidungen schon getroffen wurden. Die gewählten Einheiten müssen nun noch richtig zusammengesetzt werden. Dabei müssen zumindest zwei Dinge getan werden: einerseits müssen die lexikalischen Einheiten an den richtigen Platz im Satz eingefügt werden. Das wurde fehlerhaft ausgeführt in

ES IST SCHLECHT, ZUVIEL BLUT IN DER ALKOHOLBAHN ZU HABEN (Es ist schlecht, zuviel Alkohol in der Blutbahn zu haben)
EIN FÜNF PFUND HUND PAKETFUTTER (Ein fünf Pfund Paket Hundefutter).

Bei der Platzierung von lexikalischen Einheiten ist auch die richtige Stellung der Negative zu beachten, da auch diese Verwirrung hervorrufen können wie bei

DAS IST GENAU DIE ART VON MÖBEL, VON DENEN ICH NIEMALS GESAGT HABE, DAß ICH SIE HABEN WOLLE (Das ist genau die Art von Möbeln, von denen ich gesagt habe, daß ich sie niemals haben wolle).
ICH ERKENNE DAS ALS RICHTIG AB (Ich erkenne das als unrichtig an)

Andererseits muß bei der ausführlichen Planung auch dafür gesorgt werden, daß die Wörter alle ihre richtigen Endungen haben. Bei folgenden Beispielen aus dem Englischen ist es falsch gelaufen:

SHE WASH UPPED THE DISHES / She washed up the dishes (Sie wusch das Geschirr)

SHE COME BACKS TOMORROW / She comes back tomorrow (Sie kommt morgen zurück)

HE BECAME MENTALIER UNHEALTHY / He became mentally unhealthier (Er wurde geistig immer kränker)

Wir sind aber in der Lage noch viel mehr über die Zusammenstellung der Wörter und ihrer Endungen zu sagen, als nur die vage Aussage, daß sie 'zusammengepaßt' werden. Wir haben im 3. Kapitel festgestellt, daß die Sprecher anscheinend einen inneren, nervlichen 'Schrittmacher' haben — einen biologischen Rhythmus, der es ihnen erleichtert ihre Äußerungen zusammenzusetzen und zu organisieren. Wir hatten auch festgestellt, daß dieser Schrittmacher wahrscheinlich die Silbe als seine Grundeinheit benutzt. Wenn wir dies nun genauer betrachten, so bemerken wir, daß die Silben nach 'Füßen' angeordnet sind — wobei ein Fuß eine Einheit ist, die eine 'starke' oder betonte Silbe enthält. Wir bemerken weiterhin, daß die Füße in Tongruppen geordnet sind. Mit anderen Worten, wir haben hier eine Hierarchie rhythmischer Einheiten: Tongruppen, die aus Füßen zusammengesetzt sind und Füße, die aus Silben bestehen.

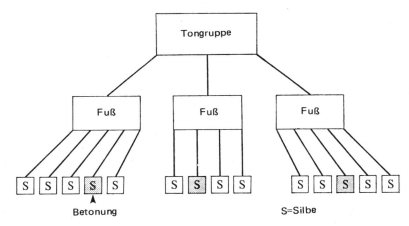

So wird also innerhalb der Tongruppe ein Äußerung Fuß um Fuß geplant. Dies wird untermauert durch die Tatsache, daß transponierte Wörter normalerweise gleich stark betont werden und gleichartige Stellungen in den entsprechenden Füßen einnehmen. Zum Beispiel:

ER FAND EINE TOCHTER: FÜR SEINE SCHÚLE (Er fand eine Schule für seine Tochter)

DAS BÉBEN VERURSACHTE: GROßES TÁL: IM ÉLEND (Das Beben verursachte großes Elend im Tal)

Eventuell ist es die betonte oder 'Haupttonsilbe' in jedem Fuß, die als erste aktiviert wird, da diese Haupttonsilben statistisch gesehen, häufiger an Versprechern beteiligt sind als unbetonte (Boomer und Laver, 1968). Die Bedeutung der Silbe als 'psychologische Realität' wird schließlich noch dadurch bewiesen, daß Versprecher 'hinsichtlich der Silbenstellung einem Strukturgesetz unterliegen' (Boomer und Laver, 1968:7). Das heißt, daß der erste Laut einer Silbe sich auf den Anfangslaut einer anderen Silbe auswirken wird, ein Endlaut auf einen anderen Endlaut, ein Vokal auf einen Vokal wie bei:

 WAND UND LASSER (Land und Wasser)
 UNTERHAUT-MISGLIED (Unterhaus Mitglied)
 KNATEN IN DIE NOSE (Knoten in der Nase).

Fassen wir zusammen: beim skizzenhaften Planen, werden die Schlüsselwörter, die Syntax und die Intonation für die Tongruppe als ganzes festgelegt. Bei der ausführlichen Planung werden die Wörter und Endungen Fuß um Fuß eingepaßt, wobei möglicherweise das betonte Wort in jedem Fuß als erstes aktiviert wird. Zuletzt werden die übrigen nicht betonten Silben eingefügt.

Nun wollen wir zur Wortauswahl und -speicherung übergehen, unserem dritten Teilthema in diesem Abschnitt. Wir können hierzu noch wesentlich mehr aussagen als nur, daß die grundlegenden lexikalischen Einheiten von ihrer phonetischen Form (S. 234) losgelöst werden können. Außerdem können wir auch noch eine Aussage darüber machen, wie die 'Vorstellung' oder semantische Form eines Wortes gespeichert wird und wie die phonetische Speicherung vor sich geht. Wir können auch annehmen, daß ein 'Überwachungsmechanismus' existiert, der überprüft, ob die beiden Formen des Wortes, die semantische und die phonetische, richtig kombiniert wurden. Die eindeutigsten Beweise dafür liefert uns das Experiment des 'Auf-der-Zunge-liegens' (englisch: Tip of the Tongue = TOT) von Roger Brown (Brown und McNeill, 1966). Indirektere Beweise erhalten wir durch Wortwahlfehler.

Roger Browns TOT Experiment war sehr simpel, brachte aber faszinierende Ergebnisse. Er las einer Gruppe von Studenten die Definitionen von relativ ungewöhnlichen Wörtern vor. Wenn zum Beispiel das gesuchte Wort 'Sextant' hieß, so hörten die Studenten die folgende Definition: "Ein Navigationsinstrument zur Winkelmessung von Entfernungen, besonders die Höhe der Sonne, des Mondes und der Sterne auf dem Meer." Einige der Studenten kamen sofort auf das richtige Wort. Aber andere kamen in den Zustand des 'auf der Zunge liegens'. Sie hatten das Gefühl, daß sie das Wort beinahe wüßten, aber nur beinahe. Wenn sie sich in diesem Zustand befanden, bat Brown sie einen Fragebogen über ihre geistige Suchaktion auszufüllen. Zu seiner Überraschung konnte er feststellen, daß die Studenten allerhand Informationen über diese nicht faßbare Benennung angeben konnten. Einige Angaben waren semantisch, andere phonetisch. Zum Beispiel kam als Antwort auf das gesuchte SEXTANT einmal eine Reihe von Wörtern mit ähnlicher Bedeutung KOMPASS, FERNROHR usw. und andere sagten, daß sie sich erinnerten, daß das Wort aus zwei Silben bestünde und mit 'S' anfinge. Sie versuchten zu raten und kamen auf SEXTETT, SEKUNDA und SIXTUS.

Auf der semantischen Seite, läßt dies vermuten, daß die Wörter in 'semantischen Feldern' gespeichert werden — das heißt, alle Wörter mit ähnlicher Bedeutung liegen beieinander. Wenn wir eine 'Vorstellung' eines Wortes suchen, gehen wir in das allgemeine Gebiet, wo es sich 'aufhält', bevor wir uns auf ein bestimmtes Wort festlegen. Wenn Fehler auftreten, so bedeutet das, daß wir nicht präzise genug das Wort ausgesucht haben, das wir brauchen — wie bei GESTERN anstatt 'morgen', HEMD anstatt 'Bluse' und (um ein anderes Beispiel von Browns TOT Experiment zu nennen) BARKE, HAUSBOOT und DSCHUNKE anstatt 'Sampan'.

Phonetisch gesehen, ist die Wortspeicherung nicht ganz so eindeutig. Kinder scheinen die Wörter vor allen Dingen gemäß ihres Rhythmus zu speichern, Erwachsene jedoch legen genausoviel Wert auf den Anfangsbuchstaben. Das sind die Erkenntnisse, die sich aus dem ergeben, was bei den TOT Experimenten geraten wurde und was bei Wortverwechslungen vorkommt.

Bringen Kinder ähnlich klingende Wörter durcheinander, so haben sie fast immer den richtigen Wortrhythmus und auch den richtigen betonten Vokal, wie im englischen Beispiel VIVACIOUS BORDER (lebhaftes Grenzgebiet) für 'herbacious border' (Staudenrabatte) oder HARVEST VEGETABLE (Erntegemüse) für 'harvest festival' (Erntefest). Meistens neigen auch Erwachsene dazu, den richtigen Rhythmus bei Wortverwechslungen beizubehalten, wie bei DER AUSTRALISCHE KREIDEKREIS für 'Der kaukasische Kreidekreis' und KOMPETENZ anstatt 'Konferenz'. Weiterhin stellt Roger Brown fest, daß seine Versuchspersonen ihm oft sagen konnten, wieviele Silben das gesuchte Wort hatte und sie schienen auch zu wissen, wo die Hauptbetonung lag. Doch ist es bei den Erwaschsenen nur eine gewisse Tendenz, den richtigen Rhythmus zu treffen und es gibt eine Reihe von Ausnahmen, wie ANVISIERBAR für 'annehmbar' und TRANSLATION für 'Transformation'. Andererseits haben die Erwachsenen fast immer den richtigen Anfangsbuchstaben sowohl bei Wortverwechslungen als auch beim Erraten eines Wortes, das ihnen auf der Zunge liegt. Bei Kindern trifft dies jedoch nicht zu wie bei DOSENKOHL für 'Rosenkohl', BRUMMITIER für 'Gummitier' und MARSCHIERBAHNHOF für 'Rangierbahnhof'.

So können wir vorläufig einmal die Behauptung aufstellen, daß Kinder nach phonetischen Wortformen vor allem aufgrund ihres Rhythmus suchen, sie danach identifizieren und erst später die Laute zu diesem Grundmuster hinzufügen. Doch bei Erwachsenen werden die Wortformen meist sowohl durch den Anfangsbuchstaben als auch durch den Rhythmus identifiziert (eventuell aufgrund des Lesenlernens). (Wie jedoch immer in der Psycholinguistik ist das Beweismaterial nicht ganz eindeutig, denn es gibt auch noch eine Reihe anderer Faktoren, die beim Gedächnis eine Rolle spielen wie zum Beispiel das Vorhandensein einer Reimendung. Dies spielte eindeutig eine Rolle, bei dem Auswahlverfahren eines Kindes, das dann fälschlich zu ORGANISIERTE (Pasteurisierte) MILCH führte und bei dem Erwachsenenbeispiel der Verwechslung von INCINERATOR für 'Inkubator').

Außer unserer Annahme eines getrennten phonetischen Speichers, können wir auch noch (wie oben schon angedeutet), die Existenz eines 'Überwachungsmechanismus' postulieren, der nachprüft, ob jedes Wort in die richtige phonetische Form gekleidet wurde:

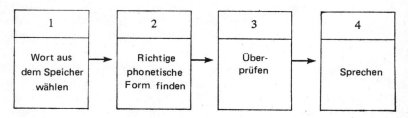

Das Vorhandensein eines Überprüfungsmechanismus wird noch weiter untermauert durch die Tatsache, daß es bei den Fehlern der Erwachsenen oft sowohl einen phonetischen als auch einen semantischen Grund für die Verwechslung gibt. So zum Beispiel bei der angeführten Verwechslung des englischen INCINERATOR für 'incubator' (Verbrennungsofen/Brutkasten). Hier hat der Sprecher nicht nur ein Substantiv gesagt, das dem beabsichtigten ähnlich klingt, sondern auch eines, das ebenfalls etwas mit Hitze zu tun hat.

Wir können uns also den Vorgang etwa so vorstellen: Ein Sprecher sucht ein Wort aus dem Speicher heraus, dann sieht er nach, welche phonetische Form es hat. Möglicherweise entscheidet er sich zuerst nur für einige grobe Anhaltspunkte, in diesem Falle ein Wort, das aus mehreren Silben besteht, mit 'in-' anfängt und auf '-ator' endet. Steht er zu sehr unter Zeitdruck, so kann es sein, daß er irrtümlich ein Wort wählt, das dem, das er sucht ähnlich ist, wie INCINERATOR oder ähnliches anstatt 'incubator'. Um sicherzustellen, daß nicht zuviele falsche Wöter gesagt werden, macht er dann eine routinemäßige Überprüfung, um zu sehen, ob die phonetische Form und die Bedeutung zusammen passen. Gäbe es keine solche Überprüfung, so stießen wir wahrscheinlich auf wesentlich mehr rein phonetische Wortverwechslungen die keinen Bezug mehr zum Thema hätten. Es ist anzunehmen, daß viele äußerst ausgefallene Verwechslungen in diesem Fangnetz, das sie Überprüfung darstellt, hängenbleiben und niemals gesagt werden. Viele von denen, die gesagt werden, sind durch dieses Netz geschlüpft, das hier offensichtlich nicht engmaschig genug war. Anders gesagt, ein Sprecher, der sich nicht sehr stark konzentriert, könnte zufällig ein Wort durchgehen lassen, das phonetisch und semantisch einigermaßen paßt, selbst wenn es tatsächlich das falsche ist. Besonders bei der Sprache der Dysphatiker scheint dieser Überprüfungsmechanismus sehr geschwächt zu sein. Es entsteht der Eindruck bei Dysphatikern, daß sie ein weit größeres Ausmaß an unpassenden Wörtern durchlassen, wenn es nur eine noch so geringe Verbindung im Klang und der Bedeutung gibt (wie bei KRAUCHEN für 'schwimmen', ausgelöst durch KRAUCHEN für 'tauchen' und TAUCHEN für 'schwimmen'). Selbst wenn die erste Kontrolle versagt und ein Wort durchläßt, gibt es natürlich noch eine zweite Kontrolle, nachdem der Sprecher es gesagt hat. Bemerkt der Sprecher seinen Fehler, so sagt er, "Tut mir leid, ich meinte . . ." und fängt den Satz noch einmal von vorne an.

Das allgemeine Bild, das sich aus den Wortauswahlfehlern ergibt, ist, daß es sich hier um ein eingeübtes Verhalten handelt, das unter großem Zeitdruck ausgeführt wird, in so großer Eile, daß der Sprecher keine Zeit hat jedes Wort im Detail zu überprüfen. Genau wie der Hörer beim Verstehen von Sprache perzeptorische Strategien benutzt (Abkürzungen, die es ihm ermöglichen, schnelle Schlüsse über das zu ziehen, was er hört), so werden beim Produzieren von Sprache möglicherweise Produktionsstrategien angewandt. Der Sprecher findet in seinem inneren Speicher ein Wort, das grob gesehen die richtigen Merkmale besitzt. Er hat nicht genügend Zeit, um jeden einzelnen Bestandteil des Wortes genau zu überprüfen, sondern verläßt sich hier vielleicht auf einen Überwachungsmechanismus, der die unpassenden Wöter vor dem Sprechen aussiebt. Wenn allerdings, ein Wort zufällig einige phonetische und semantische Ähnlichkeit mit dem Wort, das er sucht, aufweist, ist es gut möglich, daß es bei der Überwachung durchschlüpft und gesagt wird.

Was bringt uns nun das alles? Nicht sehr viel, verglichen mit dem, was wir über das Dekodieren herausfinden konnten. In unserem Wissen klaffen immer noch große Lücken und vieles, von dem, was wir anführten ist rein hypothetisch. Wir sind uns darüber klar geworden, daß der Mensch, um einen Satz auszusprechen eine ganze Reihe komplizierter und sich überschneidender Tätigkeiten ausführen muß, eine Leistung, die er vollbringen kann, indem er sich auf ein rhythmisches Prinzip verläßt. Die Äußerungen werden Tongruppe um Tongruppe zusammengestellt. Innerhalb der Tongruppe sind sie Fuß um Fuß organisiert und innerhalb des Fußes, Silbe um Silbe. Was die Wortspeicherung und -auswahl angeht, so wird wohl die 'Vorstellung' von einem Wort als erstes ausgesucht und dann später in eine phonetische Form gekleidet.

Wie man dies nun alles in ein zusammenhängendes linguistisches Modell einbringen kann, ist immer noch eine offene Frage. Als Nachwort zu diesen Ausführungen über die Probleme der Sprachplanung und -produktion können wir vielleicht die Worte einer Figur in Oscar Wildes Stück 'Bunbury' zitieren, die meinte: "Die Wahrheit ist niemals rein und selten einfach."

12. Kapitel

Kassierer oder Hippopotamus?

Die Zukunft der Psycholinguistik

> Er dachte, er hätte einen Kassierer gesehen,
> aussteigen aus einem Bus:
> Er schaut nochmal
> und kommt zum Schluß
> 's ist ein Hippopotamus.
>
> Lewis Carroll
> *Sylvie und Bruno*

Wir kommen nun zum Ende der Betrachtung des Menschen als sprechendes Wesen. Doch ganz offensichtlich ist das nicht das Ende, was die Psycholinguistik angeht. Wie dieses Buch bewiesen hat, so ist die Psycholinguistik eine Disziplin, in der es noch viele widersprüchliche Meinungen gibt. Sehr oft können anscheinend eindeutige Daten in sehr verschiedener Weise ausgelegt werden. Oft stellt der Psycholinguist fest, daß er sich in derselben Lage befindet wie die Figur von Lewis Carroll, die sich nicht ganz sicher ist, ob sie einen Kassierer sieht oder ein Hippopotamus.

Angesichts dieser Situation wäre es wohl reichlich optimistisch zu glauben, man könne die zukünftige Entwicklung der Disziplin irgendwie zuverlässig voraussagen. Es sieht jedoch so aus, als schälten sich gewisse Forschungsrichtungen als wesentlich heraus, von denen einige in diesem Buch erwähnt oder angedeutet sind. Um welche handelt es sich hier? Dies läßt sich vielleicht am besten erklären, wenn wir nochmals kurz überblicken, welche Schlußfolgerungen wir bis jetzt ziehen konnten und aufzeigen, welche Fragestellungen sich daraus ergeben.

Allgemeine Schlußfolgerungen

Wie wir in der Einleitung schon feststellen, kann man drei Themen der Psycholinguistik als besonders wichtig herausheben: die Frage des Angeborenen, die Beziehung zwischen linguistischem Wissen (wie es in der Transformationsgrammatik erfaßt ist) und Sprachgebrauch, das Verstehen und Produzieren von Sprache – diese drei Gebiete waren auch das Hauptanliegen dieses Buches.

Wir kamen auf die Frage des Angeborenen durch die Beschreibung der 'Anlage-Umwelt' Kontroverse. Ist die Sprache ein 'natürliches' Phänomen so wie laufen oder Sexualität? Oder ist es eine Fertigkeit, die wir lernen so wie stricken? Es wurde deutlich, daß Skinners Versuche, die Sprache als rein angelerntes Verhalten zu erklären, kläglich scheiterten. Der Anspruch, die Kunststückchen von Ratten erklärten die Sprache, entbehrt jeder Grundlage. Es ist nicht nur so, daß Tierexperimente ohne Bedeutung für den Spracherwerb sind, sondern auch die Sprache selbst entpuppt sich bei näherem Hinsehen als wesentlich komplexer als man es sich gemeinhin vorstellt. Wie wir feststellten, schuf dies Probleme. Wenn die Psycholinguisten unfähig sind, den Spracherwerb durch einfache Lerntheorien zu erklären, wie können Menschen dann in so relativ kurzer Zeit ihre Sprache beherrschen lernen? Ein Lösungsvorschlag kam von Chomsky: er meint, daß die Fähigkeit des Menschen sprechen zu lernen, angeboren und nicht angelernt ist — daß die Spezies Mensch vorprogrammiert ist für die Sprache. Dieser Möglichkeit sind wir dann in einigen der nächsten Kapitel nachgegangen.

Im zweiten Kapitel verglichen wir die menschliche Sprache mit der Kommunikation bei Tieren. Wir kamen zu der Überzeugung, daß, soweit bis jetzt erkennbar, die Spezies Mensch, die einzige ist, die Sprache besitzt. Obwohl auch bei einigen tierischen Kommunikationssystemen manche der Wesensmerkmale der menschlichen Sprache zu finden sind, gibt es doch kein System, das sie alle in sich vereinigt. Betrachtet man die Versuche, den Schimpansinnen Washoe und Sarah ein vereinfachtes Sprachsystem beizubringen, so muß man feststellen, daß ihre Leistungen hier nicht sehr beeindruckend sind, wenn man sie mit denen der menschlichen Kinder vergleicht. Es sieht so aus, als könnten Schimpansen ein sprachähnliches System erlernen, ohne aber von Natur aus darauf eingerichtet zu sein, es zu erlernen. Kurz gesagt, die Ergebnisse der Tierexperimente lassen vermuten (wenn sie es auch nicht beweisen), daß die Sprache beim Menschen eine von Geburt an angelegte und vorprogrammierte Fähigkeit ist.

Im dritten und vierten Kapitel untersuchten wir das einschlägige biologische Beweismaterial. Es wurde deutlich, daß anscheinend sowohl das Gehirn als auch die Zähne, die Zunge und die Stimmbänder den Bedürfnissen der Sprache angepaßt wurden. Ferner zeigten wir auf, daß das Sprechen die Koordination so vieler verschiedenartiger Tätigkeiten verlangt, daß es wahrscheinlich erscheint, daß der Mensch von der Natur darauf vorbereitet wurde, mit diesen Aufgaben fertig zu werden. Weiterhin stellt sich heraus, daß die Sprache alle Merkmale eines biologisch ausgelösten Verhaltens trägt. Sie tritt dann auf, wenn die Person einen gewissen Reifegrad erreicht hat und entwickelt sich dann nach ihrem eigenen natürlichen Rhythmus, indem eine mehr oder weniger verbindliche Abfolge von Meilensteinen eingehalten wird. Direkte Unterweisung und intensive Übung haben anscheinend nur recht geringen Erfolg. Dies bringt uns zu der festen Überzeugung, daß es biologische Beweise für eine angeborene Sprachfähigkeit gibt.

Im nächsten Schritt versuchten wir herauszufinden, was nun genau angeboren ist. Wir begannen damit im fünften Kapitel mit der Beschreibung der Ansichten Noam Chomskys, der davon ausgeht, daß jedes Kind mit einem 'Spracherwerbsmechanismus' ausgestattet ist, der einige recht klar umrissene Eigenschaften hat. Im sechsten und siebten Kapitel wurde der Spracherwerb unter Berücksichtigung der Hypothesen Chomsky behandelt. Es zeigte sich, daß Kinder instinktmäßig erfassen, daß die Sprache von Regeln beherrscht wird, und daß sie wohl von Natur aus darauf eingerichtet sind hierarchische Strukturen und struktur-abhängige Operationen zu erkennen. Chomskys Theorie, daß Kinder darauf vorbereitet seien, zwei Strukturebenen zu erkennen — eine Tiefen- und eine Oberflächenebene — wurde von den vorhandenen Beweisen nicht gestützt. Es scheint so, daß stattdessen die Kinder die Sprache aus dem Wirrwar von Gesprochenem den sie um sich herum hören, herausschälen, indem sie einer Reihe von angeborenen 'Operationsprinzipien' folgen. Mit anderen Worten, sie wissen im voraus verhältnismäßig wenig über die tatsächliche Form der Sprache, dafür haben sie aber erstaunliche Fähigkeiten zur Verarbeitung von linguistischem Datenmaterial.

Den Inhalt der Kapitel eins bis sieben können wir dahingehend zusammenfassen, daß wir überzeugende Beweise dafür gefunden haben, daß die Sprachfähigkeit des Menschen angeboren ist. Als es aber darum ging, genau in den Griff zu bekommen, was denn angeboren sei, stießen wir auf Schwierigkeiten. Chomskys Annahme, daß Kinder mit einem äußerst strukturierten Mechanismus für den Spracherwerb ausgestattet sind, der eine gewisse Anzahl formaler linguistischer Universalien enthält, ist wohl etwas zu optimistisch. Die beweisbaren Tatsachen bieten keine Grundlage für eine solche Behauptung. So kamen wir zu der Ansicht, daß es wahrscheinlicher erscheint, daß die Kinder eine angeborene Fähigkeit zur Verarbeitung sprachlicher Daten haben, es ist jedoch noch nicht klar, ob diese Fähigkeit allein der Sprache zueigen ist oder von anderen allgemeineren kognitiven Fähigkeiten abhängt.

Im restlichen Teil des Buches behandelten wir die Sprache der Erwachsenen. Die Kapitel acht und neun waren zwei Hauptthemen gewidmet: in welcher Verbindung steht Chomskys generative Transformationsgrammatik mit dem tatsächlichen Gebrauch der Sprache? Als erstes erklärten wir, wieso man überhaupt darauf kommt, daß es so etwas wie eine Transformationsgrammatik gibt. Dann stellte sich heraus, daß eine solche Grammatik unmöglich ein direktes Modell dafür sein konnte wie ein Sprecher wirklich Äußerungen versteht und produziert. Stattdessen ist es eine Hypothese über das gespeicherte sprachliche Wissen eines Sprechers. Dies bedeutet, daß eine Transformationsgrammatik das 'linguistische Archiv' beschreibt, das jemandem, der einen Satz produziert oder versteht, für Rückfragen zur Verfügung steht. Wie intensiv man dieses Archiv nutzt, ist aber je nach Satz unterschiedlich. Man kann nicht ernsthaft behaupten, daß die Transformationsgrammatik eine 'psychologische Tatsache' sei. Beim augenblicklichen Stand der Dinge ist sie lediglich die brauchbarste Theorie, die formuliert wurde, um das linguistische Wissen zu beschreiben und zu erklären, das jeder, der eine Sprache 'beherrscht; in sich tragen muß.

Nachdem wir nun zu dem eindeutigen Schluß gekommen waren, daß Transformationsgrammatik uns nicht hilft zu erklären wie eine Person tatsächlich ihre Sprache gebraucht, kamen wir zu unserem letzten Thema: was geschieht nun eigentlich genau, wenn jemand eine Äußerung versteht oder produziert?

Im zehnten Kapitel ging es um den Vorgang des Verstehens. Wir stellten fest, daß die Menschen in erstaunlichem Maß das hören, was sie erwarten zu hören. Sie suchen nach bestimmten Hinweisen, wenn sie dekodieren, haben sie sie gefunden, so folgern sie daraus sofort, was der Sprecher wohl sagt. Mit anderen Worten, man benutzt Wahrnehmungsstrategien oder Abkürzungen beim Verstehen von Sprache. Sätze sind dann schwer zu verstehen, wenn die Wahrnehmungsstrategien nicht funktionieren oder wenn weitere allgemeinere Schwierigkeiten hinzukommen wie z.B. rückweisende Verarbeitung.

Im elften Kapitel behandelten wir die Sprachproduktion. Es stellte sich heraus, daß dies ein sehr komplexer Vorgang ist, wobei jeder Teilsatz im Ansatz geplant wird, während der vorhergehende ausgesprochen wird. Möglicherweise werden zuerst die Schlüsselwörter, der Syntaxentwurf und die Intonation bereitgestellt und dann werden die übrigen Wörter und Endungen an den richtigen Stellen eingefügt. Die Organisation und Zusammenfügung der verschiedenen Bestandteile des Teilsatzes basieren auf einem rhythmischen Prinzip. Die Tongruppe stellt die Planungseinheit dar. Jede Tongruppe kann in Füße unterteilt werden, jeder Fuß wiederum in Silben, die dann den grundlegenden Takt bestimmen. Einiges spricht auch dafür, daß die eigentliche phonetische Form eines Wortes erst festgelegt wird, nachdem zuvor eine gewisse 'Vorstellung' von ihm aus dem Speicher abgerufen wurde.

Wir wollen noch einmal zusammenstellen, zu welchen Schlußfolgerungen wir nach Behandlung dieser drei Themen gelangten.

Als erstes war festzuhalten, daß irgendetwas, das mit der Sprache zu tun hat, angeboren ist, jedoch könnte sich dieses Etwas auch sehr wohl mit anderen kognitiven Fähigkeiten überschneiden. Wie das aber genau aussieht, konnte bis jetzt nicht definiert werden.

Als zweites erkannten wir, daß eine Transformationsgrammatik relativ nutzlos ist, wenn es darum geht zu erklären wie wir Gesprochenes verstehen und produzieren. Das Verbindungsglied zwischen sprachlichem Wissen (wie es in einer Transformationsgrammatik dargestellt ist) und der Benutzung der Sprache ist höchst vage. Somit kamen wir zu der Überzeugung, daß die Transformationsgrammatik psychologisch gesehen nur in sehr geringem Maße eine Tatsache darstellt und selbst dies ist noch sehr diskutabel.

Als drittes, sahen wir, daß die Menschen Sätze unter Benutzung einiger Abkürzungen oder perzeptorischer Strategien verstehen, die das umfassen, was sie zu hören erwarten. Beim Produzieren der Sprache wenden sie eine Reihe sich überschneidender Verfahren an, deren richtige Anordnung von einem rhythmischen Prinzip abhängt.

Wohin führt uns dies alles nun? Mit dieser Frage werden wir uns jetzt befassen.

Zukunftsperspektiven

Die Hauptaufgabe in der Zukunft besteht darin, die Arbeit, die unabhängig voneinander von Psychologen und Sprachwissenschaftlern durchgeführt wurde, zu integrieren. Die Kooperation und die Koordination müssen gefördert werden. Doch diese Forderung nach Integration ist etwas sehr vages. Konkreter können wir angeben, welche die zwei Hauptthemen sind, die während des nächsten Jahrzehnts die Aufmerksamkeit der Psycholinguisten in Anspruch nehmen werden:

1. *Die Beziehung der Sprache zu den allgemeinen kognitiven Fähigkeiten.* Wir müssen wissen, inwieweit die Sprache von einem bestimmten Sprachbestandteil im Gehirn und inwieweit sie von den allgemeinen kognitiven Fähigkeiten abhängt.

2. *Die Entwicklung eines Grammatikmodells, das den psychologischen Gegebenheiten entspricht.* Es wäre wichtig, eine engere Verbindung zwischen einem Grammatikmodell und dem herzustellen, was im Gehirn von jemandem abläuft, der Sprache versteht und produziert.

An das erste Problem kann man auf verschiedene Weise herangehen. Ein vielversprechender Weg scheint die weitere Untersuchung der Kindersprache zu sein. Im siebten Kapitel stellten wir fest, daß Kinder anscheinend mit einem Mechanismus zur 'Rätsellösung' ausgestattet sind, der es ihnen ermöglicht, Sprache aus dem zu erkennen, was um sie herum vorgeht. Es ist offensichtlich, daß wir mehr über die Verfahrensweisen wissen müssen, die ein Kind bei dieser Aufgabe anwendet. Zu diesem Zweck müssen unbedingt Informationen über eine ganze Reihe weiterer Sprachen gesammelt werden. Psycholinguisten haben begonnen, diese Daten zu sammeln aber wir müssen unbedingt noch mehr über den Erwerb von Sprachen wissen, die sich in der Struktur vom Englischen unterscheiden. So werden wir schließlich in der Lage sein, unsere Liste der Verfahrensweisen zu vervollständigen und festzustellen, welche allgemeingültig sind und welche sich von Kind zu Kind unterscheiden. Unter den Allgemeingültigen hoffen wir dann herauszufinden, die nur der Sprache eigen sind und die, die bei anderen Arten der Problemlösungen auftreten.

Natürlich kann für uns nicht nur die Untersuchung der Verfahrensweisen der Kinder aufschlußreich sein. Auch andere Aspekte der Kindersprache bringen uns weiter. Nützliche Hinweise über die Beziehung zwischen Sprache und kognitiven Fähigkeiten können wir zweifellos auch erhalten, wenn wir der gesamten Umwelt des Kindes mehr Aufmerksamkeit widmen, besonders der Sprechweise der anderen Familienmitglieder und der Entwicklung des Kindes bei anderen geistigen Tätigkeiten. Es gibt auch tatsächlich Anzeichen dafür, daß dieser integrierte Ansatz an Bedeutung gewinnt.

In diesem Zusammenhang sollte vielleicht kurz die 'funktionale-interaktionale' Theorie des Spracherwerb erwähnt werden, die von Wissenschaftlern wie Michael Halliday (1975) propagiert wird. Streng genommen ist Halliday eher ein Soziolinguist als ein Psycholinguist, und er wendet bei seiner Arbeit soziolinguistische Techniken an. Er analysierte die Sprache seines Sohnes Nigel unter dem Gesichtspunkt der 'kommunikativen Funktionen' der Sprache. Zum Beispiel stellt eine Äußerung, wie KUCHEN eine instrumentale Funktion dar, d.h. 'Ich will' und HALLO hat eine interaktionale Funktion. Obwohl eine Reihe von Psycholinguisten meinen, daß diese Art der Unterteilung zu subjektiv sei, um zuverlässig zu sein, ist es ohne Zweifel sehr nützlich, eine Untersuchung der Kindersprache von einem ganz anderen Standpunkt aus durchzuführen.

In den nächsten zehn Jahren wird das zweite Hauptthema der Psycholinguistik die Entwicklung eines den psychologischen Gegebenheiten entsprechenden Grammatikmodells sein. Dies ist vielleicht interessanter, aber auch wesentlich komplizierter. Hier sieht es so aus, als wäre man dabei, nun auf etwas andere Weise an das Problem heranzugehen als in der Vergangenheit. In den letzten Jahren war man stillschweigend davon ausgegangen (manchmal wurde es auch ausdrücklich gesagt), daß die Aufgabe der Linguisten darin bestehe, Grammatikmodelle aufzustellen, während die Psycholinguisten sie dann überprüfen sollten und zu erklären hätten wie sie funktionierten. Ergebnis dieser künstlichen Arbeitsteilung war es dann, daß die Linguisten ein Transformationsmodell der Sprache vorschlugen, das das sprachliche Wissen beschrieb aber den Sprachgebrauch fast völlig ignorierte. Wie wir gesehen haben, wissen wir bis jetzt nicht einmal, ob die Transformationsgrammatik das sprachliche Wissen den psychologischen Tatsachen entsprechend beschreibt oder nicht. Doch gerade diese Schwäche des Verbindungsgliedes zwischen Grammatik und Sprachgebrauch zeigt auf, daß etwas nicht stimmt. Es scheint wahrscheinlich, daß ein solches Modell, das von einer abstrakten Tiefenebene der Syntax ausgeht, durch ein anderes ersetzt werden muß, das Wissen und Gebrauch in engere Beziehung setzt.

Die Notwendigkeit, sprachliches Wissen und Verwendung der Sprache miteinander zu verbinden, hat für die Psycholinguistik bedeutende Auswirkungen: die Aufgabe der Psycholinguisten besteht darin, mehr Erkenntnisse über den Sprachgebrauch zu gewinnen, damit die reinen Linguisten sich der Dinge, die ihre Theorien erklären sollen, bewußter werden.

Wie sollen wir das anpacken? Sicherlich kann man die Arbeit über Kodieren und Dekodieren fortsetzen. Was das Kodieren betrifft, so sind die Untersuchungen der Versprecher noch relativ neu und es gibt hier noch viel zu tun, vor allem in anderen Sprachen als Englisch. Bis vor kurzem, war man der Ansicht, daß die Versprecher eine Sache der Phonetiker und einiger Neurolinguisten seien. Wie sich aber gezeigt hat, können sie einen wichtigen Informationsbeitrag zu dem leisten, was geschieht, wenn wir Äußerungen produzieren. Auch die Arbeit über die Wahrnehmungsstrategien der Hörer beim Dekodieren eines Satzes steckt noch in den Kinderschuhen. Insbesondere wäre es interessant herauszufinden, welche Strategien an eine bestimmte Sprache gebunden und welche allgemeingültig sind. Wiederum würde das Untersuchungen von anderen Sprachen als Englisch bedeuten.

Doch kann man Aufschlüsse über ein psychologisch zutreffendes Grammatikmodell nicht nur vom Kodieren und Dekodieren gewinnen, sondern auch von anderen Aspekten der Sprache. Zwei Randgebiete der Psycholinguistik, die hier einen Beitrag leisten können, sind Sprachveränderung und Sprachvariation (wie wir sehen werden, sind die beiden allerdings nicht völlig unabhängig voneinander).

Untersuchungen der auslösenden Faktoren sprachlicher Veränderungen können uns Einblicke in die Mechanismen verschaffen, die der Sprache zugrundeliegen. Zum Beispiel ist vor kurzem vorgeschlagen worden, daß ein möglicher Grund für Veränderungen ein Ungleichgewicht zwischen den Anfoderungen an die Erkenntnis und der Gedächtniskapazität besteht (Bever und Langendoen, 1972). Das bedeutet, daß Formen, die leicht zu behalten sind nicht unbedingt auch leicht zu erkennen sind, und daß dies zu Veränderungen in der Grammatik führen kann. Anscheinend ist das im Mittelenglischen geschehen. Irgendwann zwischen dem elften und fünfzehnten Jahrhundert wurden die Endungen der englischen Substantive stark vereinfacht. Eindeutig verschaffte das dem Gedächtnis eine große Erleichterung. Die Vereinfachung verursachte aber Schwierigkeiten beim Erkennen eines Relativsatzes. Ursprünglich war es so, daß eine Person oder eine Sache, die gleichzeitig das Objekt des Hauptsatzes und das Subjekt des Relativsatzes war, zweimal erwähnt werden mußte: einmal als Objekt des Hauptsatzes und einmal als Subjekt des Relativsatzes. Doch als die Subjekt- und Objektendungen dann gleich wurden, mußte das gemeinsame Wort nur einmal auftreten: z.B.

> LETE FETCHE THE BEST HORS MAYE BE FOUNDE / Fetch the best horse that can be found (Hole das beste Pferd, das zu finden ist) (Malory, 15. Jahrhundert).

Das bedeutet aber wiederum, daß es nicht immer leicht war, schnell zu erkennen, welches Verb zum Hauptsatz und welches zum Nebensatz gehörte. Diese perzeptorischen Schwierigkeiten mögen dazu geführt haben, daß ein einleitendes Wort wie WHO oder THAT (Relativpronomen 'der', 'die' und 'das') für diese Art von Relativsätzen obligatorisch wurde.

Die Art von Sprachänderungen, wie sie im obigen Abschnitt erklärt wurde, gibt uns wichtige Aufschlüsse darüber, welche Grenzen wir innerhalb eines psychologisch zutreffenden Grammatikmodells berücksichtigen müssen. Genauso hilfreich sind hier die Hinweise, die wir durch die Untersuchung der Sprachvariationen erhalten. Hier geht es um Variationen, die einer bestimmten Art von linguistischer 'Regel' gehorchen. Eine Regel nämlich, die einen aktiven Vorgang bestimmt. Es gibt syntaktische Regeln dieser Art, aber es ist wohl am einfachsten, hier phonologische Beispiele anzuführen. Es ist zum Beispiel leicht zu erkennen, daß die meisten Englischsprecher einer Ausspracheregel gehorchen, die u.a. besagt 'Füge R am Ende einer Verbendung mit -AW ein, wenn sie vor dem Artikel A steht':

z.B. I SAW (R) A HIPPOPOTAMUS (Ich sah ein Hippopotamus)
PLEASE DRAW (R) A PICTURE (Bitte, male ein Bild).

Viele Menschen befolgen auch unbewußt eine Regel, die besagt: 'Beim schnellen Sprechen kann man das T am Ende von Wörtern, wie HOT auslassen, wie bei HO(T) WATER BOTTLE (Wärmflasche)'. Im Deutschen können wir etwas ähnliches mit E beobachten, man kann sagen ATEM oder AT'M.

Sammeln wir alle diese Regeln, so sehen wir, daß es in der Sprache jeder einzelnen Person eine ganze Reihe davon gibt. Es wäre hilfreich, wenn man feststellen könnte, mit wievielen Regeln dieser Art ein Mensch fertig werden kann. Wir möchten auch wissen, welche gegenseitigen Beziehungen zwischen solchen Regeln bestehen, wenn sie aufeinanderstoßen. Wir müssen erkennen, wie diese Regeln sich ändern und wie eine Veränderung dieser Regeln sich auf die gespeicherte lexikalische Form von Wörtern auswirkt. Ein viel zitiertes Beispiel kann das letztgenannte vielleicht etwas verdeutlichen. Zu einem Zeitpunkt war die Standardaussprache der englischen Wörter wie WHAT und WHEN [hwot] und [hwen] mit Aspiration am Wortanfang — beim schnellen Sprechen jedoch wurde die Aspiration oft ausgelassen und man sagte [wot] und [wen]. Anders gesagt, die Sprecher speicherten die lexikalischen Formen [hwot] und [hwen] und eine unbewußte Regel 'Beim schnellen Sprechen H auslassen'. Schließlich wurden [wot] und [wen] die normalen Wortformen, das bedeutet, daß es irgendwann eine Veränderung im Speicher von [hwot] und [hwen] zu [wot] und [wen] gegeben haben muß. (Einer nicht bestätigten Theorie zufolge, vollzieht sich ein solcher Wandel beim Übergang von einer Generation auf die andere). Heutzutage gibt es immer noch einige Englischsprecher, die das H ganz bewußt beim sorgfältigen Sprechen einfügen und die einen Unterschied in der Aussprache von WHICH (welche) und WITCH (Hexe) deutlich machen wollen. Man vergleiche im Deutschen die Aussprache von GEHEN, die im Normalfall [ge:ən] ist aber bei überdeutlichem Sprechen wird das H mitgesprochen. [ge:hən]. Zurück zu unserem englischen Beispiel, hier haben manche Leute jetzt eine Regel 'Füge H vor W beim sorgfältigen Sprechen ein'. Somit haben wir eine seltsame Sachlage: was einmal eine Auslassungsregel war, ist nun zu einer Einfügungsregel geworden. Dieses Beispiel ist sicherlich ein sehr simples. Komplexe Vorgänge dieser Art könnten uns verdeutlichen, welche Vorgänge im Kopf eines Sprechers psychologisch gesehen wirklich ablaufen.

In dieser Übersicht wurden einige Gebiete hervorgehoben, die in den nächsten zehn Jahren die Psycholinguisten sehr wahrscheinlich stark beschäftigen werden. Einerseits interessieren sich die Psycholinguisten immer mehr für die Beziehungen zwischen der Sprache und anderen kognitiven Fähigkeiten. Darüber können wir durch weitere Untersuchungen des kindlichen Spracherwerbs mehr Erkenntnisse gewinnen — besonders durch eine Beschäftigung mit den Verfahrensweisen, die ein Kind benutzt, um Regeln aus dem bunten Gemisch der Äußerungen um sich herum abzuleiten sowie durch die Einbeziehung der gesamten Umwelt des Kindes. Andererseits werden die Psycholinguisten wohl weiter an dem Problem des psychologisch Gegebenen arbeiten — Ermittlung der Faktoren, die in einem psychologisch zutreffenden Grammatikmodell berücksichtigt werden müssen.

Zur Lösung dieser Aufgaben muß noch viel Forschungsarbeit über Versprecher und perzeptorische Strategien betrieben werden. Außerdem gibt es noch zwei Gebiete, die vielversprechende Ergebnisse vermuten lassen:

Sprachveränderungen und Sprachvariationen. Diese Ausgangssituation mit den verschiedenen Perspektiven ist im folgenden Diagramm dargestellt:

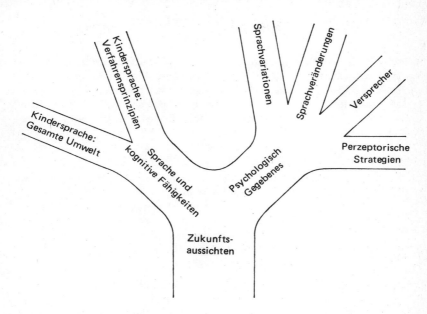

Alle diese Themen scheinen viele Möglichkeiten in sich zu bergen — angesichts des umstrittenen Charakters dieses Forschungsgegenstandes, hielt ich es jedoch für angeraten, keines als den Hauptzweig hinzustellen. Ich habe auch viel Raum gelassen, in dem sich neue Zweige entwickeln können: die Psycholinguistik stellt ein Forschungsgebiet dar, in dem die Forscher mit einigen Überraschungen rechnen müssen. Es könnte sein, daß ein bis dahin totgeglaubtes und vergessenes Gebiet plötzlich wieder zum Leben erwacht. Ein Forschungsbereich, der lebt und an dem gearbeitet wird, 'treibt laufend neue Blätter aus altem Holz und manchmal prangt der Busch ganz plötzlich mit Blüten einer neuen Farbe' (A.L. Lloyd).

Anmerkungen und Hinweise auf weitere Literatur

In diesem Abschnitt werden einige Hinweise auf weitere Literatur gegeben. Ich habe versucht, sie auf ein Minimum zu beschränken, da die empfohlenen Bücher auch Literaturverzeichnisse enthalten, auf die man im Bedarfsfall zurückgreifen kann. Ich habe hier auch auf einige übermäßige Vereinfachungen oder Einseitigkeiten in diesem Buch hingewiesen, die den Anfänger verwirren könnten.

Einleitung

Die Unterscheidung die hier zwischen psychologisch- und linguistisch-orientierten Psycholinguisten getroffen wurde, ist wohl zu vereinfachend. Bei den psychologischen Psycholinguisten unterscheidet man die Experimentalpsychologen und die Entwicklungspsychologen. Letztere stellen das Verbindungsglied zwischen den Psychologen und den Linguisten dar, da sie sowohl natürliche Daten als auch Ergebnisse von Experimenten berücksichtigen — wie bei den Arbeiten von Roger Brown und Dan Slobin.

Wer sich mit der Linguistik vertraut machen will, kann auf eine Vielzahl von grundlegenden Büchern zurückgreifen. Welches gewählt wird, hängt allein von den Bedürfnissen des Lesers ab. Die meisten, die hier aufgezählt werden (und zwar in alphabetischer Reihenfolge nach dem Namen des Autors), orientieren sich in Richtung der generativen Transformationsgrammatik (TGG), welches auch die Art von Linguistik ist, die in diesem Buch behandelt wurde und die im Augenblick die größte Bedeutung in diesem Forschungsgebiet hat:

AITCHISON, JEAN, General Linguistics (London: English Universities Press, Teach Yourself Books, 1972). Eine kurze und allgemeine 'Einführung in die Einführungen' in die Linguistik.
AKMAJIAN, A., und F. HENY, An Introduction to the Principles of Transformational Syntax (Cambridge, Mass: MIT Press, 1975). Ein umfassendes und übersichtliches Lehrbuch.
BACH, E., Syntactic Theory (New York: Holt, Rinehart and Winston, 1974). Eine nützliche, allerdings sehr gedrängte Beschreibung der TGG Syntax und der sich daraus ergebenden theoretischen Probleme.
GRINDER, J.T., und S.H. ELGIN, A Guide to Transformational Grammar (New York: Holt, Rinehart and Winston, 1973). Gibt an ein Intensivkurs für Anfänger zu sein: Transformationsgrammatik in einem Semester.

LANGACKER R.W., Sprache und ihre Struktur, Grundbegriffe der Linguistik (Niemeyer, 1976). Eine etwas vage, aber leicht zu lesende Einführung in die Transformationsgrammatik.

LYONS' J., Noam Chomsky, (München dtv, 1976). Ein guter Führer durch Chomskys Syntactic Structures (1957), das Bändchen, das die Sprachwissenschaft 'revolutionierte'.

SAMPSON, G., The Form of Language (London: Weidenfeld and Nicolson, 1975). Ein nützliches, nicht technisches Buch, das die Theorien Chomskys und ihre Bedeutung für die anderen Geisteswissenschaften untersucht.

1. Kapitel

Dieses Kapitel basiert zum großen Teil auf Chomskys Rezension von Skinners Buch 'Verbal Behavior'. Dieser Artikel, der jetzt schon ein linguistischer Klassiker ist, stellt vielleicht den besten Ausgangspunkt für ein Verständnis der Gestaltung der Spracherwerbsforschung in den sechziger Jahren dar:

CHOMSKY, N., Review of Skinner's Verbal Behavior, Language 35 (1959)

In deutsch erschienen in HALBE, H. (Hrsg): Psycholinguistik, Darmstadt, 1976, S. 70-100.

In späteren Schriften sieht Chomsky Skinner (zu Unrecht) als typisch für die Hauptrichtung in der Psychologie zu diesem Zeitpunkt an. Aus diesem Grund greift er manchmal ungerechtfertigterweise die Psychologie als Ganzes an. Sampson (1975) wies deutlich auf diesen Fehler Chomskys hin.

2. Kapitel

Die Kommunikation bei Tieren ist ein weites und schnell wachsendes Forschungsgebiet. Eine nützliche Anthologie, die einen Eindruck von den Ausmaßen des Gebietes vermittelt, ist:

SEBEOK, T.A. (Hrsg), Animal Communication (Bloomington: Indiana University Press, 1968).

Hocketts längste und deutlichste Liste von Wesensmerkmalen der Sprache ist vielleicht:

HOCKETT, C.F., The Problem of Universals in Language, in Universals of Language, herausgegeben von J.H. Greenberg (Cambridge, Mass: MIT PRESS, 1963).

Dieses sollte allerdings durch einen neueren Artikel ergänzt werden, in dem er auf einige Probleme hinweist, die sich aus dem Untersuchungsansatz der 'design features' ergibt und in dem er gleichzeitig Hinweise auf Lösungsmöglichkeiten für diese Probleme gibt:

HOCKETT, C.F. und S.A. ALTMANN,' A note on design features', in Sebeok, 1968).

Man beachte hier, daß zusätzlich zu den Wesensmerkmalen, die in diesem Kapitel aufgezählt wurden, viele Leute es für notwendig halten, noch ein weiteres anzufügen, die 'Anwendung logischer Beziehungen'. Das bedeutet, daß die menschliche Sprache die logischen Beziehungen von Einbeziehung, Unvereinbarkeit, usw. anwendet, während dies bei der tierischen Kommunikation wohl nicht der Fall ist. Da aber die Anwendung logischer Beziehungen durch den Menschen als eine allgemeine Eigenschaft seines Denkens gewertet werden kann und nicht als etwas auf die Sprache beschränktes, habe ich dieses mögliche Merkmal nicht auf die Liste gesetzt (obwohl das Ausmaß der Überschneidung von allgemeinen kognitiven Fähigkeiten und der Sprache ein ernstes und umstrittenes Thema ist wie sich in späteren Kapiteln noch zeigen wird.).

Die beste Information über die Schimpansen Washoe und Sarah findet man in den Artikeln, die ihre Trainer geschrieben haben. Die im folgenden Angegebenen sind aufschlußreich und nicht allzu technisch:
GARDNER, R.A. und B.T. GARDNER, 'Teaching sign language to a chimpanzee', Science (1965).
PREMACK, D., 'The education of Sarah', Psychology Today 4 (1970).
PREMACK, D., 'Teaching language to an ape', Scientific American (October 1972).

Es gibt im Moment eine ganze Reihe von Gerüchten und vorläufigen Berichten über andere Schimpansen, doch bis jetzt ist keiner in bedeutendem Maße über das Stadium der Leistungen von Sarah und Washoe hinausgelangt. Zum Beispiel trainieren die Gardners jetzt zwei kleine Schimpansen zusammen und hoffen, daß sie die beiden schließlich dabei beobachten können, daß sie sich 'unterhalten' wenn keine Menschen dabei sind. Das ist keine unrealistische Hoffnung, da Washoe oft mit sich selbst 'sprach', wenn niemand dabei war.

3. Kapitel

Dieses Kapitel stützt sich stark auf die Anfangskapitel (Kapitel 1-3) von Lennebergs ausgezeichnetem Buch, das als weiterführende Literatur stark anzuraten ist:
LENNEBERG, E.H., Biologische Grundlagen der Sprache (Frankfurt: Suhrkamp, 1972)

In den Anfangskapiteln seines Buches gibt es hauptsächlich zwei Themen, die umstritten sind. Er nimmt einen extremen 'Antilokalisierungsstandpunkt' ein hinsichtlich des Ortes, an dem die sprachlichen Mechanismen ihren Sitz haben. Er ist vielleicht etwas zu skeptisch gegenüber der Möglichkeit, daß bestimmte Bereiche im Gehirn die Sprache kontrollieren. Zweitens, wird Lennebergs Behauptung, daß es einen 'biologischen Rhythmus' gäbe, der der Sprache zugrundeläge und die Geschwindigkeit von Äußerungen bei ungefähr sechs Silben pro Sekunde halte, von vielen als fast reine Spekulation angesehen. Doch trotz der Umstrittenheit dieser Behauptungen könnte es sich sehr wohl herausstellen, daß sie richtig sind.

4. Kapitel

Auch dieses Kapitel bezieht sich am Anfang hauptsächlich auf Teile von LENNEBERG, E.H., Biologische Grundlagen der Sprache (Frankfurt, Suhrkamp, 1972)
Lennebergs viertes Kapitel 'Die Sprache im Zusammenahng mit Wachstum und Reife' ist sehr verständlich und interessant geschrieben — obgleich seine Belege für eine 'kritische Phase' für den Spracherwerb stark in Frage gestellt wurden.

Ab Seite 71 kann alles, was in diesem Kapitel behandelt wurde, in ausführlicher Form in Browns umfassendem und sehr empfehlenswertem Überblick über den Spracherwerb, nachgelesen werden:
BROWN, R., A First Language (London: Allen and Unwin, 1973).
Hauptsächlich stellt dieses Buch eine Zusammenfassung seiner eigenen Arbeit mit dem 'Harvard Kindern' Adam, Eve und Sarah dar, obwohl er auch die Ergebnisse anderer Forscher vergleicht und diskutiert.

5. Kapitel

Dieses Kapitel fasst im wesentlichen Chomskys Theorien über ein 'angeborenes Schema' zusammen wie er es vorschlägt in:
CHOMSKY, N., Aspekte der Syntaxtheorie (Frankfurt/M: Suhrkamp, 1973)
Einige Probleme im Zusammenhang mit der Tiefenstruktur sind in diesem Kapitel außer acht gelassen worden. Zum Beispiel habe ich angenommen, daß Aktiv- und Passivsätze die gleiche Tiefenstruktur haben. Tatsächlich ist das eine sehr umstrittene Frage und viele Sprachwissenschaftler (darunter auch Chomsky) sind gegenteiliger Ansicht.

6. Kapitel

Die meisten Fragen, die in diesem Kapitel angesprochen werden, werden ausführlicher behandelt in:
BROWN, R., A First Language (London: Allen and Unwin, 1973).
Brown behandelt das Stadium der Zwei-Wort-Äußerungen ausführlich und konzentriert sich dabei hauptsächlich auf die Kontroverse über eine 'umfassende' oder eine 'dürftige' Grammatik bei Kindern. Sollte man der 'Kompetenz' eines Kindes wesentlich mehr zuschreiben als oberflächlich erkennbar ist oder nicht? Brown diskutiert die Veränderungen der En-

dungen ziemlich verworren und ratlos. Tatsächlich haben die Fluktuationen von Sarahs -ing Endungen einige wenige Psycholinguisten dazu veranlaßt, überhaupt in Frage zu stellen, ob die Kindersprache von Regeln beherrscht wird. Doch werden diese Fluktuationen durch die Theorie einer 'Vorstruktur' von Piaget verständlich. Piaget meint, daß Kinder eine Phase durchlaufen, in der die Strukturen nicht stabil sind, bevor sie deren vollständigen Erwerb erreichen. Dieser Standpunkt wurde im Zusammenhang mit Verbendungen ausführlicher in Szagun (1975) untersucht.

7. Kapitel

Eine klare Darstellung der Inhalts-Verarbeitungskontroverse erfolgt in:
DERWING, B.L., Transformational Grammer as Theory of Language Acquisition (Cambridge: Cambridge University Press, 1973).

Der letzte Teil des Kapitels stützt sich hauptsächlich auf Slobins ausgezeichnete Beschreibung der 'Verarbeitungstheorie':
SLOBIN, D.I., 'Cognitive prerequisites for development of grammar', in Studies of Child Language Development herausgegeben von C.A. Ferguson und D.I. Slobin (New York: Rinehart, Winston, 1973)

8. Kapitel

Wie aus dem Text hervorgeht, sind die Gründe für eine Zurückweisung des von links nach rechts arbeitenden (finites Stadium) oder eines von oben nach unten arbeitenden (Phrasenstruktur) Grammatikmodells und für die Entwicklung eines Transformationsmodells in Chomskys 'Pionierwerk' aufgeführt:
CHOMSKY, N., Strukturen der Syntax (The Hague: Mouton, 1973)

9. Kapitel

Eine detaillierte Darstellung der meisten Dinge, die in diesem Kapitel behandelt werden, findet sich in:
FODOR, J.A., T.G. BEVER und M.F. GARRETT, The Psychology of Language (New York: McGraw Hill, 1974).
Obwohl dieses Buch nicht sehr leicht zu lesen ist, gibt es doch eine umfassende Darlegung der psycholinguistischen Literatur im Zusammenhang mit der Transformationsgrammatik. Es ist ein direkter Bericht, da eine Reihe der wichtigen Experimente von der Autoren selbst durchgeführt wurden. Es ist vielleicht hilfreich, als Gegengewicht zu ihrem Bericht einen nützlichen, wenn auch etwas schwülstig geschriebenen Artikel zu nennen, der ihren Schlußfolgerungen oft kritisch gegenübersteht:
WATT, W.C. 'On two hypotheses concerning psycholinguistics', in Cognition and the Development of Language, herausgegeben von J.R. Hayes (New York: Wiley, 1970).

Zwei Dinge müssen im Zusammenhang mit den Experimenten, die auf den Seiten 184-189 beschrieben wurden, noch erwähnt werden Erstens, die Forscher untersuchten eine frühe Version der Transformationsgrammatik, in der die Frage- und Verneinungstransformationen optional waren. In der späteren 'klassischen' Version der Transformationsgrammatik wurden die Frage- und Verneinungselemente in die Tiefenstruktur mitaufgenommen. Zweitens, gingen einige Psychologen fälschlicherweise davon aus, daß die SAADs und die zugrundeliegenden Wortketten identisch seien. Deshalb kamen sie zu der falschen Behauptung, daß die SAADs keine Transformationen benötigten.

10. Kapitel

Wiederum läßt sich das meiste aus dem Inhalt dieses Kapitels ausführlicher finden in:
FODOR, J.A., T.G. BEVER und M.F. GARRETT, The Psychology of Language (New York: McGraw Hill, 1974)
Ich habe das Thema jedoch in ganz anderer Reihenfolge und Weise behandelt und kam manchmal zu ganz anderen Schlußfolgerungen (z.B. bei der Hypothese über die 'vielseitigen Verben'.

11. Kapitel

Zwei nützliche Sammlungen von Aufsätzen, die sich mit Versprechern und Sprachstörungen befassen, sind:
FROMKIN, V.A., Speech Errors as Linguistic Evidence (The Hague: Mouton, 1973)
GOODGLASS, H. und S. BLUMSTEIN, Psycholinguistics and Aphasia (Baltimore: John Hopkins University Press, 1973).
Die Beispiele in diesem Kapitel stammen hauptsächlich aus meiner eigenen Sammlung von Versprechern, ergänzt durch Beispiele von Fromkin (1971), Fromkin (1973) und Boomer und Laver (1968). Viele der deutschen Beispiele wurden entnommen: MERINGER, R. und MAYER, C. Versprechen und Verlesen: Eine psychologisch linguistische Studie (Amsterdam, 1977). Man beachte, daß die Meinung, die in diesem Kapitel vertreten wird, daß die Wortauswahlfehler von Dysphatikern sich quantitativ (aber nicht qualitativ) von den Versprechern normaler Sprecher unterscheiden, nicht von allen Psycholinguisten geteilt wird.

12. Kapitel

Mir ist kein Aufsatz bekannt, der sich direkt mit "Zukunftsvorhersagen für die Psycholinguistik" befaßt. Am nächsten kommt dem vielleicht:
MACLAY, H., Linguistics and psycholinguistics', in Issues in Linguistics herausgegeben von B.J. Kachru u.a. (Chicago: University of Illinois Press).

Literaturverzeichnis

ABRAMS, K. und T.G. BEVER (1969) 'Syntactic structure modifies attention during speech perception and recognition', Quarterly Journal of Experimental Psychology 21, 280-90.
AITCHISON, J. (1972), 'Mini-malapropisms', British Journal of Disorders of Communication 7, 38-43.
AITCHISON, J. (1972a), General Linguistics, London: English Universities Press, Teach Yourself Books.
AKMAJIAN, A. und F. HENY (1975), An Introduction to the Principles of Transformational Syntax, Cambridge, Mass: MIT Press.
BACH, E. (1974), Syntactic Theory, New York: Holt, Rinehart and Winston.
BAR-ADON, A. und W.F. LEOPOLD (1971), Child Language: A Book of Readings, Englewood Cliffs, N.J.: Prentice-Hall.
BELLUGI, U. (1971), 'Simplification in children's language', in HUXLEY und INGRAM (1971).
BELLUGI, U. und R. BROWN (1964), The Acquisition of Language, Monograph of the Society for Research in Child Development 29.1.
BERKO, J. (1958), 'The cild's learning of English morphology', Word 14, 150-177. Auch in BAR-ADON und LEOPOLD (1971).
BERNSTEIN, B. (1972), 'Social class, language and socialisation', in Language and Social Context, herausgegeben von P.P. Giglioli, Harmondsworth: Penguin.
BEVER, T.G. (1970), 'The cognitive basis for linguistic structures', in HAYES (1970).
BEVER, T.G. (1971), 'The nature of cerebral dominance in speech behaviour of the child and adult', in HUXLEY und INGRAM (1971).
BEVER, T.G., J.A. FODOR und W. WEKSEL (1965), 'Theoretical notes on the acquisition of syntax: a critique of "contextual generalisation" ', Psychological Review 72, 467-82. Auch in JAKOBOVITS und MIRON (1967).
BEVER, T.G., J.R. LACKNER und R. KIRK (1969), 'The underlying structures of sentences are the primary units of immediate speech processing', Perception and Psychophysics 5, 225-31.
BEVER, T.G. und D.T. LANGENDOEN (1972), 'The interaction of speech perception and grammatical structure in the evolution of language', in Linguistic Change and Generative Theory, herausgegeben von R.P. Stockwell und R.K.S. Macaulay, Bloomington: Indiana University Press.

BLOOM, L. (1970), Language Development: Form and Function in Emerging Grammars, Cambridge, Mass: MIT Press.
BLOOM, L. (1973). One Word at a Time, The Hague: Mouton.
BLOOM, L., P. LIGHTBOWN und L. HOOD (1975), Structure and Variation in Child Language, Monograph of the Society for Research in Child Development 40.2.
BLUMENTHAL, A.L. (1966), 'Observations with self-embedded sentences', Psychonomic Science 6, 453-4.
BLUMENTHAL, A.L. (1967), 'Prompted recall of sentences', Journal of Verbal Learning and Verbal Behavior 6, 203-6.
BOOMER, D.S. (1965), 'Hesitation and grammatical encoding', Language and Speech 8, 148-58. Auch in OLDFIELD und MARSHALL (1968).
BOOMER, D.S. und J.D.M. LAVER (1968), 'Slips of the tongue', British Journal of Discorders of Communication 3, 1-12. Auch in FROMKIN (1973).
BOWERMAN, M. (1973), Early Syntactic Development, Cambridge: Cambridge University Press.
BRAINE, M. (1963), 'The ontogeny of English phrase structure: the first phrase', Language 39, 1-14. Auch in BAR-ADON und LEOPOLD (1971), FERGUSON und SLOBIN (1973).
BRAINE, M.D.S. (1971), 'The acquisition of language in infant and child', in The Learning of Language, herausgegeben von C.E. Reed, New York: Appleton-Century-Crofts.
BROWN, R. (1958), Words and Things, New York: The Free Press.
BROWN, R. (1970), Psycholinguistics: Selected Papers, New York: The Free Press.
BROWN, R. (1973), A First Language, London: Allen and Unwin.
BROWN, R. und BELLUGI, U. (1946), 'Drei Prozesse beim Erwerb der Syntax durch das Kind', in Sprachentwicklungspsychologie, herausgegenben von H. Bühler und G. Mühle (1974), Weinheim und Basel.
BROWN, R., C. CAZDEN und U. BELLUGI (1968), 'The child's grammar from I to III', in Minnesota Symposium on Child Psychology, Band II, herausgegeben von J.P. Hill, Minneapolis: University of Minnesota Press. Auch in BROWN (1970), FERGUSON und SLOBIN (1973).
BROWN, R. und C. FRASER (1964), 'The acquisition of syntax', in BELLUGI und BROWN (1964).
BROWN, R. und D. McNEILL (1966), 'The "Tip of the Tongue "Phenomenon', Journal of Verbal Learning and Verbal Behavior 5, 325-37. Auch in BROWN (1970).
CAREY, P.W., J. MEHLER und T.G. BEVER (1970), 'When do we compute all the interpretations of an ambiguous sentence?' in FLORES D'ARCAIS und LEVELT (1970).

CAZDEN, C. (1972), Child Language and Education, New York: Holt, Rinehart and Winston.
CHOMSKY, C. (1969), The Acquisition of Syntax in Children from 5 to 10, Cambridge, Mass: MIT Press.
CHOMSKY, N. (1957, d 1973), Strukturen der Syntax, The Hague: Mouton.
CHOMSKY, N. (1959, d 1976), Rezension von Skinners 'Verbal Behavior' (1959), in Psycholinguistik, herausgegeben von Halbe, H. (1976), Darmstadt.
CHOMSKY, N. (1963), 'Formal properties of grammars', in LUCE, BUSH und GALANTER (1963).
CHOMSKY, N. (1965, d 1969), Aspekte der Syntaxtheorie, Frankfurt/M: Suhrkamp.
CHOMSKY, N. (1967, d 1972), 'Die formale Natur der Sprache', in LENNEBERG, E. (1972).
CHOMSKY, N. (1971), 'Recent contributions to the theory of innate ideas', in The Philosophy of Language, herausgegeben von J.R. Searle, Oxford: Oxford University Press.
CHOMSKY, N. (1973), Über Erkenntnis und Freiheit, Frankfurt/M: Suhrkamp.
CHOMSKY, N. (1972a enlarged edition, d 1973a), Sprache und Geist, Frankfurt/M: Suhrkamp.
CLARK, H.H. und E.V. CLARK (1968), 'Semantic distinctions and memory for complex sentences', Quarterly Journal of Experimental Psychology 20, 129-38.
COHEN, A. (1966), 'Errors of speech and their implication for understanding the strategy of language users', in FROMKIN (1973).
CRITCHLEY, M. (1970), Aphasiology, London: Arnold.
CROMER, R. (1970), 'Children are nice to understand: surface structure clues for the recovery of a deep structure', British Journal of Psychology 61, 397-408.
CROMER, R.F. (1974), 'The development of language and cognition: the cognition hypothesis', in New Perspectives in Child Development, herausgegeben von B. Foss, Harmondsworth: Penguin.
CURTISS, S., V. FROMKIN, S. KRASHEN, D. RIGLER und M. RIGLER (1974), 'The Linguistic Development of Genie', Language 50, 528-54.
DE CECCO, J.P. (1967), The Psychology of Thought, Language and Instruction, New York: Holt, Rinehart and Winston.
DE REUCK, A.V.S. und M.O.O'CONNOR (1946), Disorders of Language, London: Churchill.
DERWING, B.L. (1973), Transformational Grammer as a Theory of Language Acquisition, Cambridge: Cambridge University Press.

DINGWALL, W.O. (1971), A Survey of Linguistic Science, Maryland: University of Maryland.
DRACHMANN, G. (1973), 'Some strategies in the acquisition of phonology', in Issues in Phonological Theory, herausgegeben von M.J. Kenstowicz und C.J. Kisseberth, The Hague: Mouton.
EIMAS, P., E. SIQUELAND, P. JUSCZYK und J. VIGORITO (1971), 'Speech perception in infants', Science 171, 303-6.
EPSTEIN, W. (1961), 'The influence of syntactical structure on learning', American Journal of Psychology 74, 8--5.
ERVIN, S.M. (1964, d 1972)'. Nachahmung und Strukturveränderungen in der Kindersprache, in LENNEBERG, E (1972)
ERVIN-TRIPP, S. (1971), 'An overview of the theories of grammatical development', in SLOBIN (1971).
EVANS, W.E. und J. BASTIAN (1969), 'Marine mammal communications: social and ecological factors', in The Biology of Marine Mammals, herausgegeben von H.T. Andersen, New York: Academic Press.
FERGUSON, C.A. und D.I. SLOBIN (1973), Studies of Child Language Development, New York: Holt, Rinehart and Winston.
FILLENBAUM, S. (1971), 'Psycholinguistics', Annual Review of Psychology 22, 251-308.
FILLENBAUM, S. (1973), Syntactic Factors in Memory, The Hague: Mouton.
FLORES D'ARCAIS, G.B. und W.J.M. LEVELT (1970), Advances in Psycholinguistics, Amsterdam: North-Holland.
FODOR, J.A. (1966), 'How to learn to talk: some simple ways', in SMITH und MILLER (1966).
FODOR, J.A., T.G. BEVER und M.F. Garrett (1974), The Psychology of Language, New York: McGraw Hill.
FODOR, J.A. und M. GARRETT (1966). 'Some reflections on competence and performance', in LYONS und WALES (1966).
FODOR, J.A. und M.F. GARRETT (1967), 'Some syntactic determinants of sentential complexity', Perception and Psychophysics 2, 289-96.
FODOR, J.A., M.F. GARRETT und T.G. BEVER (1968), 'Some syntactic determinants of sentential complexity II: Verb structure', Perception and Psychophysics 3, 453-61.
FOSS, D. (1970), 'Some effects of ambiguity upon sentence comprehension', Journal of Verbal Learning and Verbal Behavior 9, 699-706.
FRASER, C., U. BELLUGI und R. BROWN (1963), 'Control of grammar in imitation, comprehension and production', Journal of Verbal Learning and Verbal Behavior 2, 121-35, Auch in BROWN (1970), FERGUSON und SLOBIN (1973), OLDFIELD und MARSHALL (1968).
FREUD, S. (1971), Zur Psychopathologie des Alltagslebens, über Vergessen, Versprechen, Vergreifen, Aberglaube und Irrtum, Frankfurt/M, Hamburg: Fischer.

FRISCH, K.v. (1964), 'Sprache' und Orientierung der Bienen, Bern und Stuttgart: Huber.
FRISCH, K.v. (1954), The Dancing Bees, London: Methuen.
FRISCH, K.v. (1965), Tanzsprache und Orientierung der Bienen, Berlin, Heidelberg, New York: Springer.
FROMKIN, V. (1971), 'The non-anomalous nature of anomalous utterances', Language 47, 25-52. Auch in FROMKIN (1973).
FROMKIN, V. (1973), Speech Errors as Linguistic Evidence, The Hague: Mouton.
FRY, D.B. (1970), 'Speech reception and perception', in LYONS (1975).
GARDNER, B.T. und R.A. ALLEN (1971), 'Two-way communication with an infant chimpanzee', Behavior of Nonhuman Primates Band IV, herausgegeben von A. Schrier und F. Stollnitz, New York: Academic Press.
GARDNER, R.A. und B.T. GARDNER (1969), 'Teaching sign language to a chimpanzee', Science 1965, 666-72.
GARRETT, M.F. (1970), 'Does ambiguity complicate the perception of sentences?' in FLORES D'ARCAIS und LEVELT (1970).
GARRETT, M.F. T.. BEVER und J.A. FODOR (1966), 'The active use of grammar in speech perception', Perception and Psychophysics 1, 30-2.
GAZZANIGA, M.S. (1970), The Bisected Brain, New York: Appleton-Century-Crofts.
GESCHWIND, N. (1972), 'Language and the Brain', Scientific American April, 76-84.
GLEITMAN, L.R., H. GLEITMAN und E.F. SHIPLEY (1972), 'The emergence of the cild as grammarian', Cognition 1, 137-64.
GOLDMAN-EISLER, F. (1964), 'Hesitation, information and levels of speech production', in DE REUCK und O'CONNOR (1964).
GOODGLASS, H. (1968), 'Studies on the grammar of aphasics', in ROSENBERG und KOPLIN (1968). Auch in GOODGLASS und BLUMSTEIN (1973).
GOODGLASS, H. und S. BLUMSTEIN (1973), Psycholinguistics and Aphasia, Baltimore: John Hopkins University Press.
GOUGH, P.B. (1971), 'Experimental Psycholinguistics', in DINGWALL (1971).
GRINDER, J.T. und S.H. ELGIN (1973), A Guide to Transformational Grammar, New York: Holt, Rinehart and Winston.
GROSU, A. (1974), 'On the complexity of center-embedding', Mimeograph.
GRUBER, J.S. (1967), 'Topicalization in child language', Foundations of Language 3, 37-65.
HAKES, D.T. (1971), 'Does verb structure affect sentence comprehension?' Perception and Psychophysics 10, 229-32.

HALLIDAY, M.A.K. (1975), Learning How to Mean, London: Edward Arnold.
HAYES, C. (1951), The Ape in our House, New York: Harper.
HAYES, J.R. (1970), Cognition and the Development of Language, New YORK: Wiley.
HAYHURST, H. (1967), 'Some errors of young children in producing passive sentences', Journal of Verbal Learning and Verbal Behavior 6, 634-9.
HENDERSON, A., F. GOLDMAN-EISLER und A. SKARBEK (1965), 'The common value of pausing time in spontaneous speech', Quarterly Journal of Experimental Psychology 17, 343-5.
HOCKETT, C.F. (1963), 'The problem of universals in language', in Universals of Language, herausgegeben von J.H. Greenberg, Cambridge, Mass: MIT Press.
HOCKETT, C.F. und S.A. ALTMANN, 'A note on design features', in SEBEOK (1968).
HOTOPF, N. (1972), 'What light do slips of the tongue and of the pen throw on word production?' Mimeograph.
HOUSEHOLDER, F.W. (1972), Syntactic Theory 1: Structuralist, Harmondsworth: Penguin.
HUXLEY, R. und E. INGRAM (1971), Language Acquisition: Models and Methods, New York: Academic Press.
JACKSON, H.J. (1932), Selected writings, Band II, London: Hodder and Stoughten.
JAKOBOVITS, L.A. und M.S. MIRON (1967), Readings in the Psychology of Language, Englewood Cliffs, N.J.: Prentice-Hall.
JAKOBSON, R, (1962), 'Why "mama" und "papa"?', in BAR-ADON und LEOPOLD (1971).
JOHNSON-LAIRD, P.N. (1970, d 1975) Erkennen und Behalten von Sätzen, in LYONS, J. (1975).
JOHNSON-LAIRD, P.N. (1974), 'Experimental psycholinguistics', Annual Review of Psychology 25, 135-60.
JOHNSON-LAIRD, P.N. und R. STEVENSON (1970), 'Memory for syntax', Nature 227, 412.
JONES, L.V. und J.M. WEPMAN (1965), 'Language: a perspective from the study of aphasia', in Directions in Psycholinguistics, herausgegeben von S. Rosenberg, New York: Macmillan.
KACHRU, B.J., R.B. LEES, Y. MALKIEL, A. PIETRANGELI, S. SAPOPTA (1973), Issues in Linguistics, Papers in honor of Henry and Renee Kahane, Chicago: University of Illinois Press.
KELLOGG, W.N. und L.A. KELLOGG (1933), The Ape and the Child, New York: McGraw Hill.
KIMBALL, J. (1973), 'Seven principles of surface structure parsing in natural language', Cognition 2, 15-47.

KIMURA, D. (1967), 'Functional asymmetry of the brain in dichotic listening', Cortex 3, 163-78.
KLIMA, E. und U. BELLUGI (1966), 'Syntactic regularities in the speech of children', in LYONS und WALES (1966). Überarbeitete Version in BAR-ADON und LEOPOLD (1971).
LANGACKER, R.W. (1967, d 1976) Sprache und ihre Struktur, Grundbegriffe der Linguistik, Niemeyer.
LASHLEY, K.S. (1951), 'The problem of serial order in behavior', in Cerebral Mechanisms in Behavior, herausgegeben von L.A. Jefress, New York: Wiley. Auch in SAPORTA (1961).
LENNEBERG, E.H. (1964, d 1972), Neue Perspektiven in der Erforschung der Sprache, Frankfurt/M: Suhrkamp.
LENNEBERG, E.H. (1967, d 1972), Biologische Grundlagen der Sprache, Frankfurt/M: Suhrkamp.
LIBERMAN, A.M., F. COOPER, D.P. SHANKWEILER und M. STUDDERT-KENNEDY (1967), 'Perception of the speech code', Psychological Review 74, 431-61.
LIBERMAN, A.M., K.S. HARRIS, H.S. HOFFMAN und B.C. GRIFFITH (1957), 'The discrimination of speech sounds within and across phoneme bounderies', Journal of Experimental Psychology 54, 358-68.
LIEBERMAN, P. (1972), The Speech of Primates, The Hague: Mouton.
LIVESLEY, B. (1972). 'The Alice in Wondeland Syndrome', Teach In 1, 770-4.
LUCE, R.D., R.R. BUSH und E. GALANTER (1963), Handbook of Mathematical Psychology, Band II, New York: Wiley.
LYONS, J. (1970, d 1975), Neue Perspektiven in der Linguistik, Hamburg: Rowohlt.
LYONS, J. (1970a, d 1976), Noam Chomsky, München: dtv
LYONS, J. und R.J. WALES (1966), Psycholinguistics Papers, Edinburgh: Edinburgh University Press.
MACKAY, D.G. und T.G. BEVER (1967), 'In search of ambiguity', Perception and Psychophysics 2, 193-200.
MACLAY, H. (1973), 'Linguistics and Psycholinguistics', in KACHRU u.a., (1973).
McNEILL, D. (1966), 'Developmental Psycholinguistics', in SMITH und MILLER (1966).
McNEILL, D. (1970), The Acquisition of Language, New York: Harper and Row.
MARKS, L. und G. MILLER (1964), 'The role of semantic and syntactic constraints in the memorization of English sentences', Journal of Verbal Learning and Verbal Behavior 3, 1-5.
MARSHALL, J.C. (1970, d 1975) Biologie der Kommunikation bei Mensch und Tier, in LYONS, J. (1975)
MEHLER, J. (1963), 'Some effects of grammatical transformations on

the recall of English sentences', Journal of Verbal Learning and Verbal Behavior 2, 346-51.
MEHLER, J. (1963), 'Some effects of grammatical transformations on the recall of English sentences', Journal of Verbal Learning and Verbal Behavior 2, 346-51.
MERINGER, R. und C. MAYER (1977), Versprechen und Verlesen, Eine psychologisch linguistische Studie, Amsterdam
MILLER, G.A. (1962, d 1974), 'Einige psychologische Untersuchungen der Grammatik', in Sprachentwicklungspsychologie, herausgegeben von H. Bühler und G. Mühle, Weinheim und Basel.
MILLER, G.A. und N. CHOMSKY (1963), 'Finitary models of language users' in LUCE, BUSH und GALANTER (1963).
MILLER, G.A. und K. McKEAN (1964, d 1976), 'Eine chronometrische Untersuchung einiger Beziehungen zwischen Sätzen' in Psycholinguistik, herausgegeben von H. Halbe, Darmstadt.
MILLER, W. und S. ERVIN (1964), 'The development of grammar in child language', in BELLUGI und BROWN (1964).
MILNER, B., C. BRANCH und T. RASMUSSEN (1964), 'Observations on cerebral dominance', in DE REUCK und O'CONNOR (1964). Auch in OLDFIELD und MARSHALL (1968).
MORTON, J. (1971), 'What could possibly be innate?' in Biological and Social Factors in Psycholinguistics, herausgegeben von J. Morton, London: Logos Press.
NOOTEBOOM, S.G. (1969), 'The tongue slips into patterns', in Nomen: Leyden Studies in Linguistics and Phonetics, herausgegeben von A.G. Sciarone u.a., The Hague: Mouton. Auch in FROMKIN (1973).
OLDFIELD, R.C. und J.C. MARSHALL (1968), Language: Selected Readings, Harmondsworth: Penguin.
PENFIELD, W. und L. ROBERTS (1959), Speech and Brain Mechanisms, Princeton, N.J.: Princeton University Press.
PINES, M. (1969, d 1970), Kinder werden klüger, Intelligenztraining im Vorschulalter, Berlin, Frankfurt/M. Wien: Ullstein.
POSTAL, P.M. (1964), 'Underlying and superficial linguistic structure', Harvard Educational Review 34, 246-66. Auch in OLDFIELD und MARSHALL (1968).
PREMACK, D. (1970), 'The Education of Sarah', Psychology Today 4, 55-8
PREMACK, D. (1971), 'Language in Chimpanzees?' Science 172, 808-22
PREMACK, D. (1972), 'Teaching Language to an Ape', Scientific American, 92-9
REICH, P.A. (1969), 'The finiteness of natural language', in HOUSEHOLDER (1972)
ROBINS, L. (1971), General Linguistics: an Introductory Survey, Zweite Auflage, London: Longmans.

ROSENBERG, S. und J.H. KOPLIN (1968), Developments in Applied Psycholinguistic Research, New York: Macmillan.

SACHS, J.S. (1967), 'Recognition memory for syntactic and semantic aspects of connected discourse', Perception and Psychophysics 2, 437-42.

SAMPSON, G. (1975), The Form of Language, London: Weidenfeld and Nicolson.

SAPORTA, S, (1961), Psycholinguistics: a Book of Readings, New York: Holt, Reinhart and Winston.

SAVIN, H. und E. PERCHONOCK (1965), 'Grammatical structure and the immediate recall of English sentences', Journal of Verbal Learning and Verbal Behavior 4, 348-53.

SCHAERLAEKENS, A.M. (1973), The Two-Word Sentence in Child Language Development, The Hague: Mouton.

SCHLESINGER, I.M. (1967), 'A note on the relationship between psychological and linguistic theories', Foundations of Language 3, 397-402.

SCHLESINGER, I.M. (1971), 'Production of utterances and language acquisition', in SLOBIN (1971).

SCHLESINGER, I.M. (1971a), 'The grammar of sign language and the problems of language universals', in MORTON (1971).

SEBEOK, T.A. (1968), Animal Communication, Bloomington: Indiana University Press

SINCLAIR-DE-ZWART, H. (1969), 'Developmental psycholinguistics', in Studies in Cognitive Development, herausgegeben von D. Elkind und J. Flavell, Oxford: Oxford University Press

SKINNER, B.F. (1957), Verbal Behavior, New York: Appleton-Century-Crofts

SLOBIN, D.I. (1966), 'The acquisition of Russian as a native language' in SMITH und MILLER (1966).

SLOBIN, D.I. (1966a), 'Grammatical transformations and sentence comprehension in childhood and adulthood', Journal of Verbal Learning and Verbal Behavior 5, 219-27

SLOBIN, D.I. (1970, d 1974), 'Universalien der grammatischen Entwicklung bei Kindern', in Sprachentwicklungspsychologie, herausgegeben von H. Bühler und G. Mühle, Weinheim und Basel

SLOBIN, D.I. (1971), The Ontogenesis of Grammar, New York: Academic Press

SLOBIN, D.I. (1971a), 'On the learning of morphological rules', in SLOBIN (1971)

SLOBIN, D.I. (1971b, d 1974), Einführung in die Psycholinguistik, Kronberg/Taunus:Scriptor

SLOBIN, D.I. (1973), 'Cognitive prerequisites for the development of grammar', in FERGUSON und SLOBIN (1973)

SLOBIN, D.I. und C.A. WELSH (1967), 'Elicited imitation as a research tool in developmental psycholinguistics', in FERGUSON und SLOBIN (1973)
SMITH, C.S. (1967), 'An experimental approach to children's linguistic competence', in HAYES (1970). Auch in FERGUSON und SLOBIN (1973)
SMITH, F. und G.A. MILLER (1966), The Genesis of Language, Cambridge, Mass: MIT Press
SMITH, N.V. (1973), The Acquisition of Phonology: A Case Study, Cambridge: Cambridge University Press
STRUHSAKER, T.T. (1967), 'Auditory Communication among vervet Monkeys (Cercopithecus aethiops)', in Social Communication among Primates, herausgegeben von S.A. Altmann, Chicago: Chicago University Press
SZAGUN, G. (1975), 'A cross-cultural study of the acquisition of tense froms and time concepts in young children', unveröffentlichte Dissertation der University of London.
THORPE, W.H. (1961), Bird Song: The Biology of Vocal Communication and Expression in Birds, Cambridge: Cambridge University Press
THORPE, W.H. (1963), Learning and Instinct in Animals, Zweite Auflage, London: Methuen
THORPE, W.H. (1972), 'Vocal communication in birds', in Non-Verbal Communication, herausgegeben von R.A. Hinde, Cambridge: Cambridge University Press
VYGOTSKY, L.S. (1962, d 1972), Denken und Sprechen, Frankfurt/M: Fischer
WANNER, E. (1974), On Remembering, Forgetting and Understanding Sentences; a Study of the Deep Structure Hypothesis, The Hague: Mouton
WASON, P.C. (1965), 'The contexts of plausible denial', Journal of Verbal Learning and Verbal Behavior 4, 7-11. Auch in OLDFIELD und MARSHALL (1968).
WATT, W.C. (1970), 'On two hypotheses concerning psycholinguistics', In HAYES (1970)
WEIR, R.H. (1962), Language in the Crib, The Hague: Mouton
WEIR, R.H. (1966), 'Some questions on the child's learning of phonology', in SMITH und MILLER (1966)
WELLS, G. (1974), 'Learning to code experience through language', Journal of Child Language 1, 243-69
YNGVE, V. (1961), 'The depth hypothesis', in HOUSEHOLDER (1972)
ZANGWILL, O.L. (1964), 'Intelligence in aphasia', in DE REUCK und O.CONNOR (1964)
ZWANGWILL, O.L. (1973), 'The neurology of language', in Linguistics at Large, herausgegeben von N. Minnis, St. Albans: Paladin

»Wenn die Menschheit keine Phrasen hätte, bräuchte sie keine Waffen.«   Karl Kraus

**340 Seiten
DM 38,—**

Ein aktuelles Buch zur Sprachkritik mit Beiträgen namhafter Politiker, Journalisten, Sprachwissenschaftler.